权威·前沿·原创

皮书系列为
"十二五""十三五"国家重点图书出版规划项目

BLUE BOOK

智库成果出版与传播平台

中国社会科学院创新工程学术出版资助项目

法治蓝皮书

BLUE BOOK OF
RULE OF LAW

中国地方法治发展报告 *No.5*
（2019）

ANNUAL REPORT ON RULE OF LAW IN LOCAL CHINA No.5
(2019)

中国社会科学院法学研究所

主　　编／李　林　田　禾

执行主编／吕艳滨

副 主 编／栗燕杰

社会科学文献出版社
SOCIAL SCIENCES ACADEMIC PRESS （CHINA）

图书在版编目（CIP）数据

中国地方法治发展报告. No.5，2019 / 李林，田禾
主编 . -- 北京：社会科学文献出版社，2020.1
（法治蓝皮书）
ISBN 978 - 7 - 5201 - 5940 - 1

Ⅰ. ①中… Ⅱ. ①李… ②田… Ⅲ. ①地方法规 - 研
究报告 - 中国 - 2019 Ⅳ. ①D927

中国版本图书馆 CIP 数据核字（2020）第 004671 号

法治蓝皮书
中国地方法治发展报告 No.5（2019）

主　　编 / 李　林　田　禾
执行主编 / 吕艳滨
副 主 编 / 栗燕杰

出 版 人 / 谢寿光
责任编辑 / 曹长香
文稿编辑 / 周永霞

出　　版 / 社会科学文献出版社·社会政法分社（010）59367156
　　　　　　地址：北京市北三环中路甲 29 号院华龙大厦　邮编：100029
　　　　　　网址：www. ssap. com. cn
发　　行 / 市场营销中心（010）59367081　59367083
印　　装 / 天津千鹤文化传播有限公司

规　　格 / 开　本：787mm × 1092mm　1/16
　　　　　　印　张：23.75　字　数：353 千字
版　　次 / 2020 年 1 月第 1 版　2020 年 1 月第 1 次印刷
书　　号 / ISBN 978 - 7 - 5201 - 5940 - 1
定　　价 / 128.00 元

本书如有印装质量问题，请与读者服务中心（010 - 59367028）联系

主要编撰者简介

主 编 李 林

中国社会科学院学部委员、法学研究所研究员、博士生导师，兼任中国法学会常务理事、学术委员会副主任，中国法学会法理学研究会会长、网络与信息法学研究会会长、海峡两岸关系法学研究会副会长，最高人民法院特邀咨询专家，中央宣传部、司法部中高级领导干部学法讲师团成员，2009年1月至2019年3月兼任中国法学会副会长，享受国务院政府特殊津贴。主要研究领域：法理学、宪法学、立法学、依法治国与法治问题。

主 编 田 禾

中国社会科学院国家法治指数研究中心主任、法学研究所研究员、法治指数创新工程项目组首席研究员。兼任最高人民法院网络安全与信息化专家咨询委员会委员、最高人民法院执行特邀咨询专家。全国先进工作者，享受国务院政府特殊津贴。主要研究领域：刑事法治、实证法学、司法制度、亚洲法。

执行主编 吕艳滨

中国社会科学院国家法治指数研究中心副主任、法学研究所研究员、法治国情调研室主任。主要研究领域：行政法、信息法、实证法学。

副主编 栗燕杰

中国社会科学院法学研究所副研究员。主要研究领域：行政法、社会法、实证法学与法治评估。

摘　要

《中国地方法治发展报告 No. 5（2019）》在全面依法治国纵深迈进的背景下，从地方人大、法治政府、司法建设、法治社会等方面，梳理了 2018 年以来地方法治建设的做法与经验。

总报告立足全国，对各地法治改革的探索与实践进行全方位梳理，聚焦法治热点问题，剖析存在的问题，并对今后发展前景进行展望。

本卷蓝皮书重磅推出立法透明度指数报告，以及广州互联网法院审理网络合同纠纷、青岛新业态用工调研、江西法院执行信访"一案双查"等调研报告，并就公共法律服务、民间借贷纠纷等地方法治面临的难点、痛点和堵点问题，进行改革探索和经验总结。

网络传销犯罪、民间借贷纠纷、矛盾多元纠纷化解、公共法律服务等议题既关乎千万普通群众的合法权益及其保障，也是衡量地方治理能力的关键指标。本卷蓝皮书立足一线实际，对各地典型样本实践进行研讨、总结。

目 录

Ⅰ 总报告

Ⅱ 人大制度

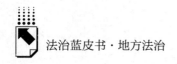
Ⅲ　法治政府

Ⅳ　司法制度

V　法治社会

VI　网络法治

皮书数据库阅读**使用指南**

总 报 告

General Report

B.1

中国地方法治发展：现状、成效与展望（2019）

中国社会科学院法学研究所法治指数创新工程项目组*

摘 要： 2018 年以来，地方法治有序有力前行。各地法治建设进一步凸显党的领导，地方立法围绕中心工作发挥更大引领保障作用，"放管服"改革向纵深迈进，法治化营商环境水平大幅提升，知识产权保护全方位加强，司法建设成效瞩目，社会信用体系效用凸显。但也应看到，中央对法治工作的部署与时俱进，人民对法治的需求水涨船高，新形势

* 项目组负责人：田禾，中国社会科学院国家法治指数研究中心主任、法学研究所研究员；吕艳滨，中国社会科学院法学研究所法治国情调研室主任、研究员。项目组成员：王小梅、王祎茗、吕艳滨、胡昌明、栗燕杰（按姓氏笔画排序）。执笔人：田禾、吕艳滨；栗燕杰，中国社会科学院法学研究所副研究员；刘雁鹏、王祎茗，中国社会科学院法学研究所助理研究员。

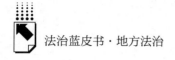

新业态新环境挑战严峻，地方法治推进依然压力巨大、任务繁重，需要在精细化、创新性、制度化、标准化等方面不断发力。

关键词： 新时代　营商环境　社会信用体系　法治社会　司法改革

党的十九大把全面依法治国纳入新时代坚持和发展中国特色社会主义的14条基本方略，明确法治国家、法治政府、法治社会"三位一体"的奋斗目标。2018年，《宪法》序言中关于"健全社会主义法制"的表述修改为"健全社会主义法治"。这些都表明，中国法治发展正在进入全新时代，中国地方法治建设进入全新阶段。2018年以来，综观全国，各地法治推进既有贯彻中央、上级的规定动作，又有根据地方实际的创新探索和先行先试，其改革成果和实践经验，值得关注、总结、提炼和推广。

一　地方立法

自2015年《立法法》修改赋予设区的市立法权以来，各地应用立法权推进地方经济社会建设，其做法日渐成熟、普及。

立法程序更加科学。北京市除向社会公开广泛征求立法项目建议外，还通过信函等方式向在京高校院所、社会组织、立法专家委员定向征集立法项目建议；对征集到的立法项目建议，市司法局会同相关部门研究后对具体采纳情况和不采纳的理由予以公布。宁夏创新"公众参与、专家论证"的立法机制，充分听取基层人大代表、政协委员和社会各界的意见建议，并开展立法调研、论证会和征求意见会，保障了公众对地方立法的知情权和参与权。湖北省健全人大及其常委会主导立法工作机制，突出人大常委会对法规立项和立法全过程的主导，注重发挥常委会组成人员和人大代表的主体作用，要求常委会组成人员、专工委成员更多参与立法调研；并建立省、市

（州）之间立法的协调联动机制，加强立法规划计划协调，对于市州立法的立项、起草、审议、表决等环节提供全过程指导①。江苏省苏州市建立健全政府立法协商制度，在立法过程中畅通渠道，广泛征求民意、汇聚民智。仅2018 年上半年，就《苏州市养犬管理条例（修订草案修改稿）》《苏州市旅游条例》等多部地方性法规在市、县、镇三级开展立法协商。四川省绵阳市人大常委会开展立法案例研究，制定《关于开展地方性法规案例研究的方案》，选取该市制定的首部实体法规《绵阳市城市市容和环境卫生管理条例》作为样本，开展执法检查，组织专家评审，从合法性、合理性、规范性、协调性、操作性、实效性共 6 个方面，对该条例的文本质量、主要制度、立法完备性、社会影响及社会效益进行全方位评估；与法规起草部门、执法部门、一线执法人员代表召开座谈会，总结立法和实施中的经验、做法。绵阳市人大常委会由此加强和改进地方立法工作，不断提高地方立法的质量和操作性。

地方立法效果突出。2018 年度，深圳市新制定法规 4 项，修订 12 项，废止 1 项；市政府新制定规章 9 项，修订 4 项，废止 4 项。地方性法规的制定、修改和废止，为地方治理提供坚实的法律依据，注重为中心工作和重点工作提供法治保障。2018 年 11 月，《云南省大气污染防治条例》出台，将打赢蓝天保卫战纳入规范化、法治化轨道。山西省将生态文明建设作为立法重点，山西现行有关生态文明建设的地方性法规有 45 件，约占全部现行地方性法规的 1/4。

为适应新形势下禁毒工作需要，湖北省武汉市将《武汉市禁毒条例》的修订纳入 2018 年度立法计划，于 2019 年 3 月修订通过，理顺了禁毒工作管理体制，将社会力量参与禁毒工作予以细化，依法设立禁毒协会和禁毒基金会，对易制毒化学品和药品零售企业加强监管，建立驾驶人员涉毒筛查机制，解决"毒驾"问题，创新规定医疗约束性戒毒，对吸毒人员从严管控

---

① 参见《湖北省人大常委会 2019 年度立法工作计划》（2018 年 12 月 21 日湖北省第十三届人民代表大会常务委员会第二十二次主任会议原则通过）。

和帮扶救助并重，法律责任从严从细。

2018 年 12 月，深圳市人大常委会通过《深圳经济特区知识产权保护条例》，探索行政执法技术调查官、行政执法先行禁令、信用惩戒等制度机制创新，构建与当地创新发展相匹配、与国际通行规则相接轨的知识产权保护法律制度体系。

立法清理成为规定动作。海南省先后开展涉及著名商标制度、军民融合、民营经济发展等方面的规章清理工作，并完成对 1988 年 4 月至 2018 年 4 月海南省人民政府审议通过且现行有效的省政府规章的清理，其清理结果已汇编成册。湖北省对截至 2018 年 12 月 31 日现行有效的省政府规章进行清理，并以政府规章形式出台清理结果决定①。许多地方实施地方立法的专项清理工作。甘肃省人大常委会自 2018 年 8 月起组织开展全省生态环境保护地方性法规、自治条例、单行条例、政府规章和规范性文件的全面清理工作。安徽、青海等地也先后进行此类生态文明建设和环境保护的地方性法规、规章和规范性文件的全面清理。

二 法治政府

2019 年，中共中央办公厅、国务院办公厅印发了《法治政府建设与责任落实督察工作规定》，成为新时代法治政府建设的重要标杆。在中央强力推进下，地方法治政府建设稳步有序实施。对照《法治政府建设实施纲要（2015～2020 年）》的要求，对标对表推进法治政府建设，成为许多地方的规定动作。比如，海南等省份出台了法治政府建设实施方案，深圳等地均出台了年度性的法治政府建设工作要点，带动法治政府建设工作全面开展。浙江省委、省政府出台《浙江省党政主要负责人履行推进法治建设第一责任人职责实施办法》，要求主要领导认真履行第一责任人职责，对法治政府建设及时部署、过问、协调和督办。杭州市政府主要领导与 13 个区县级政府、

---

① 《湖北省人民政府关于规章清理结果的决定》（湖北省人民政府令第 402 号）。

36 个市级责任单位和 5 个市政府重点工作牵头单位签订法治政府建设目标管理责任书，明确法治政府建设的主要责任。

一是重大行政决策机制不断健全。上海市不少区政府和市政府部门出台了重大行政决策程序规定。江苏省苏州市着力推进重大行政决策规范管理标准化体系化试点，全市 10 个县市区、45 个市级部门普遍建立起重大行政决策程序规范化建设工作制度体系和组织网络；充分发挥中国苏州网、苏州政府法制网等门户网站的重大决策公众参与功能，确保纳入目录管理的决策事项做到背景信息、解释说明、承办主体等要素的全面公开，并及时反馈意见采纳情况和理由，提升了公众参与的积极性和有效性。

为处理好重大行政决策与人大重大事项决定权的关系，重庆市渝中区党组制发《区政府重大事项、重大决策向区人大及其常委会报告实施办法》（渝中府党组〔2018〕2 号），明确了重大事项、重大决策向区人大及其常委会报告的工作原则、重大事项范围、报告程序和材料、工作要求等内容，对于事关区域经济社会发展全局、涉及群众切身利益的重大事项、重大决策，在出台前要先向区人大及其常委会报告，在后续实施过程中还要及时报告工作成效、问题及下一阶段工作安排。宁夏等地建立起政府重大决策出台前向人大常委会报告制度。

二是规范性文件管理体系化。针对规范性文件存在的数量难控制、合法性审查不严格、制定程序不规范、清理评估不及时等问题，许多地方在规范性文件管理方面全面发力。2019 年 5 月，上海市政府通过《上海市行政规范性文件管理规定》，对之前的《上海市行政规范性文件制定和备案规定》进行了全面修订完善。该规定要求，建立统一的规范性文件数据库，既方便公众查询，也为"一网通办"提供规范性文件的数据支持。为控制文件数量，上海市一方面控制发文规格，明确政府部门通过制定或联合制定规范性文件可以满足职责需要的，不得提请政府及其办公机构制定或转发文件；另一方面克服层层发文的"文件空转"，明确市政府制定的文件，原则上不要求区政府、市政府部门制定实施意见和实施细则。另外，上海市还建立规范性文件制定主体清单制度，清单以外的单位不得制发规范性文件。对于重大经济社会方面的规范性文件，还应当依规及时报告同级党委、党组。广东省在全省范围推行规范性文件统计报告制度，并就文件审查中发现的典型问题、分布情况、问题成因及应对措施进行通报，以收举一反三之效。广东省在深圳市宝安区、佛山市禅城区等地开展乡镇规范性文件统一合法性审查试点，为加强乡镇依法治理提供法治保障。上海市注重文件实施过程中的评估管理。实施过程中的评估：在规范性文件施行后，起草机关或实施机关应对规范性文件的执行情况、施行效果、存在问题及原因进行调查研究和综合评估。有效期届满前的评估：在规范性文件有效期届满前 3 个月，制定机关对有效期是否需要延续进行评估①。

三是权责清单动态调整走向普及。在权力清单、责任清单的制定出台并向社会公开成为各地政府、部门的规定动作之后，与时俱进予以动态调整更新，成为许多地方的推进重点。2018 年 7 月份以来，青海省西宁市先后对部门权力清单、责任清单、事中事后监管清单、行政审批中介服务事项清单、随机抽查事项清单进行了动态调整，并通过政府门户网站向社会公示。2019 年，还出台《西宁市人民政府权力清单和责任清单动态管理暂行办法》（宁政〔2019〕7 号）和《西宁市"一目录六清单"动态调整意见》（宁政办〔2019〕13 号），由此，权责等清单出台后不再一劳永逸，而是以法律、法规和规章为依据，通过主动调整、被动调整、要素变更等方式，不断进行清理、优化和完善，这对于清单作用的发挥和"放管服"改革的深化，都有积极意义。

四是执法体制机制得到优化。甘肃省积极组建综合性执法队伍，推进行政执法属地管理与重心下移，市县重点执法部门基本实现一线执法人员占本部门总人数的 60% 以上。湖南省长沙市公安局在市局层面成立专门机构，在试行"集中收押"的基础上探索"集中收治"工作，破解基层办案瓶颈。浙江创新行政执法方式，探索"综合查一次"和"非接触式执法"。浙江省

---

① 参见《上海市行政规范性文件管理规定》第 47 条、第 48 条。

慈溪市等地综合行政执法局依托执法摄录装备，以及社区工作人员、城管义工、热心市民等"第三方"证人，通过影像资料采集、第三方证人询问、经营户信息查询等多种取证方式来构建完整证据链并确认违法事实，即可对不配合调查的当事人依法作出处罚决定；在当事人的不接触基础上，当地还逐步探索，实现"物的不接触"和"发现路径的不接触"。浙江省住房和城乡建设厅也出台《全省综合行政执法系统"非接触性"执法试点工作方案》，其"非接触性"执法，是以现场可视化为前提，以调查取证多元化为保障，可在当事人"零口供"情况下完成整个违法行为查处。由此，行政执法规范性显著提升，有力预防了长期困扰城市管理的"暴力执法"和"暴力抗法"等问题，执法冲突极大减少，执法队伍形象得以改善。广东省制定《关于电子指纹等信息技术在行政执法工作中应用的指导意见》，着力解决电子指纹、电子盖章、电子送达文书的法律效力问题，并同步开展了针对平台建设的行政执法标准编制工作，在以信息化促标准化的道路上向纵深迈进。

五是政策解读逐步制度化。2016 年，中办、国办《关于全面推进政务公开工作的意见》将"加强政策解读"作为推进政务公开的重要组成部分。2017 年以来，广东、浙江、四川成都、陕西西安、湖南湘潭等地出台政策解读的专门文件，政策解读逐步向制度化迈进。《浙江省行政机关政策解读工作实施办法》出台，规范政策解读的实施主体、范围和程序，对于政策解读的制度化、规范化和强制性，通过解读强化政策的传播力、影响力，防止政策被误解误读，具有积极意义。

六是"放管服"改革纵深推进。深化"放管服"改革，在国务院 2018 年、2019 年政府工作报告中均明确提及。在权力下放方面，河北、山东、广西等地下放一批省级行政许可等事项。其中，山东省决定下放 27 项，并对市县权力行使加强指导和规范[①]。广东省深入推进强市放权改革，通过下

---

① 参见 2018 年 12 月《山东省人民政府关于取消下放一批省级行政许可等事项的通知》（鲁政发〔2018〕35 号）。

放、委托等方式，已分批将经济发展、城市建设、科教文卫、生态环境等领域 202 项省级政府部门的审批管理职权，调整由地市实施。调整之后，规划建设审批明显提速，企业开办便利化水平再上新台阶。据调查，受访人对"强市放权"整体满意度达到 84%，仅佛山一地近两年间累计减轻市场主体负担超 630 亿元①。

政务服务优化完善。浙江义乌探索贸易服务事项只进"一扇门"。浙江义乌设立国际贸易服务中心，整合公安、商务、税务、海关等 12 个部门的 125 项涉外事项，集涉外行政审批、涉外公共服务、涉外中介服务、涉外国际交流和信息交流于一体，涉外贸易事项一门式服务、一站式办理，日均办件量 1500 多件。许多地方实施政务热线集约化。其典型，如江西建设"江西 12345"政务服务热线平台，实现了全省政务服务的一号对外、诉求汇总、分类处置、统一协调、各方联动和限时办理。

"最多跑一次"改革成为各地普遍推行的规定动作。杭州通过优化公共数据大平台建设，公民个人凭身份证的通办事项达 494 项，占个人办理事项的 85.9%；涉企证照事项全部实现多证合一、证照联办和一网通办。驾驶证超期未换证或未提交身份证明将被注销，海外华侨为换证需专程回国既非常不便，也成本高昂。温州市公安局"温警在线"平台推出"境外车管所"，采取线上预约、线下双向音视频远程连线相结合方式，为侨胞解决牌证办理难题，将"最多跑一次"推向海外。

浙江全省统一的政务服务网，已从建设阶段走向顺利运行，现已覆盖政府机关 3000 多家，乡镇、街道 1300 多家，村、社区 20000 多家。全省统一政务服务网有利于破除"信息孤岛"，现已开放 57 个省级单位 1.35 万项数据共享权限，省、市、县三级 259 套系统壁垒被打破、打通。在中介服务方面，省市联动、市县一体的浙江网上中介超市已基本建成。在全面巩固基础上，浙江省衢州市还加快推进"最多跑一次"向中介机构延

---

① 参见记者李刚《广东"强市放权"激发市场活力》，《人民日报》2018 年 10 月 15 日，第 9 版。

伸、向公共企事业单位延伸、向乡镇基础延伸。海南省全流程互联网"不见面"审批稳步推进，已推出四批次"不见面审批"事项清单，可实现不见面审批事项占比84%①。重庆市注重降低市场准入门槛，除个别依法须上报国家和市级办理的项目外，绝大多数企业投资项目能够按照属地原则就近便捷办理备案手续。重庆市渝北区探索开展"一本报告管全域"，由政府部门事先完成地质灾害评估、压覆矿产调查、地震安全性评价等8项第三方评估或审查，编制出台上述各领域需特别管理的负面清单，在清单之外投资的项目根据地理坐标直接获取成果，不再单独编制上述报告。

七是行政审批与证明服务改革深入推进。在事项精简方面，浙江编制《浙江省行政许可事项目录（2018年）》。海南全面清理烦扰企业、群众的"奇葩"证明、循环证明、重复证明等各类无谓证明，大力削减盖章、审核、备案、确认、告知等环节手续；为加强源头治理，海南对全省288部地方性法规、106部地方政府规章设定的证明事项进行清理，现已取消省级层面设定的证明事项97项。浙江台州、义乌等地推进"无证明城市"建设，没有法律明确依据的证明事项一律取消。海南省试点园区"极简审批"，在海口美安科技新城、海南生态软件园等园区试行最大限度简化行政审批改革，重大项目从立项报批到竣工验收，从改革前的860个工作日减少了491个工作日，审批提速逾60%；对入驻型企业实施零审批，极大节约企业时间成本。山西省开展企业投资项目承诺制改革试点。备案类企业投资项目报建阶段的28项审批事项中，7项政府承诺供地前服务；3项由政府、企业双向承诺，政府承诺在供地前完成相关服务，企业根据相关标准作出具有法律效力的书面承诺；3项开工前由企业作出信用承诺即可；3项转为政府内部审批流转；12项要求企业开工前完成。改革之后，项目落地周期缩短1/3以上。上海聚焦企业群众办事削减时间、精简环节、减少费用，出台《上海市进一步优化电力接入营商环境实施办法（试行）》《进一步优化上海市

---

① 参见海南省人民政府政务服务中心《关于2018年度法治政府建设工作情况的报告》，http：//zw. hainan. gov. cn/data/news/2019/01/92557/，最近访问日期：2019年7月18日。

机电类自动进口许可证申领和通关工作完善跨境贸易营商环境实施办法》等规定，营商环境便利度大幅提高。上海在涉税事项方面推出诸多便利便民措施，办理时间从改革前的 207 个小时削减到改革后的 142 个小时。

上海市长宁区开展"一照多址"和"一证多址"改革试点，对于"互联网＋生活性服务业"且本辖区内另有营业场所的内资企业，在辖区内增设经营场所时无须办理分支机构营业执照，在辖区内新开设经营项目相同的分支实体店，根据企业报备的连锁门店标准和依法合规经营承诺，只需在第一家实体店许可证之外进行附记备案，即视同取得许可证。由此，实现了"一张营业执照、多个经营地址、一次行政许可"。

八是事中事后监管有所加强。浙江推行全省统一的"双随机"抽查管理系统。广东推进全省统一的行政执法信息平台和行政执法监督网络平台建设。江苏省积极推进省以下环保机构监测监察执法垂直管理制度改革。苏州市开展第二批经济发达镇行政管理体制改革，努力实现精准赋权，规范用权，各试点镇自主审批、一窗式服务。吴江区平望镇以党建作为改革助推器，实施融入式党建，发挥基层党组织在审批服务、执法监管、社会治理、政社互动中的堡垒作用，将基层党组织的组织力转化为改革的助推力。在执法监管能力提升方面，平望镇按照巡查、监管、执法"三位一体"的思路，组建综合执法大联动队伍；承接上级部门国土、城管、住建等领域处罚权 643 项，化分散为集约，克服以往"九龙治水"以及县级管得着看不见、乡镇看得见管不着的问题；规范执法制度机制，健全告知、听证、追责、奖励举报、风险防控等制度，在权力下放的同时用制度管人、用制度控权[①]。福州市市场监督管理局牵头，福建省标准化研究院、福州市行政审批制度改革工作领导小组办公室、南平市工商局等单位共同起草的福建省地方标准 DB35/T 1792－2018《政府部门"双随机、一公开"监管工作规范》顺利通过审定，对"双随机、一公开"监管工作的术语和定义、总则、组织方式、工作基础、监管实施、结果运用和协同联动等内容进行了规范，具有较强的

---

① 参见沈春荣《经济发达镇管理体制改革的平望实践》，载《群众》2019 年第 9 期。

科学性和实用性，填补了监管标准的空白。北京市依托市场监管"风险洞察平台"开展大数据监管，整合工商系统数据、企业信用数据和互联网信息，现已建立涉及18个部门、71项监管事项的风险台账，进而形成企业的大数据全景信息视图，为实时监测年报数据异常等高风险行为，开展跨地区跨部门综合监管，提升执法效能，提供有力支撑。上海探索包容审慎监管，已梳理完成200多个新兴行业企业经营范围和名称表述，出台《上海市新兴行业分类指导目录》，对于解决新兴行业企业"身份认证"难题起到积极作用。

九是跨区域监管积极试水。京津冀、长三角、泛珠三角、丝绸之路沿线四大区域协作执法监管持续深化。上海市长宁区、杭州市余杭区对接，探索跨省市监管协作机制和跨区域网络违法监管协作机制。由此，网络违法行为协查、违法线索及案件移送实现全程电子化，从协查请求发出到信息反馈从原先数月缩短至3个工作日之内，案件从录入到归档，形成完整闭环管理。该模式已延伸至江苏宿迁、浙江金华等城市。广东省还探索粤港澳和珠三角等区域，以及市场监管与公安、海关、知识产权保护、法院、检察院的跨区域跨部门协作，形成大市场监管合力。在行为活动高度跨界、跨域的互联网时代，跨区域、跨部门监管的协作实施，对于增强政府监管效能、克服传统地域管辖的分割缺失，具有积极意义。

三　法治社会

法治社会是法治建设的基本组成部分。近年来，各地对法治社会建设的重视程度不断增强，成为推进法治建设和社会治理的重要部分。

2016年国务院出台《关于加强政务诚信建设的指导意见》，之后地方政府的政务诚信建设广泛开展，仅2018年以来就有福建省、江西省、浙江衢州、山西大同、山东营口、湖南长沙、四川成都等数十个地方政府出台政务诚信建设的意见或方案，其探索经验值得总结提炼。2018年广西壮族自治区人民政府印发《广西加强政务诚信建设的实施方案》，以发挥政府在社会信用体系中的引领示范作用，打造现代诚信服务型政府，营造良好的政务信用环境。具体制度上，包括建立政务诚信专项督导机制、横向政务诚信监督机制、社会监督和第三方机构评估机制。要求各级社会信用体系建设牵头部门负责加强政务失信记录的归集和共享机制，政府部门和公务员因违法违规、失信违约而被司法判决、行政处罚、纪律处分、问责处理等政务失信信息及时记录、完善、整合，归集到自治区公共信用信息平台，并与全国平台互联互通，向社会逐步公开。加强政务诚信体系的应用，对于各级政府存在政务失信记录的，要求对具体失信情况书面说明原因并限期整改，依规取消相关政府参加各类荣誉评选资格，予以公开通报批评；在改革试点、项目投资、社会管理、绩效考核等领域对政务诚信评价结果予以应用。

在新时代背景下，中央、地方高度重视纠纷化解工作，并取得显著成效。但仍应清醒看到，矛盾纠纷化解压力仍不容低估。比如，2018 年，山西省三级法院共受理行政一审、二审和非诉执行案件 10951 件，再创历史新高，与 2017 年相比同比上升 14.67%。其中，各类行政案件均持续攀升高位运行，其中涉征地拆迁类行政一审案件更是高达 1400 余件，占全部一审行政案件的近 1/3①。2018 年，深圳市各仲裁机构受理劳动人事争议案件39964 件，同比增长 29%，10 人以上集体劳动争议案件 1288 件，同比增长达到 41%。从全国范围看同样如此，2018 年地方各级人民法院受理案例2800 万件，同比上升 8.8%②。重庆市荣昌区提出"党政＋司法＋群众＋智能"的社会治理创新思路，形成集人民调解、司法调解、行政调解"三调合一"为主体，行业调解、专业调解、信访调解和乡贤调解为补充，广泛吸纳社会调解力量的综合调处机制。成立荣昌区综合调处室的实体机构，为享有独立经费的全额财政拨款单位，固定编制 8 人，另由区委区政府固定名额抽调党政干部、社区干部定期轮流到岗，并聘用 6～8 名专职调解员，负责矛盾纠纷化解管理和调解工作。在调解机制上，坚持就近调解、方便调解和疑难呈转上级调解的原则，各级调解机构受理后原则上三日内调结，最长

---

① 参见山西省高级人民法院《2018 年全省行政审判白皮书》。

② 参见《最高人民法院工作报告——2019 年 3 月 12 日在第十三届全国人民代表大会第二次会议上》。

不超过十日，村（社区）、镇（街道）无法调处的重大疑难矛盾纠纷转呈区综合调处室，由此克服了常见的久调不决、以调压诉等问题。四川省成都市中级人民法院、主管行政部门、行业组织和相关社区，协力推进涉产业项目纠纷的源头治理。其"和合智解"e调解平台已顺利运行，该平台汇集86个调解组织、近500名调解员，人民群众足不出户即可依托平台将大量纠纷化解于无形。

民生保障法治水平不断提升。全国脱贫攻坚已取得历史性重大成就，在距离完成脱贫攻坚目标任务只剩不到两年的背景下，2019年尤为关键。2018年，《新疆维吾尔自治区农村扶贫开发条例》出台，使得精准扶贫走上法治轨道。上海市出台《上海市社会救助条例》，以最低生活保障、特困人员供养为基础，支出型贫困家庭生活救助、受灾人员救助和临时救助为补充，医疗救助、教育救助、住房救助、就业救助等专项救助相配套，社会力量充分参与的社会救助制度体系，已基本形成。《上海市社会救助条例》还将支出型贫困家庭纳入社会救助范围，使得社会安全网更加周全。与之相似，2018年，北京市人民政府出台《北京市社会救助实施办法》，江苏省人民政府出台《江苏省社会救助家庭经济状况核对办法》，地方社会救助的立法，为中央层面的全国统一社会救助立法提供了可资借鉴的机制、规则。2018年10月1日，修订后的《四川省老年人权益保障条例》实施，明确规定了老年人住院不能自理的子女可请护理假，独生子女每年累计不超过15日、非独生子女每年累计不超过7日的护理照料时间，享受错峰旅游免收门票、老旧小区加装电梯等老年人福利。

公共法律服务体系不断健全。2018年以来，各地公共法律服务体系建设突飞猛进。比如，珠海将公共法律服务作为基本公共服务的组成部分，作为法治建设的必要支撑，推进城乡一体化的公共法律服务体系，已完成区、镇街、村社区三级公共法律服务实体平台建设，并积极参与"一带一路"和"粤港澳大湾区"国家战略公共法律服务建设，对接广东省网络平台和语音平台，为群众提供普惠、均等、一站式的基本公共法律服务。再如，河北省在全省所有法院、看守所全部设立法律援助工作站，在省、市群众工作中心设立律师工作室，并统筹推进公共法律服务实体平台、热线平台、网络平台建设，全省所有县区实现公共法律服务中心全覆盖，5.2万多个村居实现法律顾问全覆盖。

2019年1月，上海市人大通过《上海市生活垃圾管理条例》，由此上海全面推行以地方性法规为支撑保障的生活垃圾强制分类制度。在立法过程中，市人大城建环保委、法制委、法工委，先后到10个区、20多个住宅小区、10多家企业就源头分类、资源回收、分类运输、分类处置、循环利用等开展实地调研，并聚焦立法关键制度设计开展近10次专题研究，赴宁波、杭州、大连、青岛等地考察学习立法经验，面向各类群体发放问卷调查1.5万份，既汇集了民智，也起到宣传动员功能；立法推进与政府工作同步推动，人大、政府、公众在基本思路、关键制度设计等方面逐步凝聚共识。虽然在实施中仍存在争议，但总体上成效突出，并形成了较多经验。

广东省深圳市龙岗区坂田街道紧扣实际情况创新社会治理体系，形成"一核三心六创融合"的治理格局①。其做法包括"党建＋综治"运作体系，发挥党的政治优势和组织优势，整合组织、综治、劳动、信访、网格等板块资源，推进"综治中心＋网格化＋信息化"建设，将基层党建网与综治网合二为一。在矛盾纠纷化解方面，依托综治中心，在以往窗口、条线基础上，打造五大平台。一是诉求服务平台，整合现有综治中心、劳动、信访、司法服务窗口，由诉求服务中心统一受理来信来访后分派各部门处理。二是大调解平台，整合劳动、司法行政、信访等资源，打造矛盾纠纷大调解中心，并探索行业调解、专业调解、涉外调解等新模式，提升调解效率。三是劳动仲裁平台。在现有劳动仲裁平台上增设仲裁庭，为企业、劳动者提供更加集约、公平、高效的劳动仲裁服务。四是法律援助平台，强化法律援助站功能，并委派专业律师、社工驻守，法律援助常态化。五是综治信息化平台，升级联勤指挥信息平台、综治服务窗口，接入社会管理工作网、应急指

---

① 其一核：党建核心；三心：社会治理研究中心、矛盾纠纷调解中心、平安促进中心；六创：社会安全管控创新、矛盾预警机制创新、公共服务手段创新、产城融合治理创新、居民自治体系创新、外来人口管理创新。

挥中心系统等资源，实现了联勤指挥和应急值守的无缝对接。

浙江省衢州市围绕"党建＋基层治理"创新基层治理模式，推行"红色物业联盟"社区治理模式。把党员干部的社区党组织和机关党组织双向打通，成立"网格支部＋业主委员会＋物业公司＋业主＋各类社会组织"共建共治的物业联盟，广泛吸纳小区党员业主、热心居民参与小区治理。

法律顾问作用凸显。许多地方积极推进法律顾问全覆盖。广东通过公开招标采购的方式，选聘律师事务所和法学专家，担任省政府法律顾问；在县级以上政府普遍设立法律顾问室。宁夏注重发挥法律顾问在重大决策、依法行政中的作用，现已实现区、市、县、乡四级政府及区直部门法律顾问的全覆盖。

2018 年是《劳动合同法》实施的十周年。劳动争议、涉案人数均长期高位运行，加之新业态带来的挑战，支付方式的虚拟化，使得劳动争议老问题未解，新矛盾凸显。比如，由于产业政策和经济环境影响，上海等地企业"关停并转欠"等原因导致的群体性劳动争议案件激增，广东等地涉劳资纠纷的信访案件激增。对此，广东省佛山市南海区组建镇、村、企业三级调解组织网络，并建立健全调解激励机制；加强调解队伍建设，把专业知识强、擅长沟通、熟悉政策、群众威望高的同志吸引到调解队伍中，并积极吸收法律等方面专家充实兼职调解员队伍，进而打造一支覆盖范围广、专业强、梯次化的调解人才队伍。浙江省衢州市建立化解劳资纠纷工作联系制度，通过主动监察、信息采集、书面年审、专项监察等方式，发挥基层劳动争议调解组织作用。2018 年，浙江省衢州市共受理劳动保障监察举报投诉案件 599件，涉及金额 2669.3 万元，涉及人数 2620 人，分别同比下降 58.43%、74.97%、70.53%，投诉结案率达 100%①。

社会信用体系建设有序推进。2019 年国务院办公厅印发《关于加快推进社会信用体系建设 构建以信用为基础的新型监管机制的指导意见》，要求创新事前环节信用监管，加强事中环节信用监管，完善事后环节信用监

---

① 参见衢州市人力资源和社会保障局《2018 年度法治政府建设工作年度报告》，http：//www.qz.gov.cn/art/2019/3/29/art_ 1528072_ 31801620.html，最近访问日期：2019 年 7 月18 日。

管，强化信用监管的支撑保障。与此同时，许多地方也开展社会信息体系建设的积极探索，以信用体系提升监管效能。河北省人民政府出台《河北省人民政府关于进一步加快社会信用体系建设的实施意见》，提出以打造诚信河北为主线，建立健全以法人和其他组织统一社会信用代码、自然人身份证号码为索引，覆盖全民、稳定且唯一的统一代码制度，全省各级政务服务大厅提供查询、异议、修复等一站式政务服务，并在政务服务办理中实施"信用承诺制"和"容缺办理制"，试点推进诚信个人积分试点，推进市县乡村信用监测全覆盖。广西对于诚信示范企业、"守合同重信用"公示企业等诚信典型，在政务服务中，同等条件下优先办理，并最大限度简化程序①。福建省依据信用风险开展"双随机、一公开"抽查，将抽查检查结果作为企业信用风险分类的重要考量因素，并根据企业信用风险状况确定抽查比例、频次以及处罚裁量依据。对于信用较好、风险较低的企业，降低抽查比例和频次，减少打扰；对信用风险一般的企业，按正常比例和频次抽取；对违法失信、风险较高的企业，提高抽查比例和频次，严管重罚。

江苏省在法治政府建设指标体系的基础上，制定出台《江苏法治社会建设指标体系（试行）》，其内容涉及领导干部和公务员运用法治思维、法治方式的能力，全民尊法守法与公序良俗建设，重点领域法律法规落实情况，村居两委自治，以及矛盾纠纷排查调处、公共法律服务、特殊人群管理、法治宣传教育等内容，为系统推进法治社会建设提供了目标执行和参考评价依据。

四　司法建设

互联网法院创新亮点纷呈。自 2017 年以来，杭州互联网法院、北京互联网法院、广州互联网法院先后正式挂牌。2019 年 8 月，杭州互联网法院

---

① 参见《广西建立完善守信联合激励和失信联合惩戒制度　加快推进社会诚信建设的实施方案》，《广西壮族自治区人民政府关于印发广西推进社会信用体系建设有关文件的通知》（桂政发〔2018〕3 号）。

发布《网络社会治理审判观点》（第一辑），针对互联网迅速发展与相关立法制度滞后空白带来的问题，通过典型案例为司法审判和社会治理提供参考，有利于建立互联网上相对稳定可预期的法治化营商环境。北京互联网法院发布《互联网技术司法应用白皮书》（2019 年），对移动微法院、屏幕共享、智能审判应用、天平链等多项新技术司法应用进行展示。广州互联网法院上线"类按批量智审系统"，提供互联网金融纠纷一站式解决方案，实现此类案件的线上批量起诉、线上快速审判和线下高效执行，为金融市场秩序的维护提供强有力的司法支撑。

广东省深圳市福田区人民法院改进分案办案机制，对于院庭长，贯彻"多办案、办难案、办精品案"的原则，将重大、复杂、疑难、新类型和在法律适用方面具有示范意义的案件，优先分配给院庭长审理；建立庭长承办长期未结案机制，对于一年半至三年长期未结诉讼案件原则上由本部门庭长担任审判长，直接参与案件的审理与督办；建立管理与办案平衡机制，构建起"基础办案单元—团队—庭室—分管院领导—院长"的管理链条，细化院长、庭长、团队负责人权力清单，减轻院庭长非审判事务负担；在案件评查方面引入社会评估，与高等院校合作开展第三方评查，院庭长承办的案件设置为必评内容，评估效果有了大幅提升。

送达改革提效增速。为克服送达难的顽疾，很多地方展开积极探索。2019 年 3 月，江西省高级人民法院启用全省法院集约送达中心。其做法是利用信息化手段重塑诉讼文书送达流程，以社会化外包服务对文书送达等司法辅助事务进行剥离。在已有改革基础上，江西打破原来层级和管辖限制，从以往以特定法院为单位，升级为全省法院统一化集约送达。通过省级集约送达中心，全省送达统一工作流程、统一服务标准、统一考核机制，部分送达事务已实现省级统管。江西法院集约送达中心对 12368 热线升级后，除接听群众、当事人及其代理人来电"有问必答"外，还主动联系群众，以统一 12368 号码对外开展送达，便利了人民群众参与诉讼、执行活动。值得一提的是，江西省高级人民法院充分发挥在基础设施、人力资源等方面优势，集中处理全省法院电子送达任务，有效减轻了基层法院负担，避免一些地方在改革中推卸责任的问题。

江西法院推进环境资源案件归口管理，包括江西高院、九江中院等 14 家法院成立了环境资源审判庭，55 家法院设立环境资源合议庭，2 家法院设立环境资源巡回法庭，逐步建立环境资源审判庭、环境资源合议庭和环境资源案件归口审理相结合的专门化审判体系。2018 年，江苏启动环境资源审判"9 + 1"新机制，根据全省生态功能区规划方案，以生态功能区为单位在长江南岸江阴市法院、长江北岸如皋市法院、黄海湿地区域东台市法院、太湖流域苏州姑苏区法院、洪泽湖流域盱眙县法院等法院设立九个生态功能区环境资源法庭，跨行政区划集中管辖相应流域、区域范围内第一审环境资源刑事、民事、行政案件。在南京市中级人民法院设立环境资源法庭，集中管辖全省中级法院管辖的一审环境资源案件和不服九个环境资源法庭审结案件的上诉案件。根据《2018 年度江苏环境资源审判工作白皮书》，2018 年度全省法院共受理环境资源一审案件 8596 件，同比增加 150.4%，结案 7786 件，同比增加 136.8%。

法院执行成效凸显。各地法院以前所未有的力度，攻坚决胜"基本解决执行难"收官之战。江苏高院全面推行执行指挥中心"854 模式"① 实体化运行，出台专门文件和工作导则，细化每一环节具体要求，便于复制操作；明确执行团队核心职责并进行分权，将执行法官必须亲历的事项与无须亲历的事项分离；将每项具体执行环节的决策权与操作权分立，将无须法官亲历的、操作性的事项，交由执行指挥中心集约办理；执行指挥中心功能拓展，推行"大中心，小团队"，江苏不少基层法院执行指挥中心的人员数量已超过执行局人员总数的一半甚至超过 2/3，而执行实施团队规模则控制在 3 ~ 5 人。

---

① 所谓"854 模式"，是指各级法院执行指挥中心集中办理核对立案信息和初次接待、制作发送格式化文书、网络查控、收发委托执行请求、录入失信被执行人信息、网络拍卖辅助工作、接待来访、接处举报电话等 8 类事务性工作，有力提供视频会商、4G 单兵连通与执法记录仪使用、执行公开、舆情监测、决策分析等 5 类技术服务，切实承担起繁简分流管理、流程节点管理、执行案款管理、终本案件管理等 4 项管理职责。

信息化应用再上台阶。许多法院开发大数据智能评估系统，为房产、机动车等资产提供快速询价，网拍效率显著提升。2018 年 1 月，"宁波移动微法院"在浙江省宁波市两级法院全面推行，使用人脸身份识别、电子签名、多路实时音视频交互等技术，集在线立案、送达、调解、证据交换、开庭、执行等功能于一身；为提升用户体验，移动微法院设置"一步一导引"，诉讼的每个步骤均设有提示、告知或释明，大部分操作可拍照一键上传，常见文书可简单填写后自动生成，实现群众打官司"最多跑一次"甚至"一次不用跑"。

四川省成都市两级法院强化执行案件、涉执行信访案件的"案源治理"。一方面，通过建立诉讼中当事人主动履行引导机制、判后自动履行和不履行生效裁判风险及责任告知机制，促进当事人及时履行、自动履行；另一方面，探索信访化解与再审审查有机结合的工作模式。

司法公开纵深发展。在已有司法公开基础上，江苏法院开创"全媒体网络直播"的执行公开形式。其中，南京市两级法院的"钟山亮剑、共铸诚信"执行行动吸引超过 5000 万人次网民观看。2019 年 7 月，北京市海淀区人民法院举行"正在执行"全媒体直播活动，联合北京电视台、《人民日报》、央视新闻移动端、央视新闻客户端、人民法院新闻传媒总社等 50 多家媒体与直播平台，对一批涉企业、涉民生的执行案件进行全程直播，吸引1300 多万网友在线观看。

五　优化法治营商环境

2018 年以来，"营商环境优化"成为地方法治的关键词，体现在地方立法、执法监管、司法审判等方方面面。

四川省出台《四川省提升营商环境法治化水平专项行动方案》，对营商环境提升作出系统安排。在立法层面，重点推进四川省优化营商环境条例、四川省企业和企业经营者权益保护条例、四川省品牌促进条例等立法项目，以从源头上依法保护各类市场主体的合法权益；在执法监管层面，推进行政执法公开制度，全面推行"教科书式执法"，探索行政执法用语标准、流程标准和文书标准，进而检察行政执法标准体系；在权益保障方面，建立全省统一的企业维权服务平台和省、市、县三级联动投诉机制，统一受理投诉，稳步推进以成都为核心的西部法律服务中心建设。

一些地方将优化营商环境的地方立法提上议事日程。比如，《黑龙江省优化营商环境条例》于2019年1月审议通过，为优化营商环境在政策推进之外提供了有力的法治保障。山东省于2019年7月审议通过《山东省新旧动能转换促进条例》，以新旧动能转换为主题，为促进高质量发展提供法治保障；该条例还将一个窗口受理、集中办理、限时办结、一次办好等优化服务的内容纳入地方立法，为鼓励担当作为，规定建立区域差异化督导考核制度、完善激励机制和容错免责机制。上海为优化营商环境，出台地方政府规章，禁止规范性文件违法设置排除或限制公平竞争、干预市场主体正常生产经营活动的措施。

"法治是最好的营商环境"，营商环境不仅需要通过立法手段来塑造，还需要通过执法手段来维护，通过司法手段来保障。不少地方对标世界银行营商环境指标，在营商环境法治化、国际化方面迈出一大步。比如，海南省作为全岛自由贸易试验区和中国特色自由贸易港，参照世界银行2019年营商环境评价指标框架，结合地方实际，出台《海南省优化营商环境行动计划（2018~2019年)》，涉及11个方面40项改革措施，并明确了责任单位、配合单位和完成时限，有利于提高行政效率，也增强政府诚信度。

许多地方法院出台了加强产权保护和为企业家创新创业营造良好法治环境的司法文件。福建省厦门市两级法院探索司法提升营商环境建设的"1+3+5"模式①。厦门中院以被确定为"全国企业破产案件审理方式改革试点法院"为契机，推行破产简易审程序，创设预重整、预和解等机制；推进

---

① "1+3+5"模式，即紧盯"打造法治化营商环境"一个目标，实施"三大提升行动"，营造"五型法治环境"。其中，"三大提升行动"为优质的诉讼服务提升、高效的审判质效提升和透明的司法公开提升；"五型法治环境"，为创新型、开放型、诚信型、效率型、安全型的法治环境。

诉讼与公证协同创新、示范性诉讼、审裁方式精简化，不断提升司法保障的精准服务、便捷服务和品质服务水平。

知识产权保护进一步升级。深圳市将知识产权保护定位为深圳的生命线战略。近年来，深圳市每年发布知识产权发展状况白皮书。2018 年 12 月，中国（深圳）知识产权保护中心正式运行，面向新能源、互联网等重点产业开展知识产权快速协同保护；深圳市市场监管局推动在软件、半导体照明等行业协会建立知识产权保护工作站，打造成企业知识产权保护的培训、指导、维护和孵化四大平台；深圳市人民检察院设立专职机构和专业办案组，负责知识产权刑事案件的办理，并推动形成统一的法律适用标准；深圳海关探索形成"主动保护、协同打击、专业标准"的专利权海关保护模式。2019 年 4 月发布的《深圳市 2018 年知识产权发展状况白皮书》显示，知识产权保护力度持续加大。知识产权行政执法的电子证据取证、专利侵权判定等工作指引相继出台，执法频度、强度有所提升，2018 年度深圳市市场监管局共查处知识产权侵权案件 1224 件，同比增长 36.6%。在司法保护方面，深圳市公安机关共受理各类侵犯知识产权案件 595 件，深圳市检察机关审查逮捕阶段受理侵犯知识产权案件 438 件，决定起诉 611 人，深圳两级法院新收知识产权案件 28296 件，同比均有较大幅度增长[1]。

六 前景与展望

法治建设只有起点，没有终点。十九大报告指出，当下"社会矛盾和问题交织叠加，全面依法治国任务依然繁重，国家治理体系和治理能力有待加强"。总体上，地方法治推进仍面临挑战，突出表现在以下方面。首先，依法治理水平仍有待提升。存在落实主体责任不力的情形。一些地方领导和工作人员忙于应付日常事务性工作，未能与时俱进进行系统学习，未适应法律法

---

[1] 数据参见《深圳市 2018 年知识产权发展状况白皮书》，深圳市市场监督管理局官方网站，http：//amr. sz. gov. cn/zscq/zscqbh/zscqbps/201904/t20190428_ 17120550. htm，最近访问日期：2019 年 8 月 12 日。

规的密集出台修订，与人民群众需求预期之间仍有差距。其次，法治推进中的一些瓶颈问题依然突出。以司法改革为例，有的法院领导虽然办案，但办简单案、挂名案的现象尚未根除，员额退出机制有待完善；人财物省级统管的推进，有些地方存在停滞乃至倒退。再次，"放管服"改革亟待进一步深化。在放的方面，存在避轻就重的问题；就管而言，存在水平不匹配的现象；在服务领域，存在雷声大、雨点小，"但听楼梯响，不见人下来"现象，人民群众获得感、满意感不高。最后，法治队伍建设有待进一步加强。许多地方执法队伍建设仍较为滞后，执法力量与执法任务、监管目标不匹配的失衡有增无减。

围绕中心工作推进法治升级，以法治建设为地方经济社会发展添动力、增活力、聚实力，依然是今后各地法治建设的重点和关键所在。对此，应考虑从以下方面持续努力。

（一）加强党对法治推进的全方位领导

党的领导是地方法治建设的根本保证，是决定法治建设成败之关键。地方法治的推进，需要加强和完善党的领导。比如，应加强和完善同级党委对人大工作的领导，把人大工作同党委统一谋划、统一部署和统一推进，对于涉及省市发展大局的长远事项通过地方人大立法程序转化为地方性法规；对人大重大事项，党委开展专题研究；推进地方人大在权力行使方面完善制度机制，保证人大依法履职。省级党委还应着力完善地方党内法规体系。根据《中国共产党党内法规制定程序条例》之规定，省、自治区和直辖市党委享有党内法规制定权。鉴于地方事务的多样性和复杂性，省级党委的党内法规制定工作，既构成党内法规体系的重要组成部分，也是地方法治的题中应有之义。再如，应加强和完善党对执法监管工作的领导。依靠党的领导，有效化解执法监管的体制难题和机制问题。比如，针对执法力量配备失衡的问题，加强编制优化调整，积极推进执法力量下沉到乡镇直至村居；针对执法力量分散的问题，依靠党的领导推进执法体制改革，逐步实现一支队伍管执法，从范围较广的事业单位干执法回归"行政"执法的本源；针对不作为、乱作为，甚至个别执法人员及部门与黑恶势力沆瀣一气、充当保护伞的问题，加强党对执法工作的领导，特别是抓住领导干部这个关键少数，落实执法责任制，实现执法监管的严格规范文明。

（二）加强地方立法，发挥引领保障作用

地方法治，立法先行。一方面，新形势新任务对地方法治提出更高要求；另一方面，新兴产业蓬勃发展，传统产业加快转型升级，经济、社会正在面临空前的变革局面，给政府监管与社会治理带来空前挑战，这都需要立法先行，予以引领、提供保障。今后，各地应加强地方立法，克服以往常见的低水平重复立法、小法抄大法等现象，从重视立法数量、立法速度转变为更加重视立法质量、立法效益。今后地方立法的发展，既要强调不违反不抵触上位法，更要注重结合地方具体情况和实际需要，为地方法治推进提供保障。地方立法应当立足地方实际，围绕经济转型升级，围绕营商环境改善，围绕教育文化事业，围绕民生改善，围绕环境生态建设等重点领域，注重研究和解决地方发展和改革面临的实际问题，真正发挥作用。应健全人大主导立法工作的体制机制，克服部门立法的弊病；发挥人大及其常委会的立法主动性和能动性，加大有关专门委员会和常委会工作机构牵头起草或提前介入起草的力度，对于涉及综合性、全局性、基本性的地方性法规草案起草，逐步形成人大主导起草的工作机制；进一步健全立法程序，包括立项、起草、论证、协调和审议机制，探索委托第三方起草模式，健全立法沟通协调机制，增加隔次审议和三审制的应用，推进立法审慎化、精细化；发挥人大代表的立法主体作用，克服以往广泛存在的地方人民代表大会立法权"空置"现象，每年至少选择一件重点地方性法规草案提交地方人民代表大会审议通过。

（三）克服难点痛点，促进法治再上台阶

一些地方法治推进看似花团锦簇、经验总结一大堆，但人民群众并未切实感受到改革成果甚至南辕北辙。比如，在轰轰烈烈的在线政务服务与商事登记改革推进中，暴露问题不容低估。企业、群众提供电子材料真实性很难通过互联网方式核实清楚，一些地方出现"被法人代表"问题；有的地方

虽然喊出"最多跑一次"乃至"一次不用跑"的口号并制定政策文件,但由于部分事项有特殊要求,或受制于工作人员能力和流程机制,办事企业、群众跑上一次又一次,甚至反复跑的现象仍较为突出;有些地方改革大刀阔斧推进之后,存在停滞乃至倒退,使得办事企业群众大失所望。"放管服"、"最多跑一次"等改革推进,并不是喊喊口号就算了事,要通过制度化、规范化、常态化,最终形成不可逆的改革成果。对此,需要用好标准化、法治化和问责等举措,以立法赋予改革成果强制性,以标准化增强操作性,以事后问责克服阳奉阴违现象,堵住恣意空间。必须深刻意识到,"最多跑一次"作为外在要求,需要政府自身体制、流程改革相匹配。今后,在机构改革推进基础上,需进一步加强磨合和内部流程优化,推进各个机构、环节、领域有机贯通,实现办事流程、办事标准、办事作风、办事效能的全方位革新,在解决"门难进、脸难看"的基础上,真正实现"事好办"。

另外,还要对已有各类探索试点加强评估和"回头看",通过系统科学论证,增强改革举措的合理性、合法性、可行性和操作性。在此,既要避免好的改革经验由于缺乏总结提炼而倒退逆流问题,也要避免个别不切实际的改革口号、改革措施因"看上去很美"而盲目跟风照搬,最终却无法落地。

(四)从大刀阔斧走向体系化精细化

地方法治的推进,与其他领域的改革相类似,正逐步从"摸着石头过河",走向规划设计先行,逐步迈向精细化。以权责清单改革为例,应当在普遍编制、动态调整常态化的基础之上,进一步走向精细化。一是逐步扩大适用范围,可借鉴政务公开的经验,逐步适用于管理公共事务职能的组织,以及与人民群众利益密切相关的公共企事业单位;二是在内容上,从直接面向相对人的外部权力行使扩展到产生间接影响的内部流程运转,从权力本身扩展到附随环节,特别是前置性、中介性、初审等领域;三是在深度上,更加重视全面完整;四是走向类型化和权威化,加强对清单的合法性审查,让其真正成为工作人员的操作手册和企业群众的办事指南;五是走向统一化,在以往自下而上分别制定各地区、各部门权责清单的基础上,上级特别是省级政府应担当起地方各级权责清单的认定、审查、修订工作。一方面，对已有权责清单加强合法性审查和标准化建设，在用词、内容、表述等方面趋向一致；另一方面，还应加强部门联动和动态调整，通过权责清单的完善，克服以往存在的九龙治水、职责空白、推诿扯皮等问题，做到"民有所呼、吾有所应"。又如，以文明规范执法为例，除注重执法行为和监管处罚结果的规范性，还应注重统一着装、执法用语的文明规范、文书理由说明的到位等方面，增强相对人对执法的接受度，并收到宣传教育效果。

再以多元纠纷化解为例，既要扩大其覆盖面，还应增强其标准化和专业性建设。通过加强调解员分级培训，形成"入门—熟练—资深—权威"的调解员资格认定体系，统一调解流程和调解标准，使用统一专业的业务术语，增强调解的公信力；及时总结成功调解经验，形成"要素式"调解模式，不断提升调解速度和自动履行率。

近年来，各地在德治、自治的功能发挥与配合方面，已有不少探索，但总体上仍存在失衡问题。对此，应注重发挥村规民约、市民公约、行业规范、社团章程的作用，多管齐下共同促进社会治理秩序的改善。在已有多元纠纷化解体系建设基础上，还应"百尺竿头更进一步"，继续加强源头治理、事中处置和相关信访治理。以基层治理法治化建设为重心，在党委领导下，调动各政府部门、司法机关、社会组织等全面参与，下沉法治资源，加强源头治理，指导基层组织通盘化解。

（五）加强宣传教育，树立法治权威信仰

法律的外在权威依赖于人民群众的内心信仰。法治意识和法治信仰，对于法治的顺利推进和效果提升具有重要意义。但实践中，全民守法依然有很长一段路要走。今后，应注重以下方面：一是将普法宣传、公民学法作为地方法治建设的基础工作抓好抓实；二是深化领导干部作为"关键少数"的作用，带头学法、模范守法，对其工作、生活中的违法违纪行为从重从快处置，真正起到示范引领作用；三是与教育培训相结合，考虑将法治教育纳入国民教育体系，将学法、用法纳入党政干部培训的必修课；四是与决策监管

相结合，让地方立法、重大决策的制定过程，同时成为生动的普法宣传和凝聚共识的过程，起到举一反三的效果，最大限度减少决策出台后的执行阻力。

（六）依托信息化全面提升地方法治水平

现代法治迫切需要现代科学技术来支撑。大数据、人工智能等技术的妥当应用，既将极大提升地方立法、执法和司法的效率，为工作人员减负，也必将倒逼尊法守法、严格执法。显然，现代科技、信息化与地方法治的融合，将成为必由之路。联合国在《大数据促发展：挑战与机遇》白皮书中指出，"大数据时代对于全世界是一个历史性的机遇期，可以利用大数据造福人类"。美英日等发达国家纷纷推出大数据战略。中国各个地方，就大数据与政府监管、司法改革、社会治理等领域进行深度融合，提供智能化与信息化的有效支撑。

今后，地方法治推进应当加强信息化、大数据、人工智能的融合应用，找准技术与法治的契合点，以技术进步促进高效便民，提升执法审判执行效能，加强隐患排查预防、倒逼公权力规范运行，将成为法治推进的关键所在。以政务服务"最多跑一次"为契机，在类似的系统集成理念指引下，推进监督检查和执法行为的集成化、集约化，在江苏省等地方试点基础上深入推进综合执法改革，完善"一张表格管执法"，兼顾"严格执法"与"执法不扰民"。

（七）公权力运行不断规范化标准化

在当今信息化网络化时代，政府机关的不作为乱作为等现象，个别公职人员及其家属的不当言行，往往会被指数级放大，在网络上"病毒式"传播，动辄成为群众密切关注的热点舆情。这要求国家机关及其工作人员行为更加规范，要求彻底消除不作为、乱作为。

在此，一些地方领域已进行积极探索。比如，广东佛山对市区两级1833项许可和公共服务事项编制办事指南和业务手册，细化415个标准要件，并全面应用于综合窗口、审批部门、网上办事大厅，配套制定前后台流转标准、数据对接标准、物料流转流程标准等，实现了政务服务的无差别化。在"双随机、一公开"监管方面，虽然中央已有文件要求全面推进，但各地各部门实施情况不一，推进不均衡。对此，有必要以标准化为抓手，从规范化走向标准化，权力运行规范统一，最大限度减少权力恣意任性，减少不必要的纠纷争议。

人 大 制 度

System of People's Congress

B.2
中国人大立法透明度指数报告（2019）

——以省级人大常委会网站信息公开为视角

中国社会科学院法学研究所法治指数创新工程项目组*

摘　要： 为准确把握人大立法公开情况，推进科学立法、民主立法以及依法立法，促进地方性法规制定与监督机制不断完善，通过观察31个省、自治区和直辖市人大常委会门户网站，中国社会科学院法学研究所法治指数创新工程项目组对地方人大立法公开工作信息公开、科学立法公开、民主立法公开、立法优化公开情况进行了测评。评估显示，地方人大立法公开取得显著成效，立法工作信息普遍公开，但总体公开水平仍有待提升。

---

* 项目负责人：田禾，中国社会科学院国家法治指数研究中心主任、研究员；吕艳滨，中国社会科学院法学研究所法治国情调研室主任、研究员。项目组成员：王小梅、王祎茗、刘雁鹏、胡昌明、栗燕杰（按姓氏笔画排序）。执笔人：刘雁鹏，中国社会科学院法学研究所助理研究员。

关键词： 地方人大　立法公开　法治指数　透明度

随着国际形势风云起伏、国内经济社会稳步推进，地方立法工作面临着新的变化、新的挑战和新的机遇。对此，习近平总书记指出，地方人大及其常委会要按照党中央关于人大工作的要求，围绕地方党委贯彻落实党中央大政方针的决策部署，结合地方实际，创造性地做好立法工作，更好助力经济社会发展和改革攻坚任务。立法公开是做好地方立法工作的重要抓手，是提升立法质量、扩大立法参与的重要路径，甚至也是不断改进各级人大及其常委会工作的主要方面。为进一步掌握地方立法工作的实际状况，准确把握地方立法的具体变化、改进之处以及存在问题，进而继续推动地方立法不断完善，中国社会科学院国家法治指数研究中心及中国社会科学院法学研究所法治指数创新工程项目组（以下简称为"项目组"）于 2019 年再次通过 31 家省级人大常委会门户网站对地方立法公开情况进行了评估。①

一　评估指标与方法

地方立法透明度评估的是 31 家省级人大常委会依法履行立法职能的情况，其指标体系的设计依据为《宪法》《立法法》《各级人民代表大会常务委员会监督法》以及其他相关法律法规。

评估不涉及价值判断，不简单地将"好"与"坏"等主观判断带入评价体系及评估过程，而仅以人大常委会网站为依托，就"有""无"公开相关信息进行评价。尽管立法水平的高低无法通过网站建设的好坏全方位体现，但是若网站中公开的信息数量较少，公开的信息质量不佳，那么，立法参与难以有效开展，民主立法、科学立法的目标也极易受到影响。相对于往

---

① 评估仅涉及地方人大常委会在网站中公开的情况，其他工作内容均不涉及，所体现的成绩及反映的问题也仅是公开方面的内容，特此说明。

年，本次对评估指标体系有小幅度修改，删减了部分弱相关的指标，如人大代表的相关指标，增加了强相关的指标，如历年立法计划公开等。

本次评估设置立法工作信息公开（权重20%）、科学立法信息公开（权重30%）、民主立法信息公开（权重30%）、立法优化信息公开（权重20%）四项一级指标（见表1）。

表1　2019年度立法透明度指数评估指标体系

一级指标及权重	二级指标及权重
立法工作信息公开(20%)	领导信息(10%)
	常委会信息(30%)
	立法工作总结(30%)
	法规数据库(30%)
科学立法信息公开(30%)	立法计划(60%)
	立法规划(20%)
	立法论证(20%)
民主立法信息公开(30%)	立法草案公开(40%)
	立法征求意见(40%)
	征求意见反馈(20%)
立法优化信息公开(20%)	规范性文件审查(40%)
	立法评估(40%)
	执法检查(10%)
	法规备案(10%)

在立法工作信息公开方面，共有领导信息、常委会信息、法规数据库、立法工作总结四个二级指标。人大门户网站公开领导信息和常委会相关信息，有助于公众了解人大职能，方便群众与人大沟通交流，故设置了领导简历、机构列表、机构职能等三级指标。公开法规数据库既可以梳理地方立法信息，又有助于查询地方立法情况，故将法规完整性、有效性以及可检索作为考察重点。立法工作总结是公众了解人大立法工作的一个窗口，包括立法过程信息、立法数量信息以及立法重点领域信息等。

凡事预则立，不预则废。立法计划和立法规划是推动立法科学化的重要路径，而立法全过程中的科学论证则是立法质量的重要保证，故在科学立法信息公开方面设置了立法计划、立法规划、立法论证三个二级指标。

广泛参与立法活动不仅有利于避免立法疏漏、提高立法质量，而且还有助于法规文本的宣传，降低后期普法和执法成本。因此，在民主立法信息公开下设置立法草案公开、立法征求意见、征求意见反馈三个指标。

立法工作并未随着法规文本出台生效后终结，立法评估、执法检查能够考察法规在实践中的运行情况，为下一步修改提供依据；而规范性文件审查和法规备案则能保障法制体系和谐统一。故立法优化信息公开下设置规范性文件审查、立法评估、执法检查、法规备案四个二级指标。

对上述指标的评估主要依靠各省级人大常委会通过本机关门户网站及其他媒体渠道公开的信息。项目组通过在各省级人大常委会门户网站及相关媒体查询信息的方式获取测评数据。测评时间为 2019 年 3 月 10 日至 9 月 30 日。

二 评估结果

根据 4 个板块的测评结果和权重分配，课题组核算并形成了 31 家省级人大常委会的总体测评结果（见表 2）。

表 2 2019 年度立法透明度指数评估结果（满分 100 分）

单位：分

排名	评估对象	立法工作信息公开（20%）	科学立法信息公开（30%）	民主立法信息公开（30%）	立法优化信息公开（20%）	总分
1	贵 州	78.40	97.00	80.00	84.00	85.58
2	广 西	75.20	80.00	98.80	74.00	83.48
3	上 海	58.00	97.00	80.00	74.00	79.50
4	北 京	77.80	100.00	64.00	64.00	77.56
5	安 徽	68.66	88.00	80.00	62.00	76.53
6	甘 肃	65.20	97.00	48.00	74.00	71.34
7	四 川	65.26	100.00	64.00	42.00	70.65

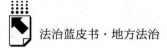

续表

排名	评估对象	立法工作信息公开(20%)	科学立法信息公开(30%)	民主立法信息公开(30%)	立法优化信息公开(20%)	总分
8	江 苏	75.40	100.00	48.00	50.00	69.48
9	内蒙古	59.86	77.00	64.00	74.00	69.07
10	重 庆	75.40	100.00	32.80	50.00	64.92
11	湖 北	61.60	64.00	68.80	54.00	62.96
12	江 西	38.20	50.00	76.80	82.00	62.08
13	青 海	74.80	100.00	12.80	64.00	61.60
14	宁 夏	53.80	74.00	64.00	42.00	60.56
15	广 东	53.26	82.00	28.00	84.00	60.45
16	辽 宁	57.26	67.00	48.00	72.00	60.35
17	云 南	54.80	64.00	70.00	42.00	59.56
18	天 津	77.80	20.00	54.00	74.00	58.56
19	浙 江	56.20	80.00	48.00	42.00	58.04
20	山 东	62.00	44.00	64.00	54.00	55.60
21	吉 林	80.02	44.00	48.00	54.00	54.40
22	海 南	49.60	40.00	64.00	54.00	51.92
23	湖 南	80.26	20.00	44.00	64.00	48.05
24	黑龙江	31.60	20.00	76.80	52.00	45.76
25	山 西	62.80	40.00	28.00	54.00	43.76
26	西 藏	42.60	20.00	34.00	72.00	39.12
27	河 北	60.40	20.00	28.00	54.00	37.28
28	陕 西	69.46	20.00	28.00	42.00	36.69
29	河 南	55.00	20.00	36.00	42.00	36.20
30	福 建	25.40	20.00	44.00	54.00	35.08
31	新 疆	53.32	20.00	16.00	42.00	29.86

根据最终测评结果，本年度总分超过 60 分的省级人大常委会有 16 家，即贵州省人大常委会、广西壮族自治区人大常委会、上海市人大常委会、北京市人大常委会、安徽省人大常委会、甘肃省人大常委会、四川省人大常委会、江苏省人大常委会、内蒙古自治区人大常委会、重庆市人大常委会、湖北省人大常委会、江西省人大常委会、青海省人大常委会、宁夏回族自治区

人大常委会、广东省人大常委会、辽宁省人大常委会。其中贵州省人大常委会以总分85.58分高居榜首。

不难发现，本年度立法公开稳中有升，各项公开工作相对较为均衡。本年度评估指标难度有所加大，但评估对象的表现总体稳定，部分地方人大常委会成绩较为突出。从最高分看，本年度评估突破80分的有两家，分别是贵州省人大常委会和广西壮族自治区人大常委会；在科学立法信息公开方面，上海市人大常委会、北京市人大常委会、四川省人大常委会、青海省人大常委会等多家评估对象分数超过90分；在民主立法信息公开方面，广西壮族自治区人大常委会评估分数超过90分。评估发现，四大板块平均分相对较为均衡，其中立法工作信息公开平均分为61.27分，科学立法信息公开平均分为60.16分，民主立法信息公开平均分为53.57分，立法优化信息公开平均分为59.42分，四大板块平均分大致分布在50～60分。这说明地方人大在推动立法公开过程中，能够在重视公开科学立法信息的同时不偏废民主立法信息，在宣传立法工作信息的同时展示优化立法信息，让立法公开工作紧跟经济社会发展的步伐。但也要清晰地看到，区域立法透明度发展还不够均衡。从分数段分布来看，评估结果较好的地区与较差地区差距较大，最高分为85.58分，最低分为29.86分，相差逾55分。区域差距形成的原因，一方面是由于立法透明度投入不一，另一方面则是对法律法规的贯彻落实程度不同。部分人大常委会未按照法律法规规定公开相关内容，未能有效征求公众立法意见和建议。部分人大常委会公开了大量的内容，如立法计划宣传的新闻、立法规划调研的报道，唯独不见立法计划和立法规划本身，未能直接公开法律法规所要求的内容。

三　评估发现的亮点

（一）立法工作信息普遍公开

立法工作信息公开着重考察31家省级人大常委会通过门户网站公开立

法工作相关信息的情况。该板块由 4 个子板块构成，即"领导信息""常委会信息""法规数据库""立法工作总结"。评估发现，31 家省级人大常委会门户网站都能够打开，而且网站建设相比往年都有所提升。

首先，人大常委会领导信息公开要素全面。公开人大常委会领导信息，不仅能够有效增加人大机构和人员的透明度，而且还能为人民群众监督人大立法工作提供保障。评估发现，人大常委会领导信息公开要素较为全面，不仅有领导成员信息、简历信息，而且还有分工信息。有 30 家人大常委会公开了常委会领导名单，占比为 96.77%；有 24 家公开了常委会领导的简历，占比为 77.42%。大部分人大常委会提供领导成员简历较为详细，不仅有照片、年龄、学历，而且还有工作经历和工作年限等内容。但需要指出的是，人大常委会领导信息公开仍有提升空间：一方面，很少有人大常委会公开领导成员分管部门或者业务信息；另一方面，人大常委会领导信息很少与工作信息相关联。

其次，普遍公开人大常委会机构信息。人大常委会公开内设机构职能信息，有利于公众更好地了解人大的各项工作及业务，为此有的人大常委会为每一个内设机构设置独立的版面，便于公众全面地了解各个委员会的职能、下设处室以及各项分工。有的人大常委会使用图表方式展示人大常委会各部门之间的相互关系，帮助公众了解内设机构的组织情况。有的则公开了人大常委会及相关处室的联系方式，方便群众沟通。在评估中发现，有 30 家在门户网站上提供了人大常委会内设机构列表，占比 96.77%；21 家公布了内设机构职能说明，占比 67.74%；21 家提供了内设机构的处室列表，比例为 67.74%；仅有 8 家提供了内设机构处室负责人信息，比例为 25.81%；有 7 家提供了人大常委会的联系方式，比例为 22.58%。

最后，人大常委会工作总结公开情况良好。评估发现，有 7 家人大常委会单独发布了立法工作总结，占比为 22.58%。例如，2019 年 2 月 12 日，山东省人大常委会发布了 2018 年立法工作情况报告，详细介绍了审议、批准、备案地方性法规的数量，立法的重点以及未来一年工作方向。有 24 家通过人大常委会公报的形式发布了立法工作总结，占比77.42%。除了单独发布年度立法工作总结外，有的则发布了五年的立法工作总结，如吉林省人大常委会将过去五年的立法工作情况进行打包汇总。在立法重点上，有25家人大常委会公开了立法重点领域信息，占比80.65%；23家人大常委会公开了地方性法规备案审查信息，占比74.19%。

（二）普遍设置征求意见专栏

设置征求意见专栏有助于公众迅速找到立法草案，能够及时了解相关信息内容，并对立法草案提出相关的意见和建议。评估发现，27家人大常委会设置了立法草案征求意见专栏，占比87.10%。余下的人大常委会有的没有在网站中征求意见，如新疆维吾尔自治区人大常委会网站没有立法草案征求意见的相关信息；有的则是有立法草案征求意见信息，但未设置专门栏目，如重庆市人大常委会在立法动态中放置了部分征求意见的信息，由于没有专门栏目，相关内容很容易被淹没。

（三）地方立法论证普遍落地

立法要实现科学性：其一，要求保障法制体系和谐统一，下位法不得与上位法相抵触；其二，要求立法符合客观实践，达到主客观相统一；其三，要求立法能够实现或者部分实现原初的立法目的，达到一定的立法效果。各方的争鸣和论证是提高地方立法质量、推动立法科学性建设的重要路径。评估发现，31家人大常委会均注重开展立法论证以提高立法质量。在论证方式上，有的是邀请法学专家召开听证会、座谈会。例如，北京市人大常委会就《北京市机动车和非道路移动机械排放污染防治条例》邀请了法学专家进行充分论证。有的则是实地调研，就相关问题咨询实务工作者和利益相关方。例如，辽宁省人大常委会为做好《辽宁省水污染防治条例（草案）》的审议工作，先后与省政府法制办、省环保厅共同赴沈阳、大连、营口市开展调研，召集政府相关部门、人大代表、企业代表进行座谈论证。立法论证既是提高立法质量的重要手段，又是践行民主法的主要路径，通过立法论证

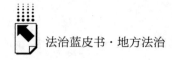

能够尽量吸收民意、顺应民心，减少法规生效后的普法成本，提高地方立法质效。

（四）立法优化制度普遍建立

地方立法活动是一个制定、实施、修改、废止的循环过程，通过立法评估、法规备案审查、法规执法检查等活动，能够有效检验地方立法质量，掌握地方性法规实施的真实情况，并为法规的修改或废止提供参考。31家人大常委会基本都建立了立法评估制度、规范性文件备案审查制度、法规备案制度等相关制度或细则。这些制度的实施可以有效避免法规、规范性文件与上位法抵触，保障法律体系内部和谐统一。

四 评估发现的问题

（一）地方法规数据库建设需加强

《立法法》第79条规定，地方性法规、自治区的自治条例和单行条例公布后，应及时在本地人民代表大会网站刊载。据此，省级人大常委会在门户网站上公布地方性法规是其法定职责，而通过建立专门法律法规数据库的形式来公开更为便捷，有助于公众迅速查找相关立法信息。被评估的31家人大常委会中有15家人大常委会网站法规信息不完整，出现了部分内容遗漏，占比为48.39%。有的法规数据库长期不更新，新法未能收录其中，有的则遗漏了个别地方性法规。

已经失效的地方性法规仍有可能成为解决一些历史遗漏问题的依据，因此，仍应向社会公开。为此，应当借鉴有些政府机关公开规范性文件的做法，将废止、撤销的规范性文件与现行有效的文件一同公开并标注有效性。但评估发现，只有甘肃省人大常委会和青海省人大常委会标注了法规的有效性，其他人大常委会法规库中均未能标注有效性。

对地方性法规进行分类有助于群众查找相关规定，有利于地方性法规整理。评估显示，仅有四川省人大常委会、江西省人大常委会等4家人大常委会对法规进行了分类，占比为12.9%。

有13家人大常委会公开地方性法规不及时，占比41.94%。例如，《内蒙古自治区饮用水水源保护条例》系2017年9月29日审议通过，而公开日期为2018年2月。人大常委会网站是法规公开的第一窗口平台，法规出台后未能及时公开，必然极大损害了公众知情权，不利于法规实施。

包括广东省人大常委会、江苏省人大常委会、江西省人大常委会在内的5家人大常委会未能在法规数据库中设置检索栏目，包括辽宁省人大常委会、四川省人大常委会在内的3家人大常委会虽然设置了检索栏目，但无法正常使用。

（二）立法计划通过以及公开滞后

立法计划是地方未来一年的立法内容，是对区域内立法重点内容调研评估之后的选择。立法作为一种有限的权力资源，选择制定或修改哪一部地方性法规，往往关系到能否最大限度地助力经济发展、社会稳定、法治进步。评估中发现，立法计划通过日期滞后的现象比比皆是，立法计划发布日期滞后于通过日期的情况时有发生（见表3）。统计发现，除个别没有公开立法计划的评估对象外，其他被评估对象中，2月28日之前通过立法计划的仅有4家，分别是重庆市人大常委会、四川省人大常委会、安徽省人大常委会、北京市人大常委会，占比仅为12.9%。2~3月通过立法计划的有9家，余下的要么3月之后，要么没有公开。所谓计划，理应是一年之初所定的全年工作安排。若立法计划在年中甚至下半年才通过，就不能称之为立法计划，其效果必然大打折扣。评估发现，广东省人大常委会、吉林省人大常委会、山东省人大常委会、湖北省人大常委会等通过立法计划时间过晚，有的是5月份，有的是9月份，大大超出了立法计划的本意。此外，评估还发现，有的立法计划的发布日期远远晚于通过日期，个别地方甚至延迟了147天。例如，安徽省人大常委会立法计划通过日期为2018年2月12日，而发布日期为2018年7月9日。

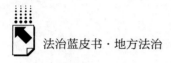

表3 31家省级人大常委会立法计划通过日期、发布日期及完成情况

评估对象	通过日期	发布日期	间隔
上　海	2018 年 4 月 23 日	2018 年 4 月 23 日	0
贵　州	2018 年 3 月 30 日	2018 年 4 月 20 日	21
广　东	2018 年 9 月 13 日	2018 年 9 月 13 日	0
吉　林	2018 年 5 月 16 日	2018 年 5 月 16 日	0
浙　江	2018 年 3 月 10 日	2018 年 3 月 10 日	0
江　苏	2018 年 4 月 2 日	2018 年 4 月 2 日	0
新　疆	—	—	—
重　庆	2018 年 2 月 5 日	2018 年 2 月 5 日	0
陕　西	—	—	—
四　川	2018 年 2 月 26 日	2018 年 2 月 26 日	0
河　北	—	—	—
内蒙古	2018 年 4 月 19 日	2018 年 4 月 19 日	0
辽　宁	2018 年 4 月 23 日	2018 年 4 月 23 日	0
江　西	—	—	—
山　东	2018 年 5 月 10 日	2018 年 5 月 10 日	0
湖　南			
安　徽	2018 年 2 月 12 日	2018 年 7 月 9 日	147
天　津	—	—	—
湖　北	2018 年 5 月 11 日	2018 年 5 月 11 日	0
西　藏	—	—	—
广　西	2018 年 3 月 30 日	2018 年 3 月 30 日	0
青　海	2018 年 3 月 12 日	2018 年 3 月 12 日	0
宁　夏	2018 年 5 月 18 日	2018 年 5 月 18 日	0
甘　肃	2018 年 4 月 13 日	2018 年 4 月 13 日	0
黑龙江	—	—	—
河　南	—	—	—
山　西	—	—	—
北　京	2018 年 2 月 26 日	2018 年 2 月 28 日	2
福　建	—	—	—
云　南	2018 年 3 月 22 日	2018 年 5 月 31 日	70
海　南			

（三）立法计划完成情况有待提高

立法计划完成度并非本次透明度评估的指标，但在评估中发现，部分地

区人大常委会都处于较高水平，基本超过或接近60%。尤其是辽宁省人大常委会和云南省人大常委会立法计划完成度为100%，年初所制定的立法计划均已实现，值得关注。部分地区人大常委会立法计划完成情况不太理想，有的低于50%（见表4）。制定立法计划本身是体现协调立法资源、规划立法时间的过程，若完成率较低，则可能是由于立法任务过重，亦可能是由于年初制定任务不科学、不合理，更有可能是因为立法计划本身通过时间较晚，留给立法机关工作的时间过短，导致任务无法完成。

表4　立法计划完成情况

单位：%

评估对象	立法计划完成率
上　海	77.78
贵　州	10.00
广　东	57.14
吉　林	40.00
浙　江	33.30
江　苏	33.30
新　疆	—
重　庆	50.00
陕　西	—
四　川	71.42
河　北	—
内蒙古	53.85
辽　宁	100.00
江　西	—
山　东	80.00
湖　南	—
安　徽	67.86
天　津	—
湖　北	77.78
西　藏	—
广　西	66.67
青　海	60.00
宁　夏	66.67

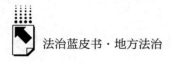

续表

评估对象	立法计划完成率
甘　肃	30.43
黑龙江	—
河　南	—
山　西	—
北　京	80.00
福　建	—
云　南	100.00
海　南	—

（四）立法规划公开有待强化

立法规划设定了地方人大常委会五年内的立法目标、原则和重点领域，是实现重大改革于法有据、实现立法为地方发展保驾护航的重要保障。在评估中发现，地方人大常委会制定立法规划较为积极，但是公开立法规划则相对滞后。一方面，31 家被评估对象均制定了立法规划；而另一方面，仅有15 家人大常委会公开了立法规划，公开率不足 50%。立法规划不仅要制定和执行，而且应当以看得见的方式制定和执行，有的人大常委会公开了大量征集立法规划建议的新闻，以及邀请高校科研机构的学者、实务部门专家共同商讨立法规划的座谈会信息，但未公开立法规划本身，也未公开立法规划的执行情况。

（五）部分地方立法草案缺少说明

地方性法规涉及的范围较广、内容枯燥乏味，若非专业人士很难迅速理解并提出相关意见。社会公众参与立法活动积极性不高，很大程度上源于法规内容及其表述与实际生活差距较大，但其影响却真实体现在生活中的每一个细节。增加立法草案说明是加强公众参与立法的重要途径。事实上，在政务信息公开过程中，对于影响力较大的政府信息，均应当辅之以政策解读，有的甚至要制作相关的图文解释，帮助群众理解相关内容。立法的影响力比政府政策有过之而无不及，其文字穿透力远非政策能比，故立法文本更应加大说明力度。在评估过程中发现，立法草案征求意见过程中，草案说明的普及率不高，有 17 家人大常委会立法草案征求意见缺少草案说明，占比54.84%。这直接导致反馈意见数量较少、反馈质量不高、互动效果不好。

（六）法规草案征求意见有待强化

首先，征求意见期限过短。征求意见需要经过合理的期限，对此《立法法》第 37 条规定，法律草案征求意见一般不少于 30 日[1]。地方人大在《立法法》的基础上纷纷制定了符合自身特点的地方立法程序规定。有的要求征求意见的时间不得少于 13 日，有的则规定不少于 30 日。在评估中发现，有 11 家人大常委会征求意见时间少于规定期限。例如，《福建省人民代表大会及其常务委员会立法条例》第 30 条规定："列入常务委员会会议议程的法规案，应当将法规草案在福建人大网或者本省的报纸上向社会公布，征求意见，但是经主任会议决定不公布的除外。征求意见的时间一般不少于三十日。"《福建省非物质文化遗产保护条例（草案）》征求意见的时间为 2018 年 6 月 11 日至 2018 年 6 月 29 日，少于法定的期限。

其次，征求意见公开有待加强。公开征求意见反馈情况，有助于提高公众参与立法活动的积极性，同时也能够强化对立法工作的监督。《立法法》第 37 条规定，法律草案征求意见的情况应当向社会通报。各级地方人大在遵循《立法法》的基础上，也规定了类似的内容。例如，《上海市制定地方性法规条例》第 33 条规定，地方性法规草案征求意见的情况应当向社会通报。但评估发现，绝大多数人大常委会未能公开征求意见情况，征求意见的数量、内容以及反馈情况不明。部分人大常委会网站设置了反馈意见的统计栏目，但栏目统计量为 0。例如，青海省人大在征求意见栏目设置了参与人数和意见条数，但从结果显示来看，参与人数和意见条数都为 0。有的设置

---

[1] 《立法法》第 37 条规定："列入常务委员会会议议程的法律案，应当在常务委员会会议后将法律草案及其起草、修改的说明等向社会公布，征求意见，但是经委员长会议决定不公布的除外。向社会公布征求意见的时间一般不少于三十日。"

了征求意见栏目，但栏目长期为空。福建省人大常委会在往期征求意见中设置了反馈结果栏目，但是该栏目长期为空，没有任何内容。从上述评估结果来看，内容为空或统计数据为0的，多为工作人员未及时将相关信息填报并公开所致，草案确实未收到任何意见。

最后，征求意见反馈公开有待常态化。对于所征求到的意见建议是否采纳，立法机关理应作出说明，尤其是对于不予采纳的意见理应在不涉及保密问题的前提下向社会阐释理由。类似的制度已经在行政机关的重大决策制定过程中形成了制度，不少行政机关已经在探索实践，其目的就是切实体现立法的民主性和科学性，充分保障公众有序参与。有的地方公开了意见的汇总情况，以及针对意见的反馈情况，但相关内容仅出现在部分条例之中，尚未全面覆盖。例如，天津市人大常委会公开了《天津市生态环境保护条例（草案）》收到的130余条意见，以及针对意见的相关反馈情况，但是其他草案却没有公开类似的内容，征求意见反馈公开尚未形成长效机制。

（七）地方立法评估信息公开需落地

立法评估制度，既是科学立法的有效举措，也是科学立法的重要保证，对于加强立法工作，提高立法质量具有重要意义。31家人大常委会普遍制定了立法评估的相关制度，有的明确规定了立法后评估制度。例如，《山西省地方立法条例》第56条规定："省人民代表大会有关的专门委员会、常务委员会工作机构可以适时组织对有关法规或者法规中有关规定进行立法后评估。评估情况应当向常务委员会报告。"有的则规定了立法预评估制度。例如，《河南省地方立法条例》第46条规定："拟提请常务委员会会议审议通过的地方性法规案，在法制委员会提出审议结果的报告前，常务委员会法制工作委员会可以对地方性法规草案中主要制度规范的可行性、法规出台时机、法规实施的社会效果和可能出现的问题等进行评估。"无论是立法预评估还是立法后评估，都是为了提高立法质量、评价实施效果。尽管全国普遍建立了立法评估制度，但相关的评估实践却鲜见公开。被评估的31家人大常委会中，有13家未能找到2018年度的立法评估活动信息，占比为

41.94%。此外，31 家人大常委会均未公开立法评估报告。立法评估应当应用于实践，而非仅停留在制度层面。

（八）人大执法检查信息公开需加强

对法规实施情况进行执法检查是人大常委会的重要监督内容，被评估的31 家人大常委会均开展了执法检查活动。有的是配合全国人大开展执法检查。例如，2018 年，河北省人大常委会配合全国人大常委会对《大气污染防治法》进行执法检查。有的则是针对地方性法规进行执法检查。例如，安徽省人大常委会 2018 年对《安徽省统计管理监督条例》进行了执法检查，发现在统计工作中仍然存在统计法治意识不强、基层统计基础相对薄弱、统计执法监督不够有力等问题，并提出了相应的建议。有的制定了执法检查的规范流程。例如，湖北省人大常委会制定《湖北省人大常委会执法检查工作规程》，规范执法检查工作，提高执法检查质量。

需要指出的是，尽管被评估的人大常委会均开展了执法检查活动，但网上公开的执法检查报告却少之又少。《各级人民代表大会常务委员会监督法》第 27 条第 2 款规定："常务委员会的执法检查报告及审议意见，人民政府、人民法院或者人民检察院对其研究处理情况的报告，向本级人民代表大会代表通报并向社会公布。"公开执法检查报告是法律规定，但评估发现，仅 11 家人大常委会在网上公开了执法检查报告，占比35.48%。

（九）文件备案审查需进一步公开

根据法律规定，省级人大常委会应当对省政府制定的行政规章、设区的市和自治州的人民代表大会及其常务委员会制定的地方性法规等规范性文件进行备案审查。评估发现，31 家人大常委会均制定了备案审查的相关制度，但是仅有 11 家人大常委会启动了备案审查相关程序且公开了备案审查报告，占比为 35.48%。可见，在门户网站公布备案审查信息的人大常委会并不多，公开工作还需继续加强。

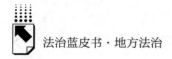
五　提升人大立法透明度的建议

各级人大及其常委会行使地方立法权是实施宪法法律、因地制宜促进当地经济社会发展的重要保障，也是落实中国共产党第十九次全国代表大会提出的"保证人民当家作主落实到国家政治生活和社会生活之中"要求的重要方面。扩大和深化人大立法公开工作，提升立法透明度，是切实保障人民当家作主的重要前提，是保证人民群众有序参与的重要方面，是构建共建共治共享的社会治理模式和格局的重要路径。结合本次评估发现的问题，未来提升人大立法透明度还需着力从以下方面推进。

首先，提升立法公开意识。民主立法、科学立法不是挂在嘴边的口号，立法机关也不能局限于部门工作、只做不说，只有向社会全面展示立法工作的各方面细节，才有助于取得更广大人民群众的信任、认可、参与和支持。因此，公开是立法乃至人大工作的本质要求。此外，公开不仅将相关内容和信息展示出来，还需要考虑受众的感受。公开内容杂乱无章、相关信息放置错误、查阅文件耗时过长都是影响公众浏览人大常委会信息过程中可能产生的不良体验，克服上述弊端就要求工作人员从人民群众的角度出发，从一般受众出发，提高立法公开意识和水平，不仅让公众获取信息，而且提高信息获取的便捷度。

其次，进一步加强公开平台建设。地方人大常委会门户网站是立法信息公开的第一平台，尽管人大常委会公报、地方报纸、地方媒体都是立法公开的重要渠道，但上述方式受众面有限，影响力一般，传递速度较慢，很难适应新时代背景下的立法公开工作。同时，鉴于微博微信信息碎片化严重，不利于信息的整理汇总，也难以承担立法信息公开的重任，故应当将门户网站作为立法公开的第一平台。在门户网站建设上，应当积极参照政府、法院的有益经验。经过多年的努力，政府门户网站已成为政务服务的重要平台，公众不仅能够在网站中获取相关信息，而且已成为重要办事渠道；法院门户网站不仅是公众了解法院基本信息的窗口，而且还是了解案件办理进度、知晓办案流程、与法官进行沟通交流的重要平台。尽管人大常委会门户网站有了长足进步，但是与政府、法院相比，差距仍然比较明显。今后，各地人大常委会可以政府、法院为参照，加强公开平台建设，强化平台功能，提高立法公开质效。

再次，进一步完善立法公开制度。当前关于立法公开的相关规定散见于《立法法》《各级人民代表大会常务委员会监督法》等法律中，相关的公开制度尚不完善，公开的时间节点有待细化，公开不力的责任有待明确。这就要求集中出台一系列立法公开的相关规定，进一步完善立法公开相关制度，保障立法公开有法可依、有规可循。

最后，建立立法公开的统一标准。目前关于立法公开的理解全国尚不统一，对于立法公开的研究仍需继续，对于立法公开的探讨仍处于起步阶段。哪些信息应当及时公开，哪些信息可以不予公开，哪些信息应当审查后公开都需研究细化。建议加强立法公开方面的理论研究，强化相关问题的探讨，统一全国立法公开的标准，并适当对人大常委会立法公开进行绩效考核，从而助力立法工作向纵深推进。

B.3

四川人大对审计工作实质性监督的法治化探索

四川省人大常委会预算工作委员会课题组 *

摘　要： 2019 年 1 月 10 日，四川省第十三届人民代表大会常务委员会
第九次会议通过了《四川省预算审查监督条例》，在预决算
审查监督和审计工作监督多方面取得了重大突破。条例将人
大常委会对审计工作的监督进行了细化，是实现人大对审计
工作监督科学化、民主化、法治化的重要里程碑。本报告介
绍了四川省人大在审计工作监督方面的一些成功做法，分析
了当前工作中遇到的主要困难和问题，提出了深入贯彻落实
《四川省预算审查监督条例》、强化对审计工作和审计查出突
出问题整改情况监督的一些思考。

关键词： 人大监督　审计　法治化

2017 年初，经四川省委全面深化改革领导小组第十七次会议审议通过，省
委办公厅转发了中共四川省人大常委会党组《关于完善审计工作和审计查出突
出问题整改情况向省人大常委会报告机制的意见》。两年来，四川省人大认真贯
彻落实中央和全国人大的决策部署，进一步加强对审计工作和审计查出问题整
改情况的监督，强化审计整改主体责任，着力提高审计整改实效。在健全监督

　＊ 课题组负责人：陶生元，四川省人大预算委员会主任委员。课题组成员：贺江华、郭志强、
　夏雪、伍星、李传召。执笔人：伍星，四川省人大常委会预算工作委员会预算监督处副处长。

制度、创新监督手段和促进监督结果应用等方面进行了一系列有效探索和实践，切实减少了整改不彻底、查处力度不够、屡审屡犯等问题发生。

一 加强审计工作监督的法治化举措

2019 年 1 月 10 日，四川省第十三届人民代表大会常务委员会第九次会议通过了《四川省预算审查监督条例》，该条例第六章专门就人大对审计工作的监督作出了规定。总的来说，四川省制度建设有以下特点。

1. 充实了报告内容

审计工作报告应当包含重大政策措施落实、财政政策执行、预算绩效管理、政府债务管理和国有资产管理等重点事项的审计情况。同时，建立了三项清单制度，将审计工作报告反映的问题，连同上年未整改事项的跟踪监督情况，以及责任人员移送处理情况，一并作为审计工作报告的补充材料提交人大常委会。

2. 完善了报告方式

人大常委会除听取和审议审计工作报告和审计整改报告外，还可以要求本级人民政府对预算安排的重点支出、重大投资项目以及政府性债务等进行专项审计，并听取和审议关于专项审计的工作报告。

3. 明确了报告主体

审计工作报告由政府委托审计部门主要负责人代表政府向人大常委会作报告。审计整改报告调整也可以由政府负责人向人大常委会作报告。人大常委会主任会议可要求被审计单位向人大常委会报告本部门的审计整改情况，并明确由被审计单位的主要负责人报告。

4. 健全了监督方式

人大常委会在审议本级人民政府提出的审计查出问题整改情况报告时，可以要求被审计单位报告本单位的审计整改情况，可以对本级人民政府或者被审计单位提出的审计查出问题整改情况报告进行满意度测评。必要时，可以采取专题询问、质询或者组织关于特定问题的调查委员会进行调查等方式对审计查出问题整改情况进行监督。

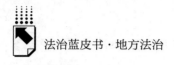
5. 强化了跟踪督促

人大有关专门委员会和常委会预算工委应当对审计查出突出问题的整改情况进行跟踪调研，形成调研报告并印送有关主管部门和审计部门研究。政府的审计整改报告中应当对研究处理情况作出说明。

四川全省已有 17 个市州党委批转了人大常委会党组提出的建立和完善审计工作和审计查出突出问题整改情况向人大常委会报告机制的意见。其中，成都市人大常委会作出了《关于加强对审计查出问题整改工作监督的决定》，达州市人大常委会还出台了《审计查出问题整改工作跟踪监督办法》。

二 依法开展审计工作监督

如何抓住重点，创新方式方法，将法律规定切实落实到具体工作中，四川省人大按照《四川省预算审查监督条例》规定进行了探索。

（一）加强工作衔接

近两年，审计厅在制定年度审计工作计划前，均来函征求省人大预算委和常委会预算工委的意见。审计厅向被审计单位出具的审计报告、审计决定书，及时抄送省人大常委会预算工委。审计厅代省政府草拟的审计工作报告、审计整改报告，提前征求省人大预算委和常委会预算工委的意见，所提出的意见印发省人大常委会会议参阅。审计查出突出问题的详细整改情况以及责任人员移送处理情况，在常委会会议召开前印送省人大预算委和常委会预算工委，并送常委会领导参阅。

（二）改进工作机制

根据审计厅抄送的审计报告、审计书，省人大预算委和常委会预算工委选择部分审计查出突出问题开展现场调研。为提高监督实效，四川省人大逐步将审计工作调研调整到审计厅与被审计单位交换审计意见时进行。这一改进起到了三方面的积极作用：首先，便于掌握未经过滤的审计发现问题的全貌；其次，对审计工作形成了有力的支持，也对审计监督工作起到了督导作用；最后，引起部门领导的高度重视，有利于审计发现问题的及时整改。审计厅表示十分欢迎并希望能坚持好这项制度。

（三）做好服务工作

2017 年，省十二届人大常委会第二十五次会议、第三十六次会议分别听取和审议了《四川省人民政府关于〈四川省内部审计条例〉贯彻实施情况的报告》《全省"项目年"工作推进中重点建设项目资金审计情况的报告》。会后，预算工委根据审议情况整理了审议意见，从严格维护财经纪律、切实落实法律规定、加强财政资金管理、强化审计结果应用等方面提出了意见建议。结合中央和省委的重大决策部署，2019 年，省人大常委会还将听取和审议《四川省人民政府关于民生领域审计情况的报告》。

三 审计整改监督的特点和亮点

为切实推进审计查出问题的整改落实，同时做好常委会听取和审议审计整改报告的服务工作，全省各级人大积极探索、多管齐下开展审计整改监督工作。以省级人大为例，主要有以下做法。

（一）发函"问"整改

加强对重点部门、重大资金的"点对点"跟踪督察，向财政部门发函了解"省级预算管理和决算草案审计"查出问题的整改情况；向税务部门发函了解"全省地税系统税收征管专项审计"查出问题的整改情况；向发展改革委、经信委、教育厅、文化厅、农业厅、环保厅、工商局、药监局、冶金地勘局、核工业地质局等 10 个省级部门发函了解"部门预算执行及其他财政收支情况审计"查出问题的整改情况。相关部门高度重视，对查出问题进行梳理，将整改情况作了书面回复，监督效果明显。

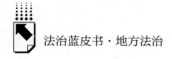

（二）调研"追"整改

着力推动贯彻落实中央和省委关于促改革、保民生、防风险等重大决策部署，回应人民群众和代表关切。比如：接受全国人大财经委及常委会预算工委委托，就2015年度审计工作报告反映的违规举债、挪用扶贫资金等突出问题整改情况开展跟踪调研；委托成都、南充、遂宁、资阳、巴中、达州等地方人大对"大气污染防治工作专项资金""水污染防治专项资金"等重点专项转移支付资金开展跟踪调研，督促地方政府及有关部门对照审计报告、审计决定书认真抓好整改落实，强化追踪问责；关注地方财政运行安全，委托广元、眉山、宜宾等地方人大对"财政决算及运行情况专项审计"查出的问题开展跟踪调研。各地人大对整改情况都作了详细反馈，并表示这种上下联动的工作方式对强化基层项目单位的审计整改主体责任，切实推进问题的整改落实起到了积极作用。

（三）现场"查"整改

结合"预算联网监督"抽查发现的问题，预算工委会同审计厅到部分省级部门就审计发现的"预算管理、预算执行不够规范"问题开展了专项督查调研，对执行经费支出规定不严格、部门预算管理不够规范、经济决策制度机制还不够健全、内部审计监督机制缺失、部门决算草案编制工作较薄弱等问题的整改情况进行了现场核查。督查调研过程中四川省人大提出，要继续抓好未整改项目的整改工作，以审计整改为契机，努力规范单位财务管理，切实加强财政资金管理与使用监督，依法严格追究相关责任人的责任。

（四）专题"听"整改

近年来，四川省人大有关专门委员会会同常委会预算工委坚持专题会议的形式，听取部分重大项目、重点资金审计查出突出问题的整改情况，进一步压实被审计单位整改责任。2016年，听取成都市财政局、成都市现代农业发展投资有限公司报告"政府债券资金审计"查出问题的整改情况,听取资阳市财政局、资阳市水务投资有限责任公司报告"毗河一期工程建设资金审计"查出问题的整改情况。2017年,听取省重点项目办报告"'项目年'决策部署推进情况专项审计"查出问题的整改情况、听取省扶贫移民局报告"81个贫困县2016年扶贫政策措施落实和资金分配管理使用情况审计"查出问题的整改情况。专题会议审议提出,要求被审计单位加大审计查出问题的整改力度,着力促进项目顺利实施和资金规范管理。

(五)会议"评"整改

2017年,制定《四川省人大常委会关于审计查出问题整改情况报告满意度测评工作方案》。积极开展审计整改情况调研,在征求审计厅意见的基础上,选择了部分审计查出问题较多的部门作为测评单位,报主任会议决定后及时通知政府办公厅和有关部门做好相关工作。2017年,省人大常委会首次听取并测评了商务厅、文化厅的整改报告;2018年,测评了经信厅、民政厅、生态环境厅、住房和城乡建设厅、省广电局五个部门提交的书面整改报告,并现场公布测评结果。自贡、德阳、内江、南充等市人大也相继开展了对本级部门审计整改报告的满意度测评。眉山市、达州宣汉县还进行积极探索,听取了下级政府(眉山市东坡区、彭山区政府,宣汉县下八镇、柳池镇)的审计整改情况报告并进行满意度测评,效果明显。

四 工作经验和体会

近年来,四川省、市人大积极健全制度、创新方法,有以下经验和体会。

(一)健全制度是保障

2017年1月,省委批转了省人大常委会党组提出的"意见",2019年又以纳入《四川省预算审查监督条例》的形式,将审计工作报告及整改报的内容和程序进行了固化,确保了人大监督的刚性和权威。自贡市还将

《关于完善审计工作和审计查出突出问题整改情况向人大常委会报告机制的意见》的相关内容整理成 11 项改革事项，并明确改革事项责任单位，全面纳入深化改革工作，督促政府、审计等部门高度重视，落实工作责任，确保各责任单位密切配合，合力推进审计整改工作。

（二）督促整改是抓手

人大对审计整改工作的监督成效，主要体现就是问题得到整改落实。坚持问题导向，制定监督工作计划，紧抓热点、难点、突出问题"不松手"。加强日常工作层面的实质性监督，严格按照问题清单，整改一条核销一条。对尚未整改或整改不彻底的，加强对问题的跟踪监督"一抓到底"，确保每一条问题都能够"对单交账"。

（三）会议测评是手段

人大连续两年对审计整改满意度进行测评，促进部门更加积极主动地重视审计查出问题的整改，强化了相关部门依法行政、依法理财的法治意识，对其他被审计单位和地区也起到了较好的"警示"作用。

（四）结果运用是目标

整改问题不是最终目的，避免问题的发生才是目的。要督促政府及其财政部门、审计部门积极探索，以查问题去查漏洞，以改问题去改办法，加强对审计查出问题的分析和研究，解决审计工作面临的新情况、新问题，创新审计工作思路、方法和手段，建立与审计结果相衔接的预算管理制度。

五　主要工作成效

四川省各级人大不断推进审计工作监督由程序性监督向实质性监督转变，取得了明显效果。

1. 强化了人大监督职能

通过完善审计工作和审计查出突出问题整改情况向人大常委会报告机制，进一步调动代表履职积极性，充分发挥代表主体监督职责，增强监督的针对性和实效性，促进审计查出问题的整改工作落实到位。

2. 推进了审计问题落实

各地各级人大通过听取专题报告、跟踪调研、询问、满意度测评等方式，促进审计查出问题的整改落实。总体上看，每年审计查出问题的整改工作都取得了积极成效，审计信息公开逐步规范，典型案例"曝光"力度逐步加大，责任追究和人员处置力度逐步加强，警示作用充分显现。

3. 促进了政府预算管理

把督促审计整改与完善制度、强化管理、推动改革有机结合起来，以审计整改"倒逼"预算管理、行政审批、政策决策等方面的改革和创新，推进审计查出问题整改工作制度化、长效化，健全完善全面规范、公开透明的预算绩效管理制度，切实促进管好、用好财政资金。

六　仍存在的困难和问题

在实践工作中，还存在认识不到位、制度执行乏力、结果运用不充分等困难和问题，突出体现在以下方面。

1. 审计情况反映不够全面

常委会听取和审议审计工作报告和审计整改报告时，因提交时间较晚和报告篇幅因素，对部分审计查出问题、整改的具体举措，以及相关责任人员的处理情况反映不够全面。"家丑不可外扬"的思想也难免导致"遮遮掩掩"，报告的内容往往是经过"加工"的。常委会组成人员在审议相关报告时，因信息不清、情况不明，难以引起关注，人大的监督职能被"打了折扣"。

2. 问责追责机制不够健全

一些被审计单位整改措施不扎实，找客观原因和具体困难多，健全完善工作机制想办法少。个别地方和单位查出的问题"年年审、年年犯"，长期得不到解决。上级人大对下级政府追究责任还缺少法制支撑。地方人大基本上没有强有力的举措对问题责任人进行问责追责，除了个别审计发现的问题涉及重大违法违纪行为要追究当事人法律责任外，因审计查出问题整改不及时不到位而受到处罚的责任人员少之又少。

3. 审计结果应用不够充分

公告审计结果没有完全做到"公开是常态、不公开是例外"。一些地方有选择性地公告审计结果，通报重大违纪违规问题也有所保留，界定相关责任并落实追责措施下不了手或下手较轻，出具单位管理或领导干部评价意见时有所顾忌。审计整改督办往往是审计部门单打独斗，相关职能部门配合开展审计整改的协作度不高，查出的部分问题很难完全整改到位。涉及财政预算执行审计的成果难以直接转化成财政预算管理的制度和措施。

七　新形势下做好审计工作监督的建议

人大的监督工作法制性要求高，讲求依法履职、依法监督。因此，在进一步完善法律制度、健全工作机制等方面还有很多可以改进的地方。各级人大应当适应新形势，既要依法履职行权，又要主动作为大胆探索创新。

（一）强化审计整改约束机制

一是建立审计整改跟踪销号机制。建议审计署指导地方审计部门切实担负起审计整改工作牵头责任，协助政府从问题清单、整改台账、对账销号等方面制定工作流程，明确部门分工，落实被审计单位整改责任。对往年审计发现问题较多的单位，应当进行连续跟踪审计。二是建立审计整改政府督办机制。建议审计署提请国务院督促地方政府按照国务院常务会议听取审计结果及整改情况的做法，探索建立被审计单位和下级政府向本级政府专项报告整改情况的工作机制，加大政府层面的推动力度，进一步强化被审计单位整改主体责任。三是建立审计结果有效利用机制。建议审计署加强与财政部沟通，加快构建与审计查出问题、审计整改情况有效衔接的预算绩效管理工作机制，将审计结果作为项目安排、资金分配和制定财税政策等工作的重要依据。

（二）完善审计整改报告制度

一是规范报告内容。建议全国人大进一步巩固审计查出问题和审计整改情况的"清单"制度，明确审计工作报告和审计整改报告应当以附表形式清晰列出审计查出问题、整改进度、未整改原因和责任追究情况，以便代表全面掌握审计有关情况，充分发挥监督职责。二是完善报告机制。建议全国人大着眼审计查出的突出问题，推进建立被审计单位或地方政府主要负责人向人大常委会专项报告审计整改情况的工作机制，避免"查问题是审计，报整改也是审计"责任不明的情况，切实强化被审计单位主体整改责任。

（三）健全人大审计监督机制

一是建立人大监督上下联动机制。建议全国人大结合目前人大预算联网监督系统建设，加快研究建立上下联动的审计整改跟踪督促工作机制，明确人大审计监督"纵向贯通"的内容、方式，推进人大对审计整改工作的实质性监督。二是建立审计追责问责协作机制。四川省初步建立了审计与纪检监察、公安检察以及其他有关主管单位的工作协调机制，把审计监督与党管干部、纪律检查、追责问责结合起来。但审计移送处理情况反馈不完整、不及时的问题长期存在，有的线索移送后，受理部门是否进行了调查处理，问责处理认定的事实有多少、在多大程度上与审计移送信息有关等情况，审计部门都难以全面掌握，有的移送事项甚至时隔多年都无消息。建议全国人大预算工委与审计署共同推动建立完善审计移送信息反馈机制；探索在监察委、检察院提交人大的工作报告中，专题回应审计移送处理结果制度。三是加强人大审计监督工作力量。根据近年改革需要和人大工作实际，人大对审计工作的监督已经全面覆盖预算监督和资产监督各个方面，也是全方位、全口径的监督工作，以现有的机构人员开展监督工作实在是捉襟见肘。建议从全国人大层面呼吁，设立专门的人大审计工作监督机构，配备相应专业人员，切实发挥人大预算监督工作机构职能。

（四）创造社会监督的有利条件

建议审计署督促各级审计部门深入持久地推进审计信息公开，促进人大监督与审计监督、社会监督的有效结合。一是加强审计报告信息公开。向人大所作审计工作报告和审计整改情况报告，应将报告原文及时通过广播、电视、报刊等主要媒体和网络等其他新闻媒体向社会公开。二是加强典型案例信息公开。对审计发现的违法违纪典型案件，以及整改不到位的部门或单位，应及时通过广播、电视、报刊等主要媒体和网络等其他新闻媒体予以公开，切实维护审计权威，以公开促进整改。三是加强人员处理信息公开。对审计查出的问题进一步明确整改时限、严格落实责任追究，加强对责任人处理信息的公开，充分发挥"警示"作用，助推党风廉政建设。

（五）加强重点领域审计工作

一是加强对隐性债务易发领域审计。建议审计署督促各级审计部门加强对政府出资的基金公司、信托公司、担保公司的运行和管理情况审计，加大政府与社会资本合作项目、政府购买服务项目审计力度。二是加强对地方预算收入领域审计。机构改革后，省以下国地税已经合并，并由国家税务总局垂直管理，社保等费用征管也划归到税务部门，这给地方人大和地方审计部门实施地方收入征管的监督带来了一定难度。建议全国人大常委会预算工委与国家税务总局、审计署共同研究，进一步明确地方人大和地方审计部门如何对当地税务部门收入征管情况实施监督。

法 治 政 府

Law-Based Government

B.4

"法治政府建设年度报告"发布情况第三方评估报告（2019）

中国社会科学院法学研究所法治指数创新工程项目组 *

摘　要： 编制并按时发布法治政府建设年度报告，总结分析本机关上一年度的法治政府建设成效与问题，是落实法治政府建设的重要方面。中国社会科学院国家法治指数研究中心及中国社会科学院法学研究所法治指数创新工程项目组2019年对31家省级政府发布2018年法治政府建设年度报告的情况进行了评估分析，结果显示，各省级政府普遍发布了上一年的年度报告，部分报告内容翔实，但仍然存在未按期发布、报告不

　* 项目组负责人：田禾，中国社会科学院国家法治指数研究中心主任、研究员；吕艳滨，中国社会科学院法学研究所法治国情调研室主任、研究员。项目组成员：王小梅、王祎茗、吕艳滨、胡昌明、栗燕杰（按姓氏笔画排序）。执笔人：吕艳滨；王祎茗，中国社会科学院法学研究所助理研究员；田禾。

便于查询、报告内容较为笼统、应报告事项未报告等问题。未来还应提升对年度报告编制和发布工作的重视程度，细化报告编写发布标准，提升公开效果。

关键词： 法治指数　法治政府　依法行政　法治政府建设年度报告

　　法治政府基本建成，是党的十八大确立的到 2020 年全面建成小康社会的重要目标之一。中共中央办公厅、国务院办公厅印发的《法治政府建设实施纲要（2015～2020 年）》提出，到 2020 年基本建成职能科学、权责法定、执法严明、公开公正、廉洁高效、守法诚信的法治政府，并规定了七个方面的主要任务和四十余项具体措施。为加强对法治政府建设的监督，纲要提出，县级以上地方各级政府每年第一季度要向同级党委、人大常委会和上一级政府报告上一年度法治政府建设情况，政府部门每年第一季度要向本级政府和上一级政府有关部门报告上一年度法治政府建设情况，报告要通过报刊、政府网站等向社会公开。

　　2019 年 5 月，中共中央办公厅、国务院办公厅印发了《法治政府建设与责任落实督察工作规定》，要求除涉及党和国家秘密的外，地方各级政府和县级以上政府部门应于每年 4 月 1 日前通过报刊、网站等新闻媒体向社会公开本机关法治政府建设年度报告，接受人民群众监督。

　　为系统全面评估法治政府建设年度报告编写及发布情况，中国社会科学院国家法治指数研究中心及法学研究所法治指数创新工程项目组（以下简称"项目组"）在"中国政府透明度指数报告"历年简要评估该报告发布情况的基础上①，进一步细化评估指标，全方位对法治政府建设年度报告开展第三方评估。

---

① 参见《中国法治发展报告 No. 17》，社会科学文献出版社，2019；《中国政府透明度（2019）》，中国社会科学出版社，2019。

一　评估概况

（一）评估原则

本次评估沿用"中国政府透明度指数报告"及"政府信息公开工作年度报告发布情况第三方评估"所确立的原则，即依法设定指标，客观评价，突出评估重点，反映现状并引导发展。

（二）评估对象

2019 年度评估选取全国 31 家省、自治区、直辖市政府作为评估对象。

（三）评估内容

依据《法治政府建设实施纲要（2015～2020 年）》《法治政府建设与责任落实督察工作规定》，项目组从年度报告发布与年度报告内容两个方面对各评估对象发布 2018 年法治政府建设年度报告的方式方法、报告内容进行分析。

1. 发布方式

发布方式侧重于评价评估对象是否发布年度报告、发布方式是否便于公众查询，包括报告发布、发布时间、发布渠道、发布栏目、发布形式。发布指标考察评估对象是否通过政府网站对社会发布了本级政府 2018 年法治政府建设年度报告，以项目组能否在省级政府门户网站及其司法行政部门网站查询到报告为准。发布时间指标分析评估对象是否按照要求在 2019 年 4 月 1 日前对社会公开年度报告，本指标以展示在网站前台的时间为准。发布渠道指标考察评估对象是通过本级政府门户网站、本级政府司法行政部门网站中的哪些平台对外发布报告。发布栏目指标考察评估对象的网站发布平台是否为发布年度报告设置了专门的栏目。发布形式则观察评估对象是通过网页格式、Word 格式还是 PDF 格式发布年度报告。

2.发布内容

年度报告不仅要按时发布，还应围绕法治政府建设的要求，逐项总结报告上年度本地在法治政府建设各领域开展的工作、取得的进展。因此，发布内容指标根据《法治政府建设实施纲要（2015～2020年）》《法治政府建设与责任落实督察工作规定》的要求，选择了法治政府建设中较为重要的内容作为本次评估的指标，具体包括：法治政府建设的领导体制建设，法治政府责任制落实，行政立法，规范性文件管理，重大决策，行政审批制度改革，市场监管，规范执法，化解社会矛盾纠纷，行政复议，行政应诉，政务公开，法治政府能力建设，法治政府考核，普法宣传，上年度存在问题，下一年度工作规划。评估中重点分析各评估对象是否在年度报告中对上述问题作出描述。

（四）评估方法

政府门户网站是各级政府发布政府信息的第一平台，在其他任何平台发布的内容均应在门户网站留存，这是信息化背景下做好政务公开的基本要求。为此，项目组通过各省级政府门户网站及其司法行政部门门户网站，采集年度报告发布情况的数据，并依据指标对报告内容的完备程度进行分析。本次评估的数据采集截至2019年9月6日，所有结果均留存网页截图备查。

二 总体结果

本次评估中，项目组沿用"政府信息公开工作年度报告评估"① 中四级达标阶梯的概念划分来描述各项指标的达标率情况。其中，"发布时间"一项指标只作为观察项，不计入达标阶梯；"报告字数""发布形式"两项指

---

① 参见中国社会科学院国家法治指数研究中心、中国社会科学院法学研究所法治指数创新工程项目组《政府信息公开工作年度报告发布情况评估报告（2019）》，中国社会科学出版社，2019。

标作为评价报告质量的参考项，不计入达标阶梯。

一级达标阶梯表示 31 家省级政府全部满足要求的指标（$n = 31$，n 表示满足要求的省级政府个数），二级达标阶梯表示三分之二以上的省级政府满足要求的指标（$21 \leqslant n < 31$），三级达标阶梯表示三分之一以上又未足三分之二的省级政府满足要求的指标（$10 \leqslant n < 21$），四级达标阶梯表示未足三分之一的省级政府满足要求的指标（$0 \leqslant n < 10$）。其中，"发布平台"一项指标旨在考察法治政府建设年度报告发布渠道的权威性，因此，发布在省级政府门户网站、省级司法厅（局）网站，或者同时在上述两平台发布，皆算作达标；"是否设有专门栏目"一项指标评估，在任一发布渠道设有"法治政府"专门栏目皆算作达标。

如图 1 所示，位于一级达标阶梯，即 31 家省级政府均达标，达标率为 100% 的指标有 5 项，分别是发布情况、发布平台、2018 年立法概况、重大行政决策机制建设、行政审批制度改革情况。

位于二级达标阶梯的指标共 19 项，分别是 2018 年化解矛盾纠纷情况（30 家）、领导体制建设（29 家）、市场监管情况（29 家）、2018 年加强执法体制改革情况（29 家）、2018 年完善执法程序情况（28 家）、规范性文件备案审查情况（27 家）、重大行政决策合法性审查情况（27 家）、2018 年政务公开工作情况（27 家）、法治政府责任制落实情况（26 家）、2018 年行政复议机制建设情况（26 家）、2018 年重点领域立法情况（25 家）、2018 年行政复议的收结案数据和纠错数据（25 家）、重大行政决策公众参与情况（24 家）、规范性文件管理机制建设情况（23 家）、2018 年法治政府考核情况（23 家）、下一年度规划（23 家）、2018 年公务员法治培训情况（22 家）、2018 年普法宣传情况（22 家）、立法机制建设（21 家）。

位于三级达标阶梯的指标共 3 项，分别是存在问题（20 家）、2018 年行政首长出庭应诉情况（20 家）、2018 年行政诉讼数据（12 家）。

位于四级达标阶梯的指标仅 1 项，为是否设有专门栏目（4 家）。

上述 28 项指标在四个达标阶梯的分布情况总体反映了省级政府发布 2018 年法治政府建设年度报告的结果。

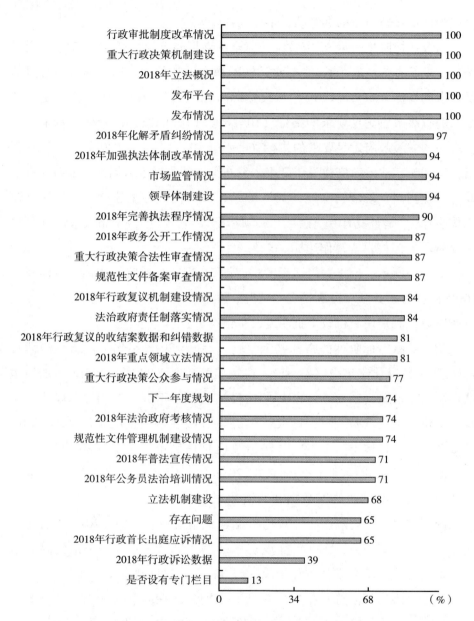

图1 省级政府2018年法治政府建设年度报告发布各项指标达标率情况

首先，总体上看，31家省级政府的法治政府建设年度报告28项评估指标的达标率良好，位于一级、二级达标阶梯的指标约占指标总数的86%。

这一数字表明，大多数省级政府的法治政府建设年度报告形式、内容较为完备，基本要素齐全。同项目组业已开展的 2018 年度政府信息公开工作年度报告发布情况第三方评估所得数据相比，省级政府两类报告达标率阶梯数据占比非常接近。在 2018 年度政府信息公开工作年度报告第三方评估中，对省级政府进行达标率计算的 30 项指标中，位于一、二级达标阶梯的指标有 25 项，占比 83%。与政府信息公开年度报告 2009 年首度面向公众公开时形式、内容上的粗陋相比，法治政府建设年度报告则显得成熟、完善。有理由推测，正是 11 年来政府信息公开年度报告的持续写作与不断进步，为形式、内容上颇为类似的法治政府建设年度报告的写作奠定了坚实的基础。这进一步说明，省级政府层面能够更加精准地理解上级要求，总结自身工作的能力进一步得到提升，同时在应该如何面向公众公开工作信息方面更得要领。

其次，就各项具体指标而言，法治政府建设年度报告基本形式和内容要件大部分具备，但薄弱环节相对突出，指标达标率两极分化。31 家省级政府均已发布 2018 年度的法治政府建设年度报告，或发布于省级政府门户网站，或发布于省级司法厅（局）网站，或两平台同时发布。法治政府建设工作本身一些要求的落实情况在报告中反映较为全面，如法治政府领导体制建设、法治政府责任制落实情况、法治能力建设、法治政府考核、法治政府建设下一年度规划等指标达标率均跻身一、二级达标阶梯。政府各项重点工作的法治建设在报告中也基本得到了体现，如行政立法、规范性文件管理、重大决策、行政审批制度改革、市场监管、行政执法、化解矛盾纠纷、政务公开、普法等政府现阶段主要任务中推进法治建设的举措在报告中大多得到不同程度呈现。但是，还有少数指标达标率过低，拉低了省级政府法治政府建设年度报告的整体水平。形式上，仅有 13% 的省级政府门户网站或省级司法厅（局）网站设有"法治政府"专门栏目，在该专门栏目之下发布年度报告，其余年度报告发布于网站的各项栏目中，发布位置混乱，甚至出现了发布在政策法规、要闻、动态等无关栏目中的情况。在内容方面，上年度法治政府建设存在的问题和行政诉讼情况相关指标的达标率不佳。在政府信息公开年度报告评估中，上述指标皆处于二级达标阶梯，在法治政府建设年度报告中出现如此状况令人费解，特别是有关行政诉讼的两项指标与政府法治建设工作密切相关，却被三成年度报告忽视，实属不该。

最后，对2018年度法治政府建设年度报告的评价标准相对宽松，该类年度报告达标之外仍有进一步完善空间。项目组在以往的政府透明度评估中，对各类评估对象的法治政府建设年度报告发布情况曾做过相对简单的评估，如此系统、全面的评估尚属首次，因而尽管评估指标几乎涵盖了对法治政府建设年度报告形式和内容上的绝大部分硬性要求，但在达标尺度上则秉持肯定与鼓励为主的原则有所放松。部分具有多方面内容的指标只要年度报告体现其中一个方面即可算作达标，如发布平台择一发布即可达标；部分指标在年度报告中仅有一句话描述，没有相关数据或进一步的说明也姑且算作达标，如位于一级达标阶梯的2018年立法概况、重大行政决策机制建设、行政审批制度改革情况，位于二级达标阶梯的大部分指标，在评价时皆是如此。最为典型的是，发布时间一项指标并未计入达标率测算，但事实上在2019年4月1日之前发布法治政府建设年度报告的评估对象仅有4家。相比之下，对政府信息公开工作年度报告的评估要求要严格得多，也正是在连续11年的严格评估推动下，政府信息公开工作年度报告的质量不断提升，其中充实的数据、详细的说明、便于公众直观理解的统计图表和图解等，皆值得各级政府在编写发布法治政府建设年度报告时进一步借鉴。

三 年度报告编写发布的亮点

（一）部分评估对象制定了法治政府建设年度报告制度

针对《法治政府建设实施纲要（2015～2020年）》《法治政府建设与责任落实督察工作规定》关于法治政府建设年度报告编写发布要求，进一步细化相关规定，有助于明确编写和公开年度报告的标准、提升报告质量。据公开渠道检索结果，31家省级政府中，河北、山西、山东、广西等制定了专门的法治政府建设年度报告制度文件，如《河北省法治政府建设情况报告制度》（2016年）、《山西省法治政府建设年度情况报告制度》（2016年）、《山东省人民政府办公厅关于做好法治政府建设情况报告工作的通知》（2017年）、《广西法治政府建设情况报告制度》等，对本地各级政府部门编制发布法治政府建设年度报告作了更加具体的要求。这也表明当地对做好法治政府建设年度报告编写发布工作的重视程度。

（二）普遍发布了法治政府建设年度报告

法治政府建设年度报告不仅要编写、报送有关部门审核，更要在排除涉密事项后对社会发布，其目的是向社会展示上一年度的法治政府建设进展，接受公众监督。本次评估发现，31家评估对象均在2019年上半年发布了本地2018年度法治政府建设年度报告，相比项目组2017年、2018年评估31家对象发布上一年度法治政府建设年度报告的情况要好很多。2018年评估显示，有7家省级政府门户网站或其政府法制部门网站未公开其2017年度法治政府建设情况年度报告[①]；2017年评估显示，8家省级政府门户网站或其法制办网站未公开其2016年度法治政府建设情况年度报告[②]。

（三）有的评估对象设置了专门的年度报告栏目

编制和发布法治政府建设年度报告是各级政府的年度性工作，历年的法治政府建设年度报告连续发布，有助于对其法治政府建设情况进行纵向比较分析。为便于集中展示历年年度报告，方便公众查询，有必要在门户网站设置专门栏目。这并非兴师动众、多此一举，而是体现对法治政府建设年度报告工作重视程度的一个方面，是方便公众查询获取年度报告的重要保障。评

---

① 参见中国社会科学院国家法治指数研究中心、法学研究所法治指数创新工程项目组《中国政务公开第三方评估报告（2018）》，中国社会科学出版社，2019，第82页。
② 参见中国社会科学院国家法治指数研究中心、法学研究所法治指数创新工程项目组《中国政务公开第三方评估报告（2017）》，中国社会科学出版社，2018，第76页。

估发现，个别评估对象注意到这一问题，在网站上设置了有关的栏目，如湖北省政府门户网站在"信息公开目录"栏目下设置了"法治政府建设"专栏，安徽省政府门户网站在"省政府信息公开目录"下设置了"法治政府"专栏，江苏省司法厅网站则在"依法治省"栏目下设置"法治政府"子栏目，集中发布省本级及各地市历年的年度报告。

（四）部分评估对象年度报告内容全面翔实

法治政府建设涉及方方面面内容，法治政府建设年度报告应对上一年度各方面情况进行梳理、总结和分析，以全面展示本地方本部门的法治政府建设成效与面临的问题，否则挂一漏万，会令公众无从知晓所遗漏事项的进展情况，也会给人留下未开展有关工作的印象。评估发现，部分评估对象的年度报告内容紧扣《法治政府建设实施纲要（2015～2020年）》所列的法治政府建设各项任务，逐一分类描述上一年度法治政府建设所开展的工作、取得的成效。例如，上海市、江苏省的年度报告，内容全面，且文中使用了大量的数据来佐证。又如，在关于立法清理工作的描述方面，山东省的报告表述为："对涉及新旧动能转换体制机制创新、简政放权、行政审批制度改革、产权保护、生态环境保护等领域的地方性法规、政府规章和规范性文件，先后压茬开展了6轮清理工作，共修改地方性法规28项、废止8项，修改省政府规章33项、废止20项、宣布失效4项，清理规范性文件4261件、废止2774件。另外，围绕保障民营经济发展进行专项清理，梳理出拟修改省政府规章11项、拟废止省政府规章6项；清理政策文件1104件、废止892件、修改31件。"再如，对规范性文件备案审查的描述，湖南省的报告表述为："省本级审查省政府、省政府办公厅文件稿215件；审查并'三统一'（统一登记、统一编号、统一公布）省直部门规范性文件414件，纠正问题文件156件；备案审查市州政府规范性文件512件；向省人大常委会报备规范性文件79件；办结公民申请规范性文件合法性审查19件。"类似这样的报告方式内容翔实度、可信度较高，也反映了相关地方相关领域的法治政府建设实效。

四 年度报告编写发布存在的问题

（一）普遍未按时发布年度报告

按照《法治政府建设实施纲要（2015～2020年)》的要求，法治政府年度报告应当在每年第一季度提交给有关部门并对社会发布；《法治政府建设与责任落实督察工作规定》则进一步明确，地方各级政府和县级以上政府部门的法治政府建设年度报告应于每年4月1日之前对社会发布。毫无疑问，按时对社会发布该年度报告是各级政府及其部门必须做到的。但评估发现，仅陕西省、浙江省、四川省、天津市4家省级政府的年度报告是在2019年4月1日前发布到网站上的，其余省级政府均未按照规定的时间对外发布年度报告（见表1）。而且，按期发布报告的情况明显不如2018年，2018年，有7家省级政府在4月1日前对外发布了本地方的法治政府建设情况报告①。

表1 省级政府 2018 年法治政府建设年度报告对外发布时间（按照发布时间排序）

省级政府	发布时间	省级政府	发布时间	省级政府	发布时间
陕西省	2019年1月22日	宁夏回族自治区	2019年4月10日	西藏自治区	2019年4月15日
浙江省	2019年3月13日	福建省	2019年4月10日	新疆维吾尔自治区	2019年4月15日
四川省	2019年3月29日	云南省	2019年4月11日	河北省	2019年4月19日
天津市	2019年3月29日	湖北省	2019年4月11日	山西省	2019年4月19日
江西省	2019年4月2日	青海省	2019年4月11日	海南省	2019年4月24日
内蒙古自治区	2019年4月4日	黑龙江省	2019年4月12日	安徽省	2019年4月26日
广东省	2019年4月4日	重庆市	2019年4月13日	甘肃省	2019年4月26日
山东省	2019年4月4日	广西壮族自治区	2019年4月13日	辽宁省	2019年4月29日
江苏省	2019年4月5日	上海市	2019年4月15日	河南省	2019年5月5日
吉林省	2019年4月8日	湖南省	2019年4月15日	北京市	2019年5月28日
贵州省	2019年4月9日				

---

① 参见中国社会科学院国家法治指数研究中心、法学研究所法治指数创新工程项目组《中国政务公开第三方评估报告（2018)》，中国社会科学出版社，2019，第83页。

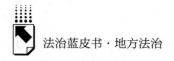
（二）发布位置较为混乱

规范且按照相对固定的位置发布年度报告，有助于提升查询报告的便利程度。法治政府建设年度报告是落实《法治政府建设实施纲要（2015～2020年）》要求、接受社会监督、引导人民群众有序参与法治建设工作、实现共建共治共享的重要载体，是各级政府及其部门较为重要的政府信息。年度报告还是各级政府及其部门的年度性工作总结，持续发布并接受公众的监督，有助于纵向比较法治政府得失。从便于公众查询年度报告考虑，理应规范其在门户网站的发布位置。但评估发现，年度报告的发布位置普遍较为混乱。

首先，未在省级政府门户网站发布年度报告。法治政府建设年度报告是一级政府上一年度法治政府建设的总结，理应通过该级政府门户网站对外发布。但评估发现，个别地方的法治政府建设年度报告发布在省级司法行政部门网站，而没有发布在省级政府门户网站，如广西壮族自治区、吉林省。

其次，绝大多数评估对象在网站发布年度报告的位置均不规范。除3家省级政府的门户网站设置了专门的年度报告发布栏目外，仅江苏省司法厅门户网站在"依法治省"栏目下设置了"法治政府"子栏目，并在其中发布了省政府部门及地市政府的年度报告。但美中不足的是，该栏目发布信息不规律，既没有发布省级政府的年度报告，也没有发布2018年的省级政府部门年度报告。其他27家评估对象的门户网站均未设置专门的栏目发布年度报告，年度报告普遍随意地发布在"政策法规""综合政务""通知公告"等栏目下（见表2），如发布在"政策"栏目下的有5家，发布在"政府文件"栏目下的有7家，发布在新闻类栏目下的有6家。其中不少评估对象的发布位置无法确定，只能通过检索功能查询，如河北省的年度报告。而吉林省2017年年度报告发布在省政府门户网站的政府信息公开专栏，但2018年年度报告则发布在司法厅网站的"公示公告"栏目中。有的评估对象的年度报告只能通过检索查询到，而且不显示所属栏目，如四川省的年度报告需经过反复查询才在"政府信息公开目录"的"省政府办公厅"栏目下找到。

不设置专门栏目造成了信息查找不便，更重要的是反映了有关地方对发布年度报告的重视程度不够。属于法治政府建设工作之一的政务公开则同样要求每年发布"政府信息公开工作年度报告"，各级政府自2009年以来已经相继在门户网站设置了专门栏目，集中发布本级政府及下级政府的政府信息公开工作年度报告。两相对比，说明目前各省级政府虽然强调法治政府建设，但对于具体工作如何落实还有待提升认识。

表2　省级政府2018年法治政府建设年度报告发布位置

评估对象	发布位置
北京市	"要闻动态"之"工作动态"
天津市	"新闻"之"通知公告"
河北省	仅能通过检索发现
山西省	"政策"之"通知公告"
内蒙古自治区	"要闻动态"之"公示公告"
辽宁省	"政府信息"之"厅局动态"
吉林省	司法厅网站"公示公告"栏目
黑龙江省	仅能通过检索发现、未显示栏目
上海市	"今日上海"
江苏省	"要闻动态"之"要闻关注"
浙江省	"政务公开"之"公示公告"之"重要公告"
安徽省	"政府信息公开目录"之"法治政府"
福建省	"政策"之"公示公告"及"福建要闻"
江西省	"政府信息公开目录"之"省政府办公厅"之"工作动态"
山东省	"政策法规"之"公示公告"之"部门公示公告"
河南省	"政务公开"之"法规文件"之"其他"
湖北省	"政府信息公开目录"之"法治政府建设"
湖南省	"信息公开"之"文件库""省政府文件"
广东省	"政务公开"之"法治政府建设"
广西壮族自治区	司法厅网站"政务公开"之"政府文件"
海南省	"政策"之"公示公告"
重庆市	"政务公开"之"重庆市人民政府"之"其他"
四川省	"部门信息公开目录"之"省政府办公厅"
贵州省	"新闻动态"之"贵州要闻"
云南省	"政务公开"之"政策文件"之"其他文件"

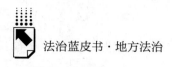

续表

评估对象	发布位置
西藏自治区	"政府信息公开目录"
陕西省	"政府文件"
甘肃省	"政府文件"之"按公文种类分类"之"甘政发"
青海省	"政府信息公开目录"之"政府文件"
宁夏回族自治区	"政务公开"之"通知公告"
新疆维吾尔自治区	"政务公开"之"权威发布"之"工作报告"

（三）报告名称不统一

法治政府建设年度报告应使用规范、统一的名称，以提升报告的严肃性和辨识度。评估发现，各评估对象所采用的年度报告的名称不统一。《法治政府建设实施纲要（2015～2020 年）》及《法治政府建设与责任落实督察工作规定》使用了"法治政府建设年度报告"的表述，但评估发现，31 家评估对象的年度报告称谓差异较大（见表 3）。首先，文件主体名称差异较大，有的称为"报告""工作报告"，有的称为"综述"，有的则直接称为"法治政府建设情况"。其次，文件主体内容差异较大，有的称为"法治政府建设""法治政府建设情况""法治政府建设工作情况"。最后，文件名称中的发文主体存在差异，有的不加省份或者发文机关，有的冠以"某某省""某某自治区"，有的则冠以"某某人民政府"。这些个性化的差异看似只是各地报告撰写过程中的细节问题，但至少说明各地年度报告的制发主体、涉及范围、涵盖内容等存在认识差异，此外，也对查询有关报告带来一定的困难。

表 3　31 家评估对象 2018 年法治政府建设年度报告名称

评估对象	报告名称
北京市	北京市人民政府关于 2018 年法治政府建设情况的报告
天津市	天津市人民政府 2018 年法治政府建设情况的报告
河北省	河北省 2018 年度法治政府建设工作报告

续表

评估对象	报告名称
山西省	山西省2018年法治政府建设情况报告
内蒙古自治区	内蒙古自治区人民政府关于2018年度法治政府建设有关情况的报告
辽宁省	辽宁省2018年度法治政府建设情况
吉林省	吉林省人民政府关于2018年度法治政府建设情况的报告
黑龙江省	关于2018年度全省法治政府建设工作情况的报告
上海市	2018年上海市法治政府建设情况的报告
江苏省	江苏省2018年度法治政府建设情况报告
浙江省	浙江省2018年法治政府建设情况
安徽省	安徽省人民政府2018年法治政府建设报告
福建省	福建省2018年法治政府建设情况报告
江西省	江西省2018年法治政府建设情况
山东省	山东省人民政府关于2018年度法治政府建设情况的报告
河南省	河南省人民政府关于2018年度法治政府建设情况的报告
湖北省	湖北省人民政府关于2018年度法治政府建设情况的报告
湖南省	湖南省人民政府公布2018年度法治政府建设情况
广东省	广东省人民政府关于2018年度法治政府建设情况的报告
广西壮族自治区	广西壮族自治区2018年法治政府建设情况报告
海南省	海南省人民政府关于2018年度法治政府建设情况的报告
重庆市	重庆市人民政府2018年法治政府建设情况报告
四川省	四川省人民政府2018年度法治政府建设工作情况
贵州省	贵州省2018年度法治政府建设工作综述
云南省	云南省人民政府关于2018年度法治政府建设情况的报告
西藏自治区	西藏自治区2018年度法治政府建设情况
陕西省	陕西省人民政府关于2018年法治政府建设情况的报告
甘肃省	甘肃省人民政府关于2018年法治政府建设情况及2019年工作打算的报告
青海省	青海省人民政府关于2018年法治政府建设工作情况的报告
宁夏回族自治区	宁夏回族自治区2018年度法治政府建设情况的报告
新疆维吾尔自治区	新疆维吾尔自治区人民政府关于2018年法治政府建设工作的报告

（四）报告发布主体不统一

按照《法治政府建设实施纲要（2015~2020年）》及《法治政府建设与责任落实督察工作规定》的要求，法治政府建设年度报告是一级政府及其部门报告本机关上一年度法治建设情况的重要形式和载体，因此，各地方政府理应以本机关名义制作和发布年度报告，其发布主体理应是各级政府。但评估发现，31 家评估对象的年度报告发布主体极不统一，有的看上去是省级政府，有的是省、自治区、直辖市政府办公厅，有的则是省司法厅、自治区司法厅或者市司法局，还有的则完全无法判断（见表4）。

表4　省级政府 2018 年法治政府建设年度报告的发布主体

评估对象	发布主体	评估对象	发布主体
北京市	市政府	湖北省	省政府
天津市	市司法局	湖南省	省政府办公厅
河北省	省政府办公厅	广东省	省政府
山西省	省政府	广西壮族自治区	自治区司法厅
内蒙古自治区	自治区司法厅	海南省	省政府
辽宁省	省司法厅	重庆市	市政府
吉林省	省司法厅	四川省	省政府办公厅
黑龙江省	未列明	贵州省	省司法厅
上海市	市政府	云南省	省政府办公厅
江苏省	省政府办公厅	西藏自治区	自治区司法厅
浙江省	省政府	陕西省	省政府办公厅
安徽省	省司法厅	甘肃省	省政府办公厅
福建省	省政府	青海省	省政府办公厅
江西省	省政府	宁夏回族自治区	自治区司法厅
山东省	省司法厅	新疆维吾尔自治区	自治区司法厅
河南省	省政府		

（五）一些事项未作说明

编写年度报告是要对上年度法治政府建设情况进行全面总结分析，应当对《法治政府建设实施纲要（2015～2020 年)》所列的法治政府建设七个方面的主要任务和四十余项具体措施作出说明。本次评估仅从其中选择了13 项较为重要的任务或者措施，细化为 25 项具体评估指标。但评估发现，不少评估对象的年度报告中对一些事项完全未提及。有 10 家评估对象没有对当地完善立法机制（如立法公开、立法参与、立法起草、立法咨询、立法评估等机制）进行说明，有6家评估对象未对2018年当地重点领域地方法规、地方政府规章立改废情况进行说明，8家评估对象未对当地2018年规范性文件管理机制建设情况进行说明，7家评估对象未对当地2018年重大行政决策公众参与情况进行说明，5家评估对象未对当地2018年行政复议机制建设情况进行说明，6家评估对象未披露当地2018年行政复议的收结案数据、纠错数据等，4家评估对象未披露当地2018年政务公开工作情况，9家评估对象未就2018年公务员法治培训情况进行说明，8家评估对象未对当地2018年法治政府考核情况进行说明，9家评估对象未对2018年当地普法宣传情况进行说明，11家评估对象未在报告中描述当地法治政府建设面临的问题，8家评估对象未在报告中说明新一年法治政府建设的改进方向、工作重点等。

（六）报告详细程度相差悬殊

评估发现，31家评估对象的年度报告详细程度差异极大。法治政府建设包罗万象，涉及政府工作的各方面内容，仅《法治政府建设实施纲要（2015～2020年）》对法治政府建设就提出七个方面主要任务和四十余项具体措施，如果省级政府对照要求逐一描述报告法治工作情况，其篇幅必然不会太短。评估显示，31家评估对象发布的2018年法治政府建设年度报告中，字数低于3000字的有5家，3000～4000字的有5家，4000～5000字的有8家，5000～6000字的有5家，6000～7000字的有3家，7000～8000字的有2家，多于10000字的有3家。虽然字数多寡不是评价一份年度报告优劣的关键因素，但显然字数偏少的报告要么对某些需要报告的事项完全未涉及，要么对于涉及的内容描述简略，甚至部分字数较多的报告对某些事项的描述也存在一语带过、语焉不详的问题。

以政务公开的情况介绍为例。有的报告只是笼统介绍情况。有的报告称："按时完成政府信息公开年度报告，运用图片、图表形式，增加报告的可读性。根据全市机构改革进展情况，及时修改政府信息公开指南，方便社会公众依法获取政府信息。制定不同领域政府信息公开实施方案，明确重点任务和责任分工。开展政府网站规范建设专项检查和按月全覆盖抽查，提高政府网站建设管理的规范化水平。"有的报告则相对详细地列明了具体举措和数据，如有的表述为："全面推进政务公开，持续推进信息公开内容清单化管理，全国基层政务公开标准化规范化试点任务圆满完成。进一步畅通信息公开申请接收渠道，理顺工作机制，优化工作流程，公众依法获取信息的权利得到保障。政府网站建设管理进一步加强，省政府网站发布信息11.7万余条，对重大活动、重要会议、重要文件开展政策解读255条、制作图解95个。"

再以对2018年法治政府建设存在问题的描述为例。有的报告表述为："2018年，我省法治政府建设取得了新进展，但与党的十九大提出的法治政府建设要求相比，与人民群众对美好生活的向往相比，与经济社会高质量发展的客观需要相比，还有一定的差距。"有的表述为："我区法治政府建设虽然取得了一定成绩，但仍存在不少薄弱环节。如一些地方和部门未真正将法治政府建设摆在重要位置推进，对法治政府有关制度建设存在重制定轻执行问题，各设区市落实法治政府建设各项任务存在不平衡等。"还有的表述为："成绩来之不易，但还存在着不少困难和问题：重大行政决策机制有待进一步完善；部门规范性文件合法性审核机制不够健全；干部法治思维有待强化、法治能力仍需提升；政府职能转变需持续推进；对行政执法领域监督还不够到位；一些先行先试政策举措的法治支撑仍有待强化；矛盾纠纷多元化解格局有待进一步深化；基层执法队伍力量比较薄弱，与所承担的任务还不相适应等。"这些内容几乎是千篇一律，针对性不强。

再以2019年工作展望部分为例。有的报告表述为："我省将坚持以习近平新时代中国特色社会主义思想为指导，深入学习贯彻习近平总书记关于全面依法治国的重要论述，树牢'四个意识'，坚定'四个自信'，坚决做到'两个维护'，按照党中央、国务院决策部署，扎实推进依法行政和法治政府建设，为推动高质量发展走在前列、加快建设'强富美高'新江苏提供更加坚实的法治保障。"有的报告表述为："2019年，我省将继续深入贯彻落实党的十九大和十九届二中、三中全会精神，始终围绕推进《纲要》的全面落实，突出问题导向，把握工作重点，持续有力推进法治政府建设。"

可以说，不同报告对法治政府建设的描述详略程度不一，这也是有关地方对法治政府建设年度报告重视程度乃至当地法治政府建设成效的一个缩影。

（七）报告内容的口径、标准不一

评估发现，各评估对象对法治政府有关工作的描述，存在相关内容的口径、标准不一的问题。

以政府立法为例，此部分究竟要报告哪些内容，各评估对象掌握情况不一。对于政府立法涉及的地方立法制度建设和机制创新、地方政府立法的立改废数据、重点领域立法情况、民主立法科学立法情况等，有的报告涉及其中部分内容，有的则几乎都会提及。

又以规范性文件备案审查为例，有的报告把此部分内容列入重大决策部分，有的列入立法部分，有的单列。有的报告仅作简单文字描述，有的提供了备案数量，有的提供了不予备案的数量。有的表述为："启动修订《重庆市行政规范性文件管理办法》，完善规范性文件审查内容、标准、方式、流程等，推行规范性文件统一登记、统一编号、统一公布制度。加强行政规范性文件库建设，现行有效规范性文件全部录入市级规范性文件库并向社会公开。"有的表述为："共收到报送省政府备案的规章、行政规范性文件236件，对在备案手续、形式要件、有效期限等方面存在问题的13件规范性文件，责令制定机关予以纠正。"有的表述为："全省各级政府和部门认真落实行政规范性文件'三统一'制度，严格合法性审核，省本级全年组织审核省政府部门规范性文件草案307件，备案审核设区市政府报备的行政规范性文件60件，对涉及营商环境、军民融合、环境保护等方面的政府规章和行政规范性文件组织进行专项集中清理，保障政令合法、统一、有效。"

再以行政复议、行政应诉方面的内容为例，有的报告只是作了简单文字描述，有的提供了受案数量，有的则公开了纠错率，有的笼统提供了全省的数据，有的则分类提供了数据。比如，有的报告表述为："不断强化行政复议工作。积极稳妥推进相对集中行政复议权改革试点，推进行政复议规范化建设，加强实地调查、公开听证、专家评议，探索生效行政复议决定公开，积极推进'阳光复议'，行政复议公信力不断提升。"有的表述为："严格依照法定程序办理行政复议和应诉案件，保障公民权利、规范行政行为。共办理行政复议案件5705件、行政应诉案件7126件。"有的表述为："全省收到行政复议案件8292件，受理7354件，审结6771件，通过确认违法、撤销、变更、责令履行职责等方式纠正行政机关行政行为1197件，纠错率17.68%；办理行政应诉案件10384件，一审案件审结8291件，判决改变原行政行为1146件，行政机关败诉率13.8%。"

此外，报告中涉及大量的专门用语、统计数据，其内涵外延不够明确。例如，各种比率的核算方式、统计口径不详，其与法治政府建设状况的关系如何缺乏必要的说明。

这表明，对于如何在年度报告中描述一年中法治政府建设的各项工作，各地见仁见智，理解不一，尺度标准不同。

五　完善年度报告编写发布的路径与展望

法治政府建设年度报告的发布已非首次，但正如评估所发现的，存在的问题还很多，今后规范年度报告的编写发布还需要做好以下工作。

（一）充分认识年度报告的意义和重要性

提升各地各级政府部门对法治政府建设年度报告意义和重要性的认识，是做好报告编写发布的根本。一些地方的年度报告内容空洞、言之无物，甚至发布迟缓，都起因于重视不够。法治政府建设年度报告是落实法治政府建设的重要载体。通过编写报告，全面展示各级政府及其部门上一年度推进法治政府建设取得的成效、面临的问题，便于全社会了解并监督法治政府建设；有助于各级政府及其部门全面梳理本地方本机关上一年度法治政府建设的情况，自查问题，督促整改。因此，年度报告不是可有可无的，正因为这样，《法治政府建设与责任落实督察工作规定》还设专章对年度报告的编写和发布作了规定。只有各地各级政府部门真正认识到年度报告的意义和作用，才能真正提升年度报告的编写和发布水平。

（二）明确并细化年度报告编写发布标准

明确并细化报告撰写发布标准才能确保各地各级政府部门的年度报告整齐划一，达到全面总结和解读法治政府建设进展、正面回应公众对法治政府建设的关切、深入剖析自身法治政府建设得失的目的。《法治政府建设实施纲要（2015~2020年)》全面列举了法治政府建设的任务，但哪些事项应该报告、报告到何种程度，目前仅限于一些原则性规定，实际撰写和发布中没有标准可以参考。

为此，应当尽快推动年度报告内容的模板化、内容及发布的标准化。有关部门应当全面梳理法治政府建设的各项内容，提供法治政府建设年度报告的撰写模板，确保所有报告内容具备基本的要素。各类内容应当报告的内容、阐释撰写内容的方式以及发布的途径等均应当实现标准化。对于各项应当报告的内容，采取零报告的做法，即便当年本地本机关不存在相关工作，也应当进行说明，否则外界无从知晓当地是没有相关情况还是有相关情况但报告未提及。此外，建议在年度报告后对涉及的专业数据、统计数据核算方式等作出专门说明。

（三）引导用数据和实例进行客观的描述

年度报告应当彻底改变以定性分析为主的行文方式，大量使用精确、全面的法治政府建设的统计数据、实际案例来定量、客观地展示自身工作进展、存在的问题。应当借鉴"政府信息公开工作年度报告"的做法，全面使用各类数据、实例，图文并茂，生动阐释法治政府建设情况。所有报告应当参考"政府信息公开工作年度报告"的经验，附详细的统计报表，用数据展示全年法治政府建设成效。建议有关部门拟定统计报表样式和要素。

（四）加大年度报告对外公开和宣传力度

制作年度报告并向社会发布，目的就是引入公众参与和监督机制，取得公众认知认同和认可。为此，不仅要在门户网站醒目位置展示年度报告，还要通过自媒体、新闻媒体扩大年度报告的传播范围和知晓率，让更多的公众关注法治政府建设情况；不仅要发布规范的年度报告文本，更要注意年度报告发布的形式，通过配发图解、专家解读等形式，用通俗活泼的语言吸引更多公众，让公众能读懂、愿参与、可评价。

B.5
北京市西城区以首善标准
打造绩效管理新模式

北京市西城区政府绩效管理工作调研课题组 *

摘　要： 政府绩效管理是落实政府责任、提高公共服务能力、增强政府治理能力的重要管理抓手，是转变政府职能、建立法治型政府、服务型政府的有效途径。北京市西城区立足首都城市战略定位和首都功能核心区实际，不断探索和完善绩效管理工作，充分发挥绩效管理的激励促进作用，实现了行政能力的不断提高、工作作风的持续转变、重点目标任务的高质量完成，促进了区域经济社会的持续健康发展。

关键词： 绩效管理　考评体系　政府建设　创新突破

一　西城区政府绩效管理发展脉络

（一）区位特点

北京市西城区是首都两个功能核心区之一，辖区面积50.7平方公里，

* 课题组负责人：孙硕，中共北京市西城区委副书记，区政府党组书记、区长。副组长：喻华锋，中共北京市西城区委常委，北京市西城区人民政府党组副书记、常务副区长；李异，北京市西城区人民政府党组成员、副区长。课题组成员：桑硼飞、李波、祝文婷、解桐、张亚杰、张政君。执笔人：李波，北京市西城区人民政府办公室党组成员、副主任；祝文婷，北京市西城区人民政府办公室绩效管理科科长；解桐，北京市西城区人民政府办公室绩效管理科副科长；张亚杰，北京市西城区人民政府办公室绩效管理科主任科员；张政君，北京市西城区人民政府办公室绩效管理科主任科员。

下辖 15 个街道、259 个社区。西城区是全国政治中心、文化中心和国际交往中心的核心承载区，是历史文化名城保护的重点地区。西城区的特殊区位、特殊区情，决定了西城区的各项工作必须坚持首善标准，充分发挥绩效管理激励促进作用，高标准服务保障首都功能，高质量完成年度目标任务。

（二）绩效管理发展背景

国内绩效管理实践经过了一个长期探索的过程。20 世纪 80 年代，政府绩效还没有成为政府部门的管理方式，大检查、大评比、专项调查是当时考评部门的主要工作形式；90 年代开始出现了目标考核责任制、社会服务承诺制、效能监察、行风评议等专项特定领域的评估；2011 年是中国政府绩效管理发展的里程碑，国务院批复建立由监察部牵头的政府绩效管理工作部际联席会议制度，选择 8 个地区和 6 个部门开展政府绩效管理试点工作，为国家治理体系和治理能力现代化提供了有效的工具。北京市作为试点之一，建立了综合的、全面的、科学的政府绩效管理体系。

（三）发展历程

西城区自 2012 年开展政府绩效管理以来，经过了酝酿起步、稳步推进、重点提升、创新突破四个阶段，创新实现了年初部署、中期调整、年底考评、反馈整改的年度闭环管理，形成了体系基本稳定、细则逐年优化、过程管理和年底打分相结合、内部评价和外部评价相结合、日常考评和年终述职相结合的管理模式，实现了稳步推进、逐年完善、年年有发展的从零起步到标准化的飞跃。

1. 酝酿起步

2012 年是西城区政府绩效管理起步之年，正式成立了区政府绩效管理工作领导小组，由常务副区长任组长，主管法制副区长、区政府办公室主任任副组长，成员单位包括区委组织部、区委社会工委（区社会办）、区政府办公室、区发展改革委、区财政局、区人力社保局、区统计局、区政府法制办、区政务服务办，区纪委区监委固定列席；领导小组下设区政府绩效管理办公室，统筹协调全区绩效管理，并牵头区政府部门的绩效管理工作，区社会办牵头街道系统绩效管理工作。于 2012 年 12 月第一次实施了年终考评，区政府绩效管理框架基本搭建。

2. 稳步推进

2013 年至 2014 年绩效管理从粗浅到精细，基本实现科学化、规范化，制定并不断完善考评细则，明确各专项考评主体、对象、评分规则和考评方式，依靠细则规范各考评主体打分评价、引领和指导专项工作开展；探索实践了分类评价，使部门评价更可比更精准。考评主体和参评部门对绩效管理的认识日渐清晰准确，对绩效的思考与定位日渐加深。考评主体更加重视评价、善于评价、敢于评价，各参评部门参与绩效管理的主动性也不断增强，能够把绩效管理融入日常工作，以此加强部门自身建设、推进工作落实。

3. 重点提升

2015 年至 2016 年，区政府提早谋划部署绩效管理工作，健全了绩效管理"年初部署、过程推进、中期调整、年终考核"的完整流程。建立了定期会商、工作调度和汇报备案机制，以制度的形式明确管理流程、提示工作重点和时间节点。进一步细化部门分类，分别进行评价、分别排名取优，使考核评比更加科学公平。整合第三方评估工作，由区政府统一开展第三方察访核验和满意度评估，通过察访核验部门职责履行，通过满意度评估了解部门工作实际效果，持续加大外部监督，提升部门的工作水平和质量。

4. 创新突破

2017 年至 2018 年，区政府绩效管理进一步实现创新提升。首次增加了确认考评结果的环节，在公布考评结果前，由各考评主体将考评结果反馈给各参评单位进行确认，通过申诉和认定环节增强考评结果的公平公正性、客观性，减少错误率；首次建立"四同机制"（共同谋划、共同推进、共同督查、共同评价），邀请公众代表在政府制定工作计划时提出建议，在推进难点工作时参与研讨解决方案，在过程管理时参与督查检查，在考核考评时参与打分评价，积极引导公众参与政府决策、执行、管理、结果全过程，实现政府主导、社会协同的政民良性互动；首次开展年终现场述职会，邀请人大代表、政协委员、统战人士、专家学者、居民代表、企业代表共150余人作为评委，听取了15个街道和50个部门各8分钟的年度述职报告，并现场打分，该分数占2019年绩效考评成绩的40%，现场述职考评会成为政府向公众展示工作的窗口和公众参与政府评价的重要渠道。

二 西城区推进绩效管理工作的基层案例梳理

（一）西城区财政局多措并举提升全区预算绩效管理工作

财政预算管理工作持续加强，西城区2019年作为财政预算执行、提高收入质量、盘活财政存量资金、国库库款管理、推进财政资金统筹使用、预算公开等财政管理工作完成情况好的地方，获得国务院通报表扬。主要做法如下。

一是考点覆盖预算管理全过程。将财政的重难点工作纳入考核内容，将预算编制到预算执行中的关注点以及风险点，纳入考评细则。从预算单位支出进度、绩效管理以及财务管理三个方面设置考评点，保证对财政资金从申请到使用全方位关注，在政府绩效考核中实现全过程预算绩效管理。

二是按月公布预算执行情况。坚持通过政府网以及财政专网按月公布预算单位总体支出进度以及重点项目支出进度，并要求支出进度达不到考核时点要求的单位报送支出进度说明，切实提高财政资金的使用效率。帮助预算单位在年初做好全年预算的支出计划，分时段、分轻重缓急安排好项目支出，避免出现花钱"前松后紧"、年底"突击花钱"的问题，保证按时间要求完成支出进度。在北京市政府对西城区的绩效考评中，2018年西城区首次实现了所有时间节点均完成目标任务。

三是客观全面考评预算管理工作。制定阶段以及年底打分阶段均开展分工协作的模式，特别是在年终打分环节，各考评科室分别进行分数扣减，最终结合参评单位日常工作情况进行分数汇总，提升评分的全面性、合理性，使得考评结果更有理有据。

（二）区政务服务局打造政务服务标准体系

一是拓展绩效考评的方式和内容。通过日常管理、服务监测、360度互评、整体评价、问卷调查等方式对全区窗口服务进行考核。进一步强化窗口服务监测，2019年分3次对各级服务大厅的标准化执行情况进行调查，形成标准化执行检查报告，及时通报检查结果。开展行政服务监测，对监测到的问题及时进行反馈。

二是将绩效考评和窗口管理结合起来。坚持每日4次大厅巡查、每周1次首席代表会议，半年1次行政服务体系工作会议。充分利用绩效考核监测设备，加强日常监测。建成绩效考评信息化系统，利用信息化手段开展行政服务绩效考评。

三是加强特邀监督员队伍建设。组建行政服务监督员队伍，将特邀监督员分成三组随机对西城区行政服务窗口工作情况进行检查，切实做到了绩效考评服务于日常管理，提升了行政服务质量和效率。

（三）区司法局以依法行政考评为抓手规范行政行为

一是以人为本设定任务指标。坚持从实际出发的理念，在制定行政执法人均执法量考评细则时，不搞任务简单摊派，充分考虑西城区部门实际情况，设定科学合理的指标，发挥绩效管理的导向性作用，调动部门积极性和能动性，持续推进辖区依法行政工作。

二是跟踪调度强化过程监管。区司法局积极实施过程监管，对参评部门依法行政工作中出现的问题，及时提醒，督促其予以改正，对工作进度低于全区平均值的单位，也及时调度，确保工作任务的完成。

三是运用科技手段实施绩效考评。依托国家、市、区建立起的各项专业网络系统，充分分析处理系统数据，开展行政执法考核，做到数据公开透明，评分依据准确。

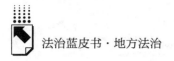

三　西城区政府绩效管理工作做法

西城区通过创新管理，大胆实践，绩效管理工作呈现全周期、成体系、精评估、多运用四大特点，在公众参与政府评价上不断拓宽途径、创新方式方法，取得了阶段性成果，探索形成了具有特色的绩效管理模式。

（一）搭建体系，强化绩效管理顶层设计

评价体系是绩效的灵魂和核心，西城区在绩效管理中坚持高起点、高要求，始终以首都核心区的首善标准为引领，按照"重点突出、指标优化、计分先进"的原则进行顶层设计。以绩效理论为引领，以典型经验为蓝本，以区情实际为基础，搭建了聚焦中心工作、体现区域特色、利于巩固优势、着重补齐短板的考评体系，并在工作中不断优化完善，逐步发展成个性指标和共性指标相结合、内部评价和外部评价相结合、日常考核和年终考核相结合的综合考量工具，实现了强化部门履职、规范依法行政、提升外部评价的管理目标。

（二）完善周期，创新实现全年管理闭环

管理闭环是绩效发挥引领作用的关键，西城区在实践中不断创造管理全周期，克服市级指标下达晚、部门谋划时间长等困难，在全市率先实现年初部署、中期调整、过程管理、年终考评、反馈整改、结果应用的全年全过程管理。以往的考评，指标部署和考评打分在下半年几乎同步开始，部门接到任务后很难在有限的剩余时间里通过努力改变成绩，同时容易引起抵触绩效、反感绩效的情绪，丧失了绩效管理"引领工作方向、推动任务落实"的本意。西城区通过尽早下达指标体系，为部门指明了方向；量化细化考评细则，让部门能时刻对表；实施中期调整，修正与市级指标的偏差；强化过程管控，提高了完成质量；组织反馈整改，推进了绩效提升；依托结果应用，实现了激励和处罚。

西城区注重政府绩效过程管理，2018 年西城区首次开创性实施了中期双向评估。一方面，组织各考评主体向各部门反馈上半年考核指标的进展情况，督促考评主体加强过程管理，指导部门有针对性地改进工作；另一方面，组织 65 个被评估单位围绕"任务分解是否清晰明确""工作指导是否及时有效""专项培训是否组织到位""过程管理是否按时开展""发现问题是否帮助整改"5 个维度对考评主体履行考评职责的情况进行了反向评估，督促考评主体完善提升履职水平，起到了积极的促进作用。同时，近些年财政预决算、政务服务管理、规范行政行为等多个考评主体按季度将考评指标推进情况反馈给各部门，帮助部门及时调整工作，加大推进工作的力度。

结果运用上，将绩效考评结果提交区委组织部、区人力社保局，作为对区政府工作部门、街道领导班子考核评价、增加年度评先评优指标的参考；另外，区绩效办、区社会办将考评情况反馈给各部门、各街道，作为推进工作、整改落实的依据；将双管单位的考评结果函告北京市上级单位。

（三）科学分类，实施部门差异化考评

部门分类是绩效精准评价的重要手段，西城区综合分析各参评单位的职责职能、工作特点、服务对象，进行科学类别划分，将参评部门分为综合协调、服务社会、双管单位、专项指挥部和街道五大类，按照分类差异化设置评价指标，分别排名评优。分类考评大幅减少了因指标覆盖全造成的"赋予平均分"事项，增强了评价的客观性；确保了部门之间横向对比的科学性，分数和排名更有分析价值；让工作任务重、服务社会事项多的部门也能从考评中脱颖而出，提高了部门间比学赶超的积极性。

分类之前，以 2014 年为例，绩效考评前十名的优秀部门中，区财政局、区政务服务办等综合协调部门占 70%。分类之后，近三年区园林绿化局、区城管执法监察局、区住房城市建设委、区安全监管局、区卫生计生委等承担工作多、任务重的民生或执法部门得以凸显出来，激励作用明显。

（四）清单管理，推动重点工作有效落实

任务清单是推进任务落实的有效载体，西城区通过梳理市、区两级绩效任务清单和整改清单，将各项任务目标分解细化、梳理集成、落实责任、明确时限，让部门不推责任、不打乱仗、少走弯路。在此基础上，采取"一厚、一薄、一用"的方法将全区之力凝聚在重点任务落实上。"一厚"是在任务分解时按最小单元分解形成厚清单，由绩效办、牵头单位、责任单位三级协同推进；"一薄"是在过程管理中，通过部门上报、政府督查、第三方察访核验、研商会等多种形式，梳理出进展滞后、推进有困难的任务重点关注，抽丝剥茧，找出问题薄清单；"一用"是在难点推进上，针对问题薄清单，通过区领导调度明确要求、传导压力，切实督促与保障各项任务完成。

以 2018 年为例，市政府绩效任务分为高质量发展、高效率落实、高效能管理、高效财政、高水平服务五类指标，涉及 86 大项任务。西城区通过任务清单细化出考点 390 个，分解到 53 家单位，进行全过程、全方位督办，做到底数清、情况明，确保了市政府绩效任务的高质量完成。

（五）多维评价，注重服务型政府建设

外部评价是政府履职的重要评价维度之一。西城区作为首都核心区，一直秉承"服务立区"的理念加强政府自身建设，着力构建开放透明的服务型政府，在绩效管理中开展第三方察访核验和满意度评估，让评估结果不再单靠总结汇报、不再是政府内部自说自话，以服务导向、舆论导向、问题导向助推政府发展转型和管理转型。第三方察访核验工作通过资料检查、现场察验、问询访谈、标准比对、观察测量等手段，对各部门绩效任务推进落实情况进行客观评价，满意度评估工作通过居民访谈、电话访问、在线调查等方式，对各部门工作效果进行满意度评估，将外部评价中发现的问题反馈给部门，促进部门加快问题的研究与整改，加快任务的推进与落实。

2018 年西城区分别开展了年中、年底两次政府部门满意度调查、为民办实事满意度调查和公共服务事项满意度调查，共收集有效问卷 24000 余

份。开展年中、年底两次察访核验，察验了 51 个区政府部门和 15 个街道办事处，实地察看了重点任务中的 546 个实地点位，审阅资料 22900 余份。察访核验情况纳入年底现场述职评委参考材料。

2019 年，为做好世界银行、国家和北京市营商环境迎检工作，西城区政府会同第三方连续 10 天对区政务服务综合大厅、不动产登记交易大厅和社会保险基金管理中心等窗口单位，开展优化营商环境专项察访核验。对标世界银行营商环境指标体系、国家"放管服"改革和营商环境工作任务清单、北京市优化营商环境"9 + N"政策 2.0 版等标准，以跟踪体验、深度访谈、数据分析三种方式，就企业开办、纳税、办理施工许可、产权登记、退休人员社保、新企业参保等涉及的 18 项具体业务进行了调研评估，实地跟踪体验了约 100 个真实案例，电话调查满意度回访近 180 家新开办企业。通过察访核验，梳理优化营商环境工作的主要成效，并查找需改进事项 67 个，采取"当天察验、当天反馈"的方式，每天通报发现的问题、研究解决方案、开展整改工作，充分发挥绩效指挥棒作用，有力推进了部门服务质量提升。

四　西城区政府绩效管理的特点与成效

（一）加强顶层设计，管理工作一张蓝图绘到底

西城区在绩效管理改革实践、创新前行的过程中，坚持一张蓝图绘到底的精神，对于推行绩效管理理念过程中出现的波动与反复、受到的不解和质疑，展现出百折不挠的改革韧性。绩效管理以先进的管理理念、稳定的体系框架、规范的运行机制为基础，各项工作的改革创新始终坚持党的领导，围绕党中央、国务院、市委市政府的指示精神开展工作；始终坚持服务中心，围绕国家、市级、区级重大决策强化部门履职，提高政府执行力；始终坚持以人为本，围绕民意民需提升政府管理服务水平，提高公众满意度和获得感；始终坚持依法行政，围绕规范化、法治化，规范权力运行，提高政府公

信力；始终坚持抓机关建设，围绕转变作风、主动作为、敢为会为激励干部，提高政府效率效能。

经过七年多的运转，总体框架保持基本稳定，每年依据市区重点工作，在内容、权重上进行适当调整。2016 年增加了京津冀协同发展、电子政务等考评事项；2017 年增加了环境保护、信访积案化解、大数据建设等考评事项，细则中增设超标分、考评结果增加确认环节、开展年终述职、水电气热等满意度评估；2018 年增加了落实北京市城市总体规划工作、优化营商环境、保障农民工工资支付、吹哨报到（权重设为 30%）等考评事项。

（二）不断完善制度，规范部门内部管理

西城区在推进绩效管理过程中，以智慧和策略谋篇布局，为引领全区绩效管理建立起一整套科学完善的工作方法，真正把推进政府职能转变落到了实处。经过稳扎稳打、科学谋划、建章立制、整体推进，西城绩效管理全周期已经形成、体制机制已初步健全、制度标准已比较完善，出台了《西城区政府"四同机制"工作实施意见》和《西城区政府向公众报告工作实施意见》，每年制定《年度绩效管理工作方案》《绩效考评体系和实施细则》《第三方评估和察访核验工作方案》《年终考评工作方案》《年终现场述职考评会工作方案》等，通过规范管理、制度引领，使全区各单位拧成一股绳，劲儿往一处使，绩效成为各单位改进提升工作的重要管理工具。

区财政局、西城工商分局、区食品药品监管局、什刹海街道、大栅栏街道、广内街道等单位，通过将绩效任务分解到科室甚至个人，以各项考核指标指导工作开展，起到了引领年度工作全局的积极作用，让单位负责人在调度、督促工作时有方向、有目标、有标准，干部开展工作时做到了手中有账、心中有数。在此基础上，通过与公务员考核评优挂钩等方法挖掘单位内生动力、调动工作积极性。绩效管理向部门内部延伸，成为指导、助推部门开展目标管理、流程再造的指南。

（三）敢于较真碰硬，勇往直前拔难点、攻难题

西城绩效工作内外兼修，无论是在推进重点难点工作上，还是在攻克管理难题上，以坚定决心和勇气勇往直前、开拓进取。从任务完成角度看，西城区绩效管理高效推进了市、区两级战略部署和重大决策的落实，以察访核验、满意度评估等方法，看事实、查业绩、评效果，促进部门在开展工作时更加脚踏实地、更加关注效能效果。考核重点工作完成率逐年提升、依法行政工作逐步完善、群众满意度评分显著提高。从优化管理角度看，遇到难题和质疑不退缩、不绕弯、敢碰硬，以创新实践予以破解。比如，面对考评指标年年只增不减、考评主体难自评等难题，尝试建立指标进退机制，探索试行双挂钩考评机制，促进考评主体更加珍惜绩效平台，进一步完善考评、善用考评、严肃考评，避免以考评代替管理的问题，督促考评主体积极履职、主动服务、沟通、指导参评部门开展专项工作。再比如，面对任务少、职责少的部门往往扣分少、排名靠前，任务重、争优先的部门成绩不突出的难题，尝试设置超标分，超额、提前完成任务、获得表彰、批示、经验推广的单位能够获得超标分，鼓励部门积极履职、争先创优。

（四）勇于突破创新，以规范管理带动公共沟通互动

西城区不仅注重内部管理的规范和提升，更注重与公众的沟通互动，绩效管理通过建立"四同机制""政府向公众报告工作机制""年终现场述职考评会"等，为政府与公众架起沟通互动的桥梁。西城区绩效组建了由人大代表、政协委员、专家学者、中央单位、驻区部队、企业、媒体、居民等各界代表组成的建议代表团，邀请他们参加政府常务会、政府开放日，参与重大事项察访核验和专项检查，听取政府向公众报告工作。他们活跃在参政议政的各个环节和领域，在制定计划时为政府出谋划策，在推进工作难点时与部门一起研究对策，在任务过程管理中做好监督检查，在绩效年终考评时参与打分评价。通过全程参与，成为帮助政府、监督政府、宣传政府的中坚力量，以主人翁精神为提升城市品质、建设美丽西城添砖加瓦。

西城区紧扣市委市政府目标要求,立足首都核心区职责使命,坚持以改革创新精神推进工作,政府管理效能逐年提高。近年来,西城区先后获得 4 次国务院表扬激励,1 次国务院大督查通报表扬,并在国务院第三次大督查中免督查。在北京市政府绩效考评中,西城区成绩一直位列前茅,2015、2017、2018 年三年排名全市 16 区第一名,2016 年排名城六区第一、全市第二,公众满意度得分以平均每年 2.2% 的增幅持续上升。历年经济社会发展各项指标和目标责任书任务圆满完成;领导干部责任担当意识更加凸显,创先争优精神不断增强,依法行政工作稳步推进;政府各项工作更加贴近民情民意、更加关注民生民需,公众参与政府工作的渠道日益增多。绩效管理逐步成为凝聚全区之力的"指挥棒",建设服务型政府的"助推器",引领职能和作风转变的"风向标"。

五 思考与展望

绩效管理工作不同于其他工作,没有终极目标,也没有标准答案,需要结合工作重心、区域发展、公众需求、政府绩效管理自身发展等不断探索和实践。西城区政府绩效管理工作还有很长的路要走,还有很多的地方要改进,推进政府职能转变,贵在行动,重在落实,西城区将科学规划、坚决执行、持续发力,进一步提升绩效管理,切实为促进区域经济社会持续健康发展提供有力保障。

一是在精简考评指标方面,还任重而道远。近年来,上级要求组织开展的督查检查考核事项的牵头单位要进一步简化程序、改进方法,压缩规模和时间。区政府绩效考评作为重点事项予以保留,各部门越来越意识到绩效管理是落实工作强有力的抓手,纳入政府绩效考评平台的需求与考评事项的进一步精简存在矛盾。

二是专项考核的质量有待提高。全区政府绩效管理,取决于较为成熟的绩效框架体系、调整机制、管理模式,更取决于支撑整个体系的专项考评主体高质量履行考评职责的情况。有的部门在纳入考评后,对专项考评研究不够、思考不足，没有很好地将日常工作与考核工作有机结合，在科学设置指标、加强过程指导等方面不到位，一定程度上影响着全政府绩效管理的精细化水平。

三是考评结果运用还需要进一步深化。西城区对政府绩效考核结果的使用进行了多维度的尝试，但一些运用维度还需要更进一步探索。

四是考评权重的分配还面临挑战。随着社会发展，上级不同的工作主体从不同视角对政府绩效分别提出具体的权重要求，如何结合上级要求、部门需求、社会需要、区域情况进行综合考量，科学分配考评权重，仍需要进一步调整优化和完善。

B.6
新时代背景下构建协调型行政
诉讼模式的温州探索与实践

温州中院课题组*

摘　要： 虽然修改前后的《行政诉讼法》均以行政诉讼不适用调解为
原则，但审判实践中的行政诉讼模式正悄然发生转变，一种
以促进行政争议实质性化解为目标，以诉讼调解为主要内容
的协调型行政诉讼模式已经显现。本报告在梳理行政诉讼调
解的必要性、可行性以及温州法院行政争议调解中心试点成
效的基础上，提出在现有《行政诉讼法》框架下构建协调型
行政诉讼模式的构想，以期进一步规范和完善行政审判实践
中的诉讼调解机制。

关键词： 行政诉讼模式　诉讼调解　行政争议

调解是中国诉讼制度的重要组成部分，是化解社会矛盾纠纷的重要方
式，也是和谐司法的重要内容。但囿于对公权力性质的理解，在新中国行政
诉讼发展之初，行政法理论将政府与公民之间的行政关系视为一种命令与服
从的关系，始终强调行政诉讼应明辨是非曲直，凸显权力对抗和司法主导，

---

* 课题组主持人：邱志丰，浙江省温州市中级人民法院副院长。课题组成员：董忠波，浙江省
温州市中级人民法院行政二庭庭长；杨贤斌，浙江省温州市中级人民法院员额法官；潘前郭，
浙江省平阳县人民法院行政庭员额法官。执笔人：杨贤斌、潘前郭。

并把行政诉讼不适用调解上升为一项法律原则①，使得行政诉讼长期处于一种刚性对抗模式。当前，中国正处在经济发展新常态和社会转型期，各种社会矛盾日益复杂，各类行政纠纷呈几何数级增长，"是非曲直型"的对抗型行政诉讼模式长期以来诉判错位、"案结事不了"、诉讼效率偏低等弊端日益凸显。随着行政法学理论研究的不断深入，以及"合作国家""给付行政""服务行政"等现代行政理念的兴起，行政诉讼中的调解开始被认可和接受，近年来不论是中央政策还是司法政策性文件，都在悄然推动建立一种以促进行政争议实质性化解为目标、以诉讼调解为主要内容的协调型行政诉讼新模式。

为此，温州两级法院坚持问题导向，借助外部资源，深挖内部潜力，在行政诉讼中着力构建"依法调解、敢于调解、关于调解"的工作机制，实现从"是非曲直型"的对抗型行政诉讼模式向"纠纷解决型"的协调型行政诉讼模式转变，力求一揽子实质性化解行政争议，塑造新时代行政诉讼领域的"枫桥经验"。

一　构建协调型行政诉讼模式之必要性与可行性

因长期以来受到"公权行政"、国家主权等行政理论影响，传统行政诉讼理论认为行政机关作出的行政行为只有对与错，没有回旋或谈判空间。但在行政诉讼理念发展转变的背景下，一概否定行政诉讼调解已不能适应新形势下行政审判实践的需要，在一定程度上也与新时代社会主义法治理念相悖。当前，在行政诉讼中推动调解，构建和完善协调型行政诉讼模式不仅具有现实必要性，更具备实践可行性。

---

① 无论是"和解""协调"，还是"协调和解"，当在法院主导下达成合意，并作为终结诉讼的理由时，其实质就是调解，为与《行政诉讼法》中用语保持一致，本文中统一用"调解"来表述。参见黄学贤《行政诉讼调解若干热点问题探讨》，载《法学》2007年第11期。

（一）构建协调型行政诉讼模式的必要性考量

1. 基于司法实践的客观要求

虽然 2014 年修订的《行政诉讼法》（以下称新《行政诉讼法》）仅规定行政赔偿、补偿及涉行政机关自由裁量权三类案件可适用调解，但审判实践实际早已冲破该范围的限制。出于服务大局的考虑以及追求结案率、调撤率等需要，部分法院在审理一些重大复杂或不宜判决的涉群体性、敏感性案件时，更倾向于说服行政机关改变行政行为或通过其他方式满足原告诉求后动员原告撤诉，有的法院甚至还出台专门指导意见，而且取得了较好的社会效果。但这种处理方式缺乏明确的法律依据，存在较大随意性，容易出现"和稀泥"现象，造成非自愿调解或私下公权交易，不利于保护国家利益、社会公共利益及他人的合法权益。针对这种失序现状，法院有必要对行政诉讼调解予以规范、统一，构建公开、透明、完善的调解机制，使调解成为一种化解行政争议、促进社会和谐的合法有效手段。

2. 追求法律效果与社会效果的有效途径

近年来，温州地区行政案件量大幅增长，尤其是随着"大拆大整"工作的强势推进，由此引发的行政案件大量涌现，此类案件行政机关败诉率非常高，基层政府依法行政面临严峻考验。2016 年 10 月至 2017 年 10 月，温州两级法院共新收与"大拆大整"相关一审行政诉讼案件 612 件（不包括衍生诉讼案件），占行政诉讼案件总量的 29.98%，同比上升 59.8%[①]。其中，拆除违法建筑等行政强制类案件约占 60%，判决败诉率高达 89%。该类案件具有鲜明的群体性、扩散性、持续性等特点，由此引发的关联诉讼、群体性诉讼、拉锯式诉讼和申诉信访现象非常普遍。传统的"非黑即白"裁判方式缺乏灵活性，难以满足个案解决需求，法院径直判决容易出现"案结事未了""判后就信访"的尴尬，难以实质性化解争议。而调解可以有效缓解相对人和行政机关的"对抗"，既帮助原告实现诉讼目的，又能让

---

① 数据调取自温州中院系统平台，下同。

被告在不承担败诉后果的情况下纠正违法或不当行政行为，同时，通过调解结案还可能实质化解行政诉讼背后的矛盾，实现法律效果和社会效果的有机统一。

3. 实现诉讼经济的最佳选择

从行政诉讼成本角度看，刚性裁判方式存在成本高、周期长、执行难等弊端，而调解作为一种替代性纠纷解决方式，更强调当事人意思自治，诉讼成本相对较低，程序相对简化，所达成的合意相比判决能得到更好履行。另外，随着社会矛盾和冲突的加剧，人民的司法需求快速增长，法院案多人少、司法资源不足的问题日益突出，在保证司法公正的前提下追求司法效率，成为现代司法的价值追求之一。推动构建协调型行政诉讼模式，能有效减轻行政机关和相对人负担，有效节约司法资源，提高司法效率，以最低的诉讼成本实现诉讼目的，最终实现诉讼经济。

（二）构建协调型行政诉讼模式的可行性分析

1. 现代行政理念的发展为协调型行政诉讼提供了理论基础

传统行政理念认为国家行政属于公权行政，具有命令性、支配性、不可调解性，这直接影响了行政诉讼中平等对话、协商调解方式的适用。随着市场经济的发展以及政府职能的转变，"合作国家""给付行政""服务行政""企业家政府"等现代行政理念开始出现，现代行政不再局限于传统的公权行政，行政行为方式也发生了巨大转变，政府参与社会治理的单方行政行为模式逐渐被行政协议补充或取代，非公权行政方式所占比重越来越大；行政机关与相对人的关系也从利益冲突、对抗的关系发展到利益一致、服务合作的关系，双方地位更趋于平等，"公权力不可处分"的传统行政理论受到了空前的冲击和挑战[1]，而协调型行政诉讼中的对话、调解等争议处理方式恰好与合作、服务等现代行政理念相契合。

---

① 许海燕、陈美美：《论中国行政诉讼调解制度的建立》，载《法学》2010 年第 5 期。

2. 自由裁量权的广泛存在为协调型行政诉讼提供了可能性前提

民事诉讼中之所以能广泛适用调解，是因为当事人对相关争议事项和诉讼权利拥有处分的权利。同样，协调型行政诉讼也是建立在自由处分的权利基础之上。按照裁量权的不同，行政行为分为羁束性行政行为和裁量性行政行为。对于前者，法律、行政法规已明确了行政行为内容、方式、程序，行政机关没有自由裁量空间；而对于后者，行政机关具有一定的处分权，这意味着行政机关在行政和诉讼程序中，在不损害国家利益、社会公共利益或他人合法权益的前提下，对行政行为种类、幅度、程序等拥有一定的选择权，行政机关如果发现其作出的行政行为存在合法性或合理性问题，其可在行政自由裁量权所限定的范围内对原行政行为进行修正或补救。随着政府职能的转变和行政管理方式的多样化，行政机关在从事管理、行使职权过程中被赋予了广泛的自由裁量权，纯粹的羁束性行政行为已不多见，这为协调型行政诉讼提供了可能性前提。

3. 协调型行政诉讼不违背立法目的且具有可行的制度路径

虽然新《行政诉讼法》仍规定行政诉讼不适用调解，但应将这一规定视为一种法律规则，而不应当将其泛化或提升为法律原则[1]。从立法精神来看，立法者指出：行政案件虽然不能以调解方式结案，但法院在审理过程中可以向当事人做些法制教育工作，使原告认识到自己的诉讼行为错误而申请撤诉，或是行政机关经法院指正后主动纠正行政行为。这样做不仅是可行的，而且是应当提倡的[2]。可见，立法本意并没有限制或禁止法院在审理行政案件时做调解工作，而《行政诉讼法》第 62 条关于撤诉的规定以及最高人民法院《关于行政诉讼撤诉若干问题的规定》也为行政诉讼调解提供了可行的制度路径。

4. 域外实践为协调型行政诉讼提供了经验借鉴

考察国外法治发达国家或地区的行政诉讼制度，无论是英美法系还是大

---

[1] 江必新、梁凤云：《行政诉讼法理论与实务》，法律出版社，2016，第 1185 页。

[2] 胡康生主编《行政诉讼法释义》，北京师范学院出版社，1989，第 80～81 页。

陆法系，大都已突破"公权力不可处分"等传统理论限制，主张通过达成合意来化解行政争议。例如，英美法系之美国和英国，公民与政府受同一法律支配，公法与私法之间不存在严格的区分，民事诉讼程序与行政诉讼程序适用共同的规则。1990 年，美国国会颁布了《行政争议解决法》，授权联邦政府在行政纠纷解决中适用调解、协商、仲裁或其他非诉讼纠纷解决方式（Alternative Dispute Resolution，ADR）对行政争议进行迅速处理。ADR 作为一种快速有效解决行政争议的方式，已成为美国法院最重要的行政诉讼途径①。英国则通过判例以及政府发表的一系列司法声明推广 ADR 在公法案件中的适用，大量的行政司法纠纷在到达法院之前或之后不久就得到解决②。大陆法系之德国，随着近年来行政诉讼规模的不断扩大，也开始推广并以《行政法院法》等成文立法的形式确立了行政诉讼和解制度，并赋予和解协议与生效裁判同等的法律效力，当事人可以据此申请强制执行③；此外，法国、澳大利亚、中国台湾等国家或地区皆以成文法明确行政诉讼调解或和解制度，日本、瑞士虽然没有直接规定行政诉讼调解制度，但从其间接的法律规定、政策性文件及判例来看，调解同样适用于行政诉讼程序。

二 温州实践探索与试点成效

自 2017 年 6 月浙江省高级人民法院批复同意温州法院开展行政争议调解中心试点以来，温州法院抓住有利契机，以机制建设为重点，率先实现中心建设"全覆盖"，并以此为基础升格组建 10 家行政争议协调委员会，出台 6 项配套制度，不断破解制约因素和工作难点，建立"依法调解、敢于调解、善于调解"的调解工作机制，探索构建协调型行政诉讼新模式。截

---

① 王锡锌：《规则、合意与治理——行政过程中 ADR 适用的可能性与妥当性研究》，载《法商研究》2003 年第 5 期。
② 索菲·博伊伦（Sophie Boyron）著《行政法纠纷中调解的出现——英国、法国和德国的经验》，赵艳花、耿宝健译，载《南京工业大学学报》（社会科学版）2008 年第 1 期。
③ 〔德〕弗里德赫尔穆·胡芬：《行政诉讼法》，莫光华译，法律出版社，2003，第 576～577 页。

至 2019 年 4 月，温州法院受理一审行政诉讼案件 4424 件，调解撤诉 1485
件，调撤率达 33.57%，涉及金额超 2 亿元，有效化解了行政争议，有力保
障了发展大局。

（一）坚持问题导向，出"实招"破难题促实效

1. 建立调解决策授权机制

实践中，因行政机关缺乏调解预案，调解参与人员不能及时回应原告调
解意愿，需层层请示汇报，导致错失最佳时机，以致调解失败。针对这一问
题，温州中院联合温州市政府出台《关于进一步加强行政争议调解和解机
制建设的意见（试行）》，规定行政机关应根据案情和案件复杂程度，事先
确定调解方案，并授权调解参与人员相机决断，在调解方案范围内当即拍板
促成调解；原告要求超出授权范围的，可先由调解参与人员草签协议，并注
明经所在行政机关确认后生效，以及时固定原告调解意愿，防止出现反复；
积极推动行政机关负责人"靠前调解"，联合原温州市法制办出台《关于规
范行政机关负责人出庭应诉工作的意见》，将参与调解纳入行政机关负责人
应诉范围，变"幕后指挥"为"亲临前线"，提高行政机关的重视程度，缓
和原告对立情绪，减少请示汇报环节，有效提高调解成功率。

2. 完善调解考核及责任豁免机制

当前部分行政机关及其工作人员存在"判决无责，调解有责"心理，
宁可坐等法院判决也不愿拍板调解，影响了争议化解。为此，温州中院积极
争取温州市委、市政府和市纪委、监委支持，以市委办、市府办名义出台
《关于进一步加强行政诉讼败诉案件过错责任追究与容错免责工作的通知》，
建立调解考核机制，将行政机关参与调解情况纳入法治政府考核范围，并规
定行政机关及其工作人员非因滥用职权、收受贿赂、徇私等故意或重大过失
导致调解结果违法或明显不当的，应认定为业务过失，原则上不追究行政机
关调解参与人员的法律和纪律责任，或者比照改革创新容错免责的有关规定
予以免责，为行政机关及其工作人员依法参与调解"撑腰打气"。同时，建
立消极调解责任追究机制，被诉行政机关无正当理由拒不参加调解，导致被

判决败诉且对造成败诉结果负有责任的，按照有关规定启动责任倒查程序，依法追究相关单位和人员的责任，以此有效构建"积极调解可免责，消极调解应担责"的正反双向激励机制。

（二）借助外部资源，打造汇聚合力"倍增器"

1. 打造行政争议多元化解平台

温州中院深化府院互动，建立健全行政争议调解工作机制。一是持续推进行政争议调解中心标准化建设。温州中院联合温州市政府制定《温州市行政争议调解中心工作规则（试行）》，在全省率先实现市县两级行政争议调解中心全覆盖，明确行政争议调解工作的目标、原则、运行方式和职责分工等，并落实人员配置、资金保障和科技支撑，按照"实体化、可视化、信息化"的标准高规格推进后续建设，将之打造成为化解行政争议的主平台。二是升格组建行政争议协调委员会。目前，温州市两级政府和法院已合力成立10家行政争议协调委员会，重点吸纳国土、住建和规划等行政争议多方部门参加，负责统一府院工作步调、协调化解重大案件，并在协调化解争议过程中注重标本兼治、源头治理，规范相应领域的行政行为，努力打造行政争议化解的"拓展型后台"。三是全面规范行政机关调解联络人确定。行政争议调解中心收到案件后，指定调解主办人并在5个工作日内通过传真、短信、移动微法院等方式向涉诉行政机关发出书面《行政争议调解通知书》，涉诉行政机关在收到通知书3日内指定调解联络人负责沟通并说明案件，涉及重大、敏感案件的，建议行政机关负责人担任调解联络人。

2. 建立特邀调解员机制

聘请机关领导、人大代表、政协委员和知名律师，以及心理卫生专家等专业人士担任行政争议特邀调解员，充分借助"社会贤达"力量，发挥他们中立、权威、专业优势，协助法院做好调解工作。温州两级法院第一轮已聘任特邀调解员40名，成功协助调解案件79起。接下来即将启动第二轮聘任工作，重点聘请一线征迁干部和信访干部担任特邀调解员，有针对性地解决征迁领域和涉申诉案件的化解。同时，温州中院联合温州市司法局和原市法制办出台《行政争议特邀调解员选聘及考评办法（试行）》，建立原告指定调解员机制，由原告自行选择特邀调解员，提高原告信任度。该办法还加强特邀调解员履职保障，规定特邀调解员所在单位不得因其参与调解而克扣工资福利；特邀调解员可比照人民陪审员参审补贴标准享受相应待遇，因参与调解发生差旅费用的，参照国家机关工作人员出差标准给予报销。

（三）深挖内部潜力，构建部门协作"一盘棋"

1. 完善立案先行调解机制

加强与立案庭协作，前移调解工作关口，立案后除依法向行政机关送达起诉状和原告证据材料外，一并通报案情，并提示被告和有关行政机关积极参与争议调解。这项机制对于化解涉重点工作和敏感案件矛盾纠纷尤其管用，如温州中院立案庭在收到王某诉国土资源部土地行政批复案起诉材料后，依托行政争议调解机制，及时通知苍南县政府做好调解工作，在立案审查阶段即一揽子有效化解相关争议，有力支持了党委政府中心工作，也减轻了行政庭的办案压力，获得了省市领导的批示肯定。

2. 建立行民交叉联合调解机制

针对不少行政争议实际因民事纠纷引起，行政诉讼实际是为维护民事权益的特点，温州法院行政部门积极加强与民事审判部门的配合，开展联合调解工作，做到既"消除病征"又"根治病灶"，防止治标不治本导致行政争议反复"发作"。例如，在姜某等四户诉瑞安市政府行政征收案及诉村委会民事合同案多起案件中，温州中院行政二庭及民一庭联合开展调解工作，直击村民与村委会民事纠纷这一症结核心，经过耐心细致的辨法析理，晓以利弊，说服当事人自愿将房屋交付拆除，成功实现"拔钉清障"，又促成村委会支付原告四户共计约5000万元款项，有力维护了其合法权益，获得了各方当事人的一致肯定。

三　面临困难

《行政诉讼法》施行20余年来，尤其是在最高人民法院《关于为构建社会主义和谐社会提供司法保障的若干意见》等一系列司法政策性文件公布以后，行政诉讼中的调解在化解行政争议、维护社会稳定、构建和谐社会方面发挥了不可忽视的作用，但行政诉讼调解制度尚不健全，在适用范围、程序规范、效力保障等方面存在制度性缺失，突出表现在以下方面。

（一）调解适用范围过于狭窄

修改前的《行政诉讼法》在明确行政诉讼不适用调解的基础上仅作了一个例外规定，即赔偿诉讼可以适用调解。在新《行政诉讼法》修改过程中，基于行政诉讼的"客观诉讼"定位以及对个别行政机关"花钱买平安"、一些法院片面追求撤诉率的考虑[①]，新法对调解的适用仍然比较慎重，坚持了不适用调解的规则，仅规定"行政赔偿、补偿以及行政机关行使法律、法规规定的自由裁量权"这三类案件可以调解。该适用范围的规定显然过于狭窄，给构建协调型行政诉讼造成一定的法律障碍。

（二）调解程序规范缺失

虽然行政诉讼在没有法律法规规定的情况下可参照适用民事诉讼法的相关规定，但与平等主体间的民事诉讼相比，行政诉讼有其自身的特殊性，行政诉讼中的调解亦不能完全参照民事诉讼的调解制度。《行政诉讼法》中调解程序规范的缺失，虽然在一定程度上给予了法院更大的自由空间，具有较强灵活性，但缺乏统一、规范性的程序引导和约束，极易导致调解手段被法院、行政机关乃至相对人滥用，出现无原则调解、非自愿调解或调而不判等现象，不利于保护当事人合法权益、维护行政关系稳定性，也难保障行政诉讼调解作为一项制度在实践中得到有效运行，实现原有制度及立法目的。

（三）调解过程缺乏合法性审查

实践中，部分法院为片面追求调撤率或社会效果，忽视了行政行为本身

---

① 江必新、梁凤云：《行政诉讼法理论与实务》，法律出版社，2016，第1185页。

的合法性，在未对行政行为的基础事实、是非曲直作出判断的情况下便进行调解，一定程度上弱化了行政审判的监督职能，助长行政机关违法行政。另外，在行政法律关系中，行政机关处于明显优势地位，为避免败诉，可能存在误导、胁迫相对人调解，或滥用裁量权，违反法律法规规定与相对人达成调解协议，损害国家利益、社会公共利益或他人合法权益的情况。虽然最高人民法院在《关于行政诉讼撤诉若干问题的规定》中明确规定法院应对撤诉的自愿性、合法性等内容进行审查，但多数情况下，原告在撤诉申请书中对撤诉原因表述得较为隐晦，审判人员也很少对撤诉申请进行进一步审查，而且几乎没有不同意原告撤诉的案例。可见，该合法性审查的制度实际已被虚置。

（四）调解协议缺乏效力保障与救济途径

在当前审判实践中，为规避《行政诉讼法》不适用调解的规定，除前述行政赔偿、补偿及涉行政机关自由裁量权三类案件外，法院在调解过程中一般不制作笔录，也不参与调解协议签订，当事人之间签订调解协议的，也不附卷保存。该种处理方式有两方面风险：首先，在原告撤诉的案件中，法院对当事人之间达成的调解协议是否自愿，是否存在违反法律法规的强制性规定，有无侵害国家利益、社会公共利益或他人的合法权益的情形等均可以不予审查，这与行政诉讼对行政行为的合法性审查要求相悖，也不利于保护社会公共利益以及他人合法权益；其次，最高人民法院《关于建立健全诉讼与非诉讼相衔接的矛盾纠纷解决机制的若干意见》等相关司法解释已明确，案外调解协议仅具有一般民事合同效力，没有强制执行力，一旦法院准予撤诉而义务人不履行协议时，相对人很可能会丧失再行起诉的权利，这无疑削弱了对相对人的救济力度，反而会激化矛盾。

（五）调解力量不足、积极主动性不够

行政诉讼成因复杂，双方矛盾往往较深，调解难度相对较高、周期较长。在"案多人少"压力之下，法官需要关注案件审理期限和结案数量考

核，没有过多时间做调解工作。同时，囿于法律规定上的限制、程序规范的缺失及传统行政诉讼理论影响，部分审判人员对行政诉讼调解的重要性认识不足，参与调解的主动性不够，在调解过程中往往是让相对人和行政机关自行协商。另外，部分行政机关工作人员对调解的重要性缺乏认知，认为原告既已起诉，就是法院和单位的事，自己作为工作人员"多说反而多错"；少数领导干部"官本位"思想较重，不积极、不主动配合法院调解；行政机关出庭人员因害怕担责，出庭不出声，不敢拍板决定，宁可"等着法院下判"，也不愿"主动乘势调解"。以上种种原因，都会造成个案调解工作错失最佳时机，将争议推向"对抗式""拉锯式"诉讼的死胡同。

四 协调型行政诉讼模式的路径展望

尽管修改后的《行政诉讼法》对行政诉讼调解适用范围进行了一定程度的扩展，但仍未全面认可行政诉讼调解制度，更没有作出具体可操作的制度安排。为充分发挥行政诉讼调解功能，实质性化解行政争议，在现有《行政诉讼法》框架下，应从以下方面进一步构建、完善协调型行政诉讼模式。

（一）厘清行政诉讼调解适用范围

为更好地解决行政争议，维护社会和谐稳定，除行政赔偿、补偿以及涉行政机关自由裁量权三类案件外，对以下行政案件，可在查明事实、分清是非的基础上进行调解：①带有确认、责令许可、批准等行政职能性质的行政裁决类案件；②行政协议、行政指导、行政奖励等非强制性行政行为案件；③行政机关不履行法定职责类案件；④撤销行政行为或确认违法会给国家利益、社会公共利益、他人合法权益造成重大损害的案件；⑤行政行为实体处理合法但存在程序瑕疵的案件；⑥行政行为合法但存在合理性问题的案件；⑦涉群体性、政策敏感性或其他党政中心工作，判决结案效果不理想、不适宜判决结案的案件。对于事实不清、证据不足，超越职权、滥用职权等无效、违法行政行

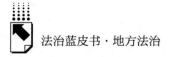

为案件以及行政法所规定的纯羁束性行政行为不适宜调解，但也不影响法院教育、说服相对人撤回起诉或促成行政机关改正行政行为。

（二）规范行政诉讼调解程序

"徒法不足以自行"，一个制度要发挥其应有的作用，需要有科学、严密的程序规范予以保障。一是调解的启动。当事人可以在行政诉讼一审、二审或审判监督程序的立案阶段至法院作出裁判前，以书面形式或者口头形式提出申请，法院在审理过程中认为符合调解条件并有调解可能的，可在征得各方当事人同意的情况下启动调解程序。二是调解的进行。调解的过程除涉及国家秘密、个人隐私等内容外，应当公开进行。调解的经过、结果应客观、完整地记入调解笔录，并由调解人员及各方当事人签字或盖章。同时，还应严格限定调解的次数与时限，防止调而不判。三是调解的终结。各方当事人经协商达成调解协议的，由法院对协议内容进行审查和确认，对属于行政赔偿、补偿及涉行政机关自由裁量权三类案件的，应制作调解书调解结案。对该三类案件外的其他案件，也应制作调解笔录，由法院对调解协议内容进行合法性审查，以原告撤诉方式结案；调解未成的，如当事人明确表示拒绝调解、无正当理由拒不到庭参加调解、经多次调解仍无法达成调解协议或发现当事人滥用调解程序故意拖延履行行政决定的，应当直接或再次转入审判程序，及时作出裁判。

（三）完善行政诉讼调解的审查监督与瑕疵救济

行政诉讼调解具有明显的制度优越性，但亦有被滥用的风险。为确保调解协议的合法性，保障国家利益、社会公共利益及他人合法权益，有必要加强行政诉讼调解的审查监督和瑕疵救济。一是加强对行政行为合法性的审查。行政诉讼中的调解作为一项行政诉讼制度，法院在追求案结事了的同时，不能忽略行政审判监督行政机关依法行政的功能定位，只有行政行为本身的合法性没有问题，才有对合法性以外的事项进行调解的余地[①]。二是加

---

① 江必新、梁凤云：《行政诉讼法理论与实务》，法律出版社，2016，第1189页。

强对调解协议内容合法性的审查。具体包括：调解参与人是否适格，协议内容是否违背当事人真实意思表示，是否超越当事人处分权限，有无违反法律法规强制性或禁止性规定，有无损害国家利益、社会公共利益或他人合法权益等。三是加强对调解协议履行的监督。尤其是在撤诉结案的案件中，法院在准予撤诉前应对调解协议履行情况进行审查，有履行内容且已履行完毕的，人民法院可以裁定准许撤诉；未履行但可即时履行的，应在送达撤诉裁定前要求义务人履行；不能即时或者一次性履行，但可在短期内履行的，可视审限中止诉讼程序，待履行完毕后再送达撤诉裁定，当事人拒绝履行的，恢复诉讼程序及时裁判；无法在短期内履行、约定履行期限较长或约定分期履行的，应加强对义务人协议履行情况的跟踪监督，防止因义务人毁约或者失信而引发更多争议，导致循环诉讼。四是完善调解协议的瑕疵救济机制。对调解协议存在瑕疵，如存在协议无效或可撤销情形的，赋予相对人、行政机关或第三人通过申请再审、请求人民检察院监督等救济途径。

（四）完善行政争议多元化解机制

在矛盾纠纷多元化解的大趋势下，应把调解作为化解行政争议的重要甚至是主要方式，把诉讼作为解决争议的最后一个选择。一是理顺行政争议多元化解机制之间的关系。加强行政调解、司法调解在工作程序、工作方法和效力确认等方面的对接、配合，充分发挥行政机关自纠、行政复议、行政诉讼程序的功能作用，最大限度地为人民群众提供高效、便捷的纠纷解决途径，将矛盾纠纷化解在基层和初始阶段，确保社会和谐稳定。二是贯彻"调判结合"理念。要充分发挥行政诉讼调解沟通平台的作用，积极引导相对人依法维权、合理维权。将符合调解条件的相关行政争议案件纳入"诉调对接"工作格局，以诉前调解为重心，诉中调解为重点，诉后调解为补充，将调解贯穿于行政案件立案、审判和执行的全过程，同时平衡调解和判决的关系，坚持有限适度调解，对没有调解可能以及不适宜调解的案件，尽快依法裁判。三是建立"特邀调解员"制度。在调解过程中，除发挥审判人员的自身作用外，还应建立完善"特邀调解员"队伍，充分发挥人大代表、政协委员、律师、人民调解员、媒体记者、行业协会人员等参与纠纷解决的作用，支持心理咨询师、社会志愿者等为群众提供心理疏导、评估、鉴定、调解等服务，提高调解成功率。四是建立行政诉讼法律援助机制，将行政诉讼案件纳入法律援助范围，同时注重发挥好政府法律顾问作用，进一步推动本地律师参与行政争议协调化解和诉讼活动代理工作，为共同推进依法行政营造良好的法治环境，助力行政争议实质性化解。

（五）构建决策授权与责任豁免机制

建议由纪委、监委、政府法制部门等共同研究构建"合法自愿，坚守底线，敢于调解，善于调解"的工作机制，争取在个案调解中把握最佳时机。一是建立行政诉讼调解决策机制。行政诉讼调解涉及公权力行使，不同于民事权利的自由处分，应诉机关应建立相应的调解决策机制，预先制订调解方案。二是规范行政诉讼调解授权制度。应诉机关对调解参与人员的调解授权内容应具体明确，并向法院出具授权委托书，为体现行政机关领导班子集体负责和审慎审查的原则，还可将"经应诉机关审查确认"约定为调解协议生效条件。三是建立责任豁免机制。行政诉讼调解要坚持"以事实为依据、以法律为准绳"原则，行政机关及其工作人员依法进行调解工作受法律保护，非因滥用职权、收受贿赂、徇私等故意行为或重大过失导致调解结果违法或明显不当的，应认定为业务过失，原则上不追究行政机关参与调解人员的法律和纪律责任。

（六）加强与行政机关的良性互动

预防和化解行政争议是一项长期而艰巨的任务，既需要司法与行政各尽所能，发挥优势，也需要双方延伸职能，协同配合。一是构建行政争议调解沟通机制。积极整合行政资源，争取和依靠当地党委、政府的支持，推进行政争议调解委员会、行政争议调解中心、府院联席会议等调解沟通机制建设，形成符合行政审判规律，具有本土特色的行政诉讼"大调解"机制。二是建立矛盾争议共同应对机制。在重大案件处理过程中，加强与政府部门和行政机关的沟通交流，及时向党委、政府汇报工作情况，既要明确是非，又要立足和谐稳定，积极寻求协调化解矛盾。三是建立行政争议预防机制。拓展人民法院行政审判功能，通过司法建议、"白皮书"、培训讲座等形式对行政机关行政管理过程中存在的问题进行梳理分析，督促改进工作，从源头上预防和减少行政争议的发生。

结　语

中国特色社会主义已进入新时代，同时也正处于经济发展新常态和社会转型期，各种社会矛盾日益凸显，各类行政争议大量涌现，行政诉讼调解既有利于实质性化解行政争议，也能满足人民群众日益增长的多元化纠纷解决需求，探索构建协调型行政诉讼模式，不仅会影响中国行政诉讼制度的未来变革，也必将是行政诉讼发展和完善的必由之路。

司 法 制 度

Judicial System

B.7
山西晋城两级法院诉前鉴定的
实践与展望

*山西晋城中院诉前鉴定研究课题组**

摘　要： 诉前鉴定与诉前调解工作配套使用，成为人民法院多元化
解矛盾纠纷的重要措施。诉前鉴定具有多项优点：节约诉
讼资源，降低诉讼难度，优化法院资源配置，优化诉讼结
构。本报告以晋城市法院的探索实践为样本，从诉前鉴定
的含义入手，对其特点、优势进行分析，对现在诉前鉴定
的模式进行考察和评价，对诉前鉴定的常规流程进行总结
梳理，分析其成效、不足及改进措施，并对诉前鉴定工
作未来分析发展进行展望，建议从立法层面、水平提升、

---

* 课题组主持人：于昌明，晋城市中级人民法院院长，党组书记。课题组成员：赵玮、郑金坤。
执笔人：郑金坤，行政庭副庭长。

监督考评、功能应用等方面加以完善。

关键词： 诉前鉴定　常规流程　晋城实践

多年来，法院案件数量持续高速增长，案多人少的矛盾十分突出，如何多元、快速、经济化解矛盾纠纷，成为上至党中央、下至基层法院探索实践的重要课题。2015 年 10 月 13 日，十八届中央全面深化改革领导小组第十七次会议审议通过了《关于完善矛盾纠纷多元化解机制的意见》，矛盾纠纷多元化解机制，从法院系统的多元化纠纷解决机制的制度体系，上升为国家治理体系和治理能力现代化的战略行动①。诉前鉴定作为多元化解矛盾纠纷措施的有益尝试，具有总结和研究的价值和必要性。晋城市法院在诉前鉴定方面进行了尝试，取得了一定效果。本报告从诉前鉴定的含义入手，针对其特点和优势，对现在诉前鉴定的模式进行考察和评价，对诉前鉴定的常规流程进行总结梳理，特别是以晋城市法院的探索实践为样本进行分析，分析论证其经验、不足及改进措施，最后对诉前鉴定工作未来的发展进行展望。

一　诉前鉴定的含义、特点及优势

诉前鉴定并非新鲜事物，在 2008 年就有法院试点，到 2016 年已有数十家法院参与探索，积累起一些实践经验，也有一小部分研究成果。本报告先对诉前鉴定进行界定。

结合学者们的研究和司法实践，本报告将诉前鉴定定义为：在法院正式立案诉讼之前，经当事人申请或同意，由法院主持和委托，由鉴定机构对当事人争议的专业性问题进行鉴定并出具鉴定意见以帮助纠纷解

① 王俏：《诉调对接方便快捷》，《人民法院报》2018 年 3 月 14 日，第 6 版。

决的活动。

其特点可归纳如下。其一,诉前鉴定须发生在法院正式立诉讼案之前。这是与诉中鉴定最重要的区别,也是诉前制定制度优势的来源。需要说明的是,诉前鉴定虽发生在诉讼案立案之前,但通常法院也会立一个鉴定案,即诉前鉴定也是一个非诉案件。其二,诉前鉴定须由人民法院协调委托。这是诉前鉴定与自行鉴定的区别。人民法院通常会参照诉中鉴定的委托程序,保障鉴定的公正性、有效性。其三,诉前鉴定须由当事人申请或同意,人民法院释明指导发起。对于个案而言,诉前鉴定的必要性或重要性,通常被发现在诉前调解阶段,调解人员会向当事人释明诉前鉴定的优势并鼓励当事人申请。法院不能在诉前违背当事人意愿依职权发起诉前鉴定。其四,诉前鉴定的目的在于经济高效解决争议。因此,诉前鉴定一般与诉前调解进行衔接和配套使用,其目的在于减少当事人的诉讼成本和减少法院的司法资源消耗,多元化解矛盾纠纷。其五,诉前鉴定具有非诉性质,是当事人基于意思自治和合意对自身程序及实体权利的处分,不具有强制力,所形成鉴定意见虽因法院的委托和程序保障,证明力强于自行鉴定,但也仅是证据的一种。其六,诉前鉴定具有准司法性质。诉前鉴定虽非诉讼案,却也属于法院的活动,在法院的主导下,依照法院的规定和程序完成,其鉴定结果有法院的背书,一旦进入正常诉讼程序,其效力与普通的诉中鉴定并无区别。

其制度优势可归纳如下。①诉前鉴定的最大优势就是节省诉讼资源。其一,能够显著提升当事人对纠纷走向的预见性。这里的预见性包括对纠纷解决结果的预见性,鉴定意见对申请方不利时,其可能就不再提起诉讼了,还包括对诉讼标的额判断的准确性,避免错误要价,多交诉讼费。其二,能够显著提升法院诉前调结结案的成功率。尤其是鉴定事项对争议焦点具有重要影响时,诉前鉴定意见使诉讼结果的可预见性大为增加,无疑为法院进行调解增加了说服当事人的砝码。其三,一旦诉前调解成功,不仅当事人节约时间、精力和诉讼费用,而且法院也大大节约了诉讼资源。其四,诉前鉴定使当事人自行鉴定没有必要,既避免了资源浪费,又避免了法院的采信难题。

②降低诉讼难度和缩短诉讼期限。即便诉前鉴定不能实现当事人"撤诉"或调解结案，诉前案件进入正式诉讼程序后，法官审理的难度和审理期限也会大为改善。因为鉴定带来结果和期限上的不确定性，常使法官"焦虑"，产生畏难情绪。鉴定于诉前完成，法官可以专心对事实和法律进行调查和适用。③诉前鉴定制度优化了法院审判资源的配置。鉴定本质上是一种证据准备活动，因为鉴定涉及门类十分广泛，在鉴定材料的准备、鉴定样本的选择与鉴定机构的沟通等方面，法官并不擅长，因此鉴定于法官而言充满了不确定性。诉前鉴定制度如果能将全院（或大部分）鉴定工作集中起来，由诉前调解部门集中擅长鉴定的专门人才去和法院技术部门、鉴定机构进行沟通，不仅可以大大节省法官的精力，也可以提高鉴定的效率和质量，是法院分工的优化。④诉前鉴定实质上是法院利用"诉讼优惠"杠杆优化诉讼结构的双赢之举。传统上鉴定属于标准的诉讼活动，只有当事人依照标的额缴纳诉讼费才会进行，诉前鉴定使当事人在缴费前免费（当然不包括鉴定费）享受了一部分诉讼服务，提前消化了一部分案情较为简单、对鉴定依赖性较强的案情，从而节省了法院与当事人多方的资源，是一种事半功倍的举措。

二 诉前鉴定的模式及常规流程

1. 诉前鉴定模式之评价

根据法院在诉前鉴定中所起作用的不同，诉前鉴定存在三种模式①。第一种是法院主导型（或称之为法院委托型）。由法院主导的诉前鉴定对外委托主体是该争议的管辖法院，诉前鉴定程序的启动基于当事人协商一致，鉴定结果也是由鉴定机构提交给法院，诉前鉴定活动仍受法院指示进行。因此，通常鉴定结果在此后的诉讼中能作为证据使用，效力同诉讼中的鉴定意

---

① 参见王继荣、李益松《诉前鉴定的司法实验及其制度化思考》，《人民司法·应用》2009 年第 23 期。

见相当，鉴定费用的负担与诉中鉴定相同：由败诉方负担，如果在立案前经法院调解双方和解的，则费用负担根据协议由双方协商确定。第二种是法院引导型（也叫法院中介型）。对外委托鉴定主体主要是纠纷当事人，通常是原告一方，诉前鉴定本质上即是一种单方自行鉴定，费用由鉴定方自己承担，鉴定结果自然也由鉴定机构直接递交给委托的当事人，法院的主要职责是在立案审查过程中就可能需要鉴定的事项，提醒当事人并建议其先行鉴定，为自行委托鉴定提供帮助和指导，鉴定结果通常也能在本案诉讼中作为证据使用。法院通常不代替当事人对外委托鉴定，而主要是引导当事人自行鉴定，为当事人自行鉴定提供便利：提供符合规定的鉴定人名册，告知对外委托的鉴定流程，提示鉴定所需检材，只有在某些鉴定机构不接受当事人单方委托时，法院才提供帮助协调。第三种是法院推动型（也称法院咨询型）。该类诉前鉴定，实质上不是真正意义上的鉴定，而是在立案前，由鉴定机构根据自己的专业知识，就当事人争议的事实，出具咨询意见书，让当事人对案件事实有个大致认识，为诉前调解工作打下基础，在此后的案件诉讼中，咨询意见不作为证据使用。本报告认为，以上三种模式，只有第一种模式可称之为真正意义上的诉前鉴定，也即本报告讨论的诉前鉴定。因为诉前鉴定的精髓在于减少鉴定的重复，提升鉴定的质量，提升鉴定意见的公信力和可采信性，从而提升当事人的预期，增加调解和解的成功率。后两种模式因无助于提升鉴定的质量和鉴定意见的公信力，而且从表面来看，法院只是服务一方，还容易损害法院的形象公正，并无太大价值，本报告不将其作为讨论对象，且排除出诉前鉴定的范畴。

2. 诉前鉴定的常规流程

根据多家法院的实践，诉前鉴定通常通过以下流程推进：当事人起诉——诉前调解，法院释明鼓励——与双方当事人达成诉前鉴定意向——提取鉴定材料或样本，双方质证——法院委托——鉴定机构鉴定并出具鉴定意见——法院诉前调解机构根据鉴定意见进行调解——调解成功结案，不成功进入诉讼程序——鉴定意见作为证据，由法院审查并组织质证。整理以上程序，大概可以分为以下关键几步。

一是诉前鉴定案件的立案。诉前鉴定一般与诉前调解配套使用。当事人提起诉讼后，由负责诉前调解的部门进行调解，同时了解案件情况，对需要鉴定的案件进行遴选。对于不鉴定难以和解，鉴定于争议解决具有必要性的案件，向当事人释明诉前鉴定制度的优势，并鼓励当事人提起诉前鉴定申请。诉前调解部门一般为立案庭、诉讼服务中心或法院专门设立的诉前调解机构。开展诉前鉴定，应征得纠纷各方当事人的书面同意，并就诉前鉴定费用问题达成协议，达不成协议，由申请人先垫付，之后就鉴定费用进行调解或判决由败诉方承担。

二是由法院委托开展鉴定。具体由法院司法技术部门依照普通诉中鉴定的程序，就鉴定机构的选择与当事人进行协商，能够共同决定的共同决定，不能共同决定的，由法院进行随机选定，法院应确保中立性。另一个需要注意的问题是，鉴定材料或鉴定样本一定要经过纠纷各方"质证"，这些是鉴定的基石，其真实性、合法性和关联性不能保证，鉴定意见也无合法性基础，自然不能采信。鉴定机构也应当保持中立性，不能私下单方会见纠纷当事人，需要沟通或补充材料时，应由法院作为中间人进行沟通。

3. 鉴定意见的充分运用

鉴定意见一经作出，鉴定机构应当送人民法院。鉴定意见往往能够反映纠纷解决的走向，人民法院利用诉前鉴定的鉴定意见，对当事人进行调解。对于未达成和解的案件，人民法院应当及时立案，并将诉前鉴定意见作为证据附卷移交，法官将鉴定意见作为证据，进行审查并组织质证。

三　诉前鉴定的晋城法院实践

2017 年 5 月 23 日晋城市中级人民法院发文《关于印发〈晋城市中级人民法院关于开展诉前司法鉴定的指导意见（试行）〉的通知》，以中院抓总，在各基层法院实施，在城区和阳城法院先行先试，之后逐步在全市推广。

1. 诉前鉴定的出发点和落脚点为多元化解纠纷

该制度第一条明确载明实行诉前鉴定制度的宗旨和配套要求。一是深化多元化解纠纷解决机制建设，促进诉前调解工作的顺利开展，增加消化案件的渠道。二是方便当事人在诉前进一步明确诉求。其实就是通过鉴定使当事人对诉讼有明确的预期，提出的诉讼请求更准确。三是要求诉前鉴定制度要与诉前调解制度配套使用，晋城市法院诉前调解部门一般设在立案庭，如中院为诉调对接工作室。

2. 诉前鉴定事项的确定及启动

其一，启动的首要原则是自愿原则，不仅是申请人的自愿，还包括各方当事人均同意。其二，启动的时间是在诉前调解预立案登记之后。其三，是否启动诉前鉴定，需要调解人员对争议进行遴选和评估，适用诉前鉴定案件的类别：主要针对交通事故人身损害赔偿、工伤事故人身损害赔偿、其他需要且适宜诉前鉴定的事项。其四，针对适合的案件，由调解人员对当事人进行释明。

3. 诉前鉴定的申请及通知

申请程序：一旦达成诉前鉴定的合议，就由申请人提交申请书，内容包括申请人、被申请人的基本情况，申请鉴定的事项、事实和理由，而且应尽量列明与案件有利害关系的当事人。通知及征求意见程序：法院收到申请书后，即时向申请人送达诉前鉴定风险告知书，并及时向被申请人送达诉前鉴定通知书、诉前鉴定风险告知书。被申请人收到鉴定通知书后，应当按照通知书的要求，于三日内告知人民法院是否同意诉前鉴定，逾期未告知的，视为不同意。申请人及被申请人均同意的，签署书面意见。

4. 鉴定材料提取、质证、移交

鉴定材料一般由申请人提供，由法院组织申请人与被申请人对鉴定材料和鉴定样本进行质证，明确鉴定事项和要求。诉前调解部门将鉴定材料、案卷鉴定事项及要求一并移送法院司法技术部门，由法院司法技术部门进行委托。

5. 鉴定机构的选择及鉴定程序

法院司法技术部门收到鉴定材料后，应对鉴定的申请及相关材料进行审查，不完善的由诉前调解部门与当事人沟通进行完善。法院司法技术部门严格依照《山西省高级人民法院对外委托鉴定、评估、拍卖工作管理规定》《晋城市法院系统对外委托司法鉴定管理细则》的规定进行，鉴定机构的选定采用当事人合意为主、法院随机选定为辅。法院还给鉴定机构规定了时间，要求其在 30 日内完成鉴定。

6. 诉前鉴定的管理

鉴定意见由法院司法技术部门交诉前调解部门，用于调解及时快速化解纠纷。因故鉴定工作终结的，应及时与诉前调解部门进行沟通。诉前鉴定工作建立台账，做好流程登记，并纳入审判管理绩效考核范畴，建立科学的管理和考评体系。

四 晋城市法院诉前鉴定的实践效果及完善

（一）晋城市法院诉前鉴定工作实践效果

晋城市法院诉前鉴定实施两年多，2017 年为开局之年，共受理 11 件。2018 年受理诉前鉴定 146 件，占总鉴定数的 27.9%。2019 年上半年受理 136 件，已经接近上年度的总数，占总案件数量的 47.9%，诉前鉴定与诉中鉴定已经接近持平。2018 年是实行诉前鉴定的完整自然年度，以下对其进行详细分析。城区法院 49 件，诉前调解 0 件，进入诉中后，调解结案 8 件，撤案 0 件，结 37 件，未结 2 件，审限最短 23 天，最长 90 天，一般一个月左右结案。阳城法院 60 件，诉前调解 0 件，进入诉中调解 1 件，撤案 2 件，审结 57 件，审限最短 23 天，最长 90 天，多数 1 个月左右结案。泽州法院 10 件，诉前撤案 1 件，医疗未终结中止 2 件，进入诉中结案 7 件，审限最短 21 天，最长 63 天，一般 30 天左右结案。沁水法院 26 件，诉前调解 0 件，全部进入诉中结案，审限最短 25 天，最长 90 天，一般 30 天左右结案。陵川法院 1 件，诉前撤案 1 件（见表 1）。

表1　2018年诉前鉴定处理情况

法院	诉前(件)			进入诉讼(件)								备注
	受理	诉前撤案	诉前调解	案数	诉中撤诉	诉中调解	审结	未结案件	最短审理(天)	最长审理(天)	平均审理(天)	
城区法院	49	0	0	49	0	8	37	2	23	90		
阳城法院	60	0	0	60	2	1	57	0	23	90	30	
泽州法院	10	1	0	7	0	0	7	0	21	63		诉前中止2
沁水法院	26	0	0	26	0	0	26	0	25	90		
陵川法院	1	1	0	0	0	0	0	0	0	0		
高平法院	0	0	0	0	0	0	0	0	0	0		
合计	146	2	0	142	2	9	127	2				

通过分析以上数据，总结出晋城实践的以下特点。其一，鉴定案件数量呈上升趋势，2018年诉前鉴定占比27.9%，到2019年上半年，接近一半，说明该举措受到当事人的欢迎。其二，诉前鉴定案的调撤效果并不如预期那么明显，2018年146件诉前鉴定，在诉前和诉中仅调撤共13件，其调撤率低于普通案件平均调撤率，这可能与需要鉴定案件均属于有一定复杂度的案件有关。其三，诉前鉴定案对审限的缩短作用明显，平均审理期限仅30天，比晋城全市法院普通民事案件平均审理期限47天，缩短17天。

（二）晋城实践中存在的问题

突出表现为以下方面。①诉前鉴定案件的类别过少。根据晋城中院的规定，诉前鉴定案件适用案件类别，列举了交通事故人身损害赔偿、工伤事故人身损害赔偿，虽然有兜底条款，但容易为其他法官所忽略。②诉前鉴定要求当事人各方均书面同意，过于严格。被申请人因未参与案件或参与太浅，对诉前鉴定又过于生疏，法院未及对其释明及说服，其可能就拒绝了，书面同意的概率会较低。③鉴定材料的提取缺少规范，不够严格。未对鉴定材料的提取进行严格规定，显然低估了鉴定材料的合法、真实及关联性对鉴定意见合法准确的重要性。④诉前鉴定的程序过于烦琐。有时鉴定程序是比较复杂的，需要鉴定机构与鉴定对象多次联络，这样鉴定机构、法院司法技术部门、法院诉前调解部门、当事人、鉴定对象之间要多次往返互动，信息传递难度过大，极易造成沟通不畅，也容易使当事人和法官产生新的诉累。⑤未对诉前鉴定收费作出优化规定，这样申请人承担的概率就会非常高，即便在诉前能够达成和解，对于已经掏出鉴定费的申请方，也同样处于不利地位。而许多需要诉前鉴定的案件，如交通事故受害方、工伤事故受害方往往是比较困难的一方，存在难以承担鉴定费的情形，对此，也未规定救济的渠道。

（三）对相关问题完善的思考

其一，拓宽诉前鉴定的案件类别。除已经规定的两类案件外，对医疗损害赔偿纠纷、财产保险合同纠纷等涉及确定财产价值的案件，均应列明予以鼓励。此外，诉前鉴定也可以向行政诉讼拓展，对于涉及行政机关行使自由裁量权的案件，人民法院是可以调解的，因此对征收拆迁类行政补偿案件、国家赔偿类案件都是可以尝试的。对不适宜进行诉前鉴定的案件，也应当进行指导，予以明确，一些特别复杂的案件，如建设工程施工合同纠纷案件，因如何开展鉴定本身可能就是一个非常复杂的问题，需要审理后才能进行合理的鉴定，其鉴定成本又通常比较高，诉前鉴定很有可能会因为鉴定不当而造成浪费。其二，降低诉前鉴定的启动难度。法院在征求被申请人意见时，采用默认拒绝的推定，可以改为有条件默认同意的推定。从根本上讲，诉前鉴定对被申请人也并没有坏处，诉前鉴定的优势同样也会惠及被申请人。诉中鉴定也不以对方当事人同意为前提条件。其三，完善鉴定材料的提取方式。鉴定开始时，鉴定机构应当就如何提取鉴定材料和样本进行指导，在提取鉴定材料时，应当有对方当事人及法院工作人员的见证或录像为证，尽管有质证环节，提取环节却也不能为法院忽视。其四，简化诉前鉴定的环节，畅通鉴定工作的沟通渠道。提高法院内部信息的流通效率，尝试鉴定当事人直接与法院司法技术部门沟通。其五，优化鉴定费用的缴付。对鉴定费用的负担，可以采用协议的方式灵活处理，在当事人提供担保的情况下，也可以进行缓交，对特别困难的申请人，可以允许其申请免交。

五 诉前鉴定工作未来展望

诉前鉴定工作处于探索阶段，其研究相对薄弱，经验也不算丰富，但是其优点显而易见，具有研究、发展完善的价值和意义。未来，可以从这些方面对诉前鉴定工作进行强化。

一是从立法面层予以明确。诉前鉴定尚属于法院的自行尝试，缺乏立法的明确授权，缺乏统一的操作规范和流程，缺乏考核和评价的标准，鉴定中的申请格式、风险告知、同意书样式也各不相同，不利于该项工作的开展，也损害了诉前鉴定工作的公信力。

二是提升鉴定工作的总体工作水平。诉前鉴定只是当事人和法院在诉讼程序的排列组合上进行了优化，其受制于鉴定的总体水平。鉴定工作中广受诟病的鉴定程序不透明，鉴定机构资质、水平、能力受质疑，鉴定机构监管不规范等现象，同样影响着诉前鉴定工作。因此，人民法院、司法行政部门应在这些方面努力，提高鉴定整体水平。

三是加强对诉前鉴定工作的监督考评。诉前鉴定工作属于法院的探索性工作，比较灵活，案件量也不是很多，不似常规诉讼程序监督那么完善，极易成为监管的死角。对此，法院要对诉前鉴定工作潜在的各种风险引起重视，防止出现监管缺位的情况。建立对诉前鉴定工作的考评激励机制。应当将诉前鉴定案件作为案件常规化办理。对办案期限、结案率、调解率、瑕错率等定期监督考核，根据优劣先后进行奖惩。

四是加强对诉前鉴定意见的使用。法院应当充分使用诉前鉴定意见，在不违背当事人意愿情况下，对案件进行调解。建立鉴定人出席调解制度，在调解过程中，法院可以根据需要，针对当事人对鉴定意见的争议，由鉴定人出席并进行解释，以更清楚地查明事实，促进案结事了。

B.8

福建省漳州市民间借贷
司法实务问题与对策

洪碧蓉　黄佳　康少敏　朱俊平*

摘　要： 民间借贷是正规金融有益和必要的补充，但由于长期脱离监
管体制，其不规范性存在潜在的风险。2014 年以来，漳州地区
两级法院民间借贷案件数凸显波动，在高额收益的刺激下，P2P
网贷平台、职业放贷人及相应利益集团逐渐兴起，对地方经济发
展影响越来越大。本报告通过深度剖析漳州地区民间借贷案件特
点、问题及成因，从解决纠纷内外相结合的角度，提出法律规制
的相关建议，建立健全相关配套制度及措施。

关键词： 民间借贷纠纷　审判实务　法律规制

近年来，民间借贷案件激增，它是一把"双刃剑"，对经济发展和金融
体制改革起到了促进作用，但也成为潜在的"雷区"。为加强审判机制创
新，防范化解金融风险，优化金融生态环境，本报告以 2014 年至 2018 年五
年来福建省漳州市两级法院受理的民间借贷案件为分析样本，深度剖析漳州
地区民间借贷案件特点、问题及成因，并从法律建议及外部保障视角提出规
范民间借贷行为、维护金融秩序的相应对策和建议，以期充分发挥人民法院
在金融风险防范中的预警作用。

---

* 洪碧蓉，漳州市中级人民法院民三庭审判员；黄佳，漳州市中级人民法院民三庭法官助理；
康少敏，漳州市中级人民法院民二庭审判员；朱俊平，漳州市中级人民法院民三庭法官助理。

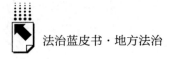

一 民间借贷案件现状及特点

近年来，随着经济下行压力加大，金融领域的矛盾日益凸显，漳州市两级法院受理民间借贷纠纷案件凸显波动，涉案标的额激增。2014～2018年，全市法院共受理一审民间借贷纠纷52190件（包括新收和旧存），审结51741件，受理二审民间借贷纠纷1812件，审结1804件①。其总体形势呈现如下特点。

1. 收案数呈现增幅加大后趋于平稳

2014年以来，全市两级法院新收一审民间借贷案件51960件，2015年收案数增幅最大，新收案件数为9975件，相比2014年增幅高达74.94%，2016年增幅21.68%，2016年至2018年新收案件数基本持平。

2. 标的总额呈抛物线式变化

根据标的额的变化，结合年新收案件数统筹分析，标的额在10万元以上的案件约占总案件数的25%～30%。近五年来，漳州地区民间借贷案件标的额呈抛物线式增长，最大变化出现在2015年与2016年，由2014年的标的总额15.95亿元增至2015年的19.46亿元，2016年激增至26.81亿元，于2016年至2018年略有下降，但案件标的总额均在23亿元以上。

3. 涉金融刑事案件激增

据统计，近五年来，一审涉金融刑事案件，案发地多发生在东山县、云霄县等漳州市辖区，东山县、云霄县受理非法吸收公众存款罪与集资诈骗罪共有20件，占比为44.44%。一审涉金融刑事案件由2016年的5件，突升至2017年的17件、2018年的14件，与民事案件收案数对比，两者的增幅存在一致性，非法吸收公众存款罪、集资诈骗罪的犯罪事实多数发生于2016年，爆发原因在于非法集资、非法吸收公众存款发生"倒会"。

---

① 数据来自福建法院审判信息系统，下同。

4. 民间借贷用途经营化

近五年来，民间借贷的借贷用途由生活消费型向经营融资型转变。审判实践中发现，之前的民间借贷案件中，当事人借贷多用于生活性消费，而近年来的案件当事人借贷多用于发展生产、商品经营等。所受理的民间借贷纠纷案件中，当事人之间因投资或合伙经营失败转化为民间借贷纠纷的情况越来越多，双方因未签订合伙协议或签订合同表述不清，致使案情复杂，案件定性成难点。

5. 职业放贷形势日趋严重

各县市区法院出现诉讼常客，即以营利为目的，经营借贷业务的职业放贷人。从2016年至2018年全市法院审结的37306件一审民间借贷案件中，作为原告近三年内涉诉20件以上或近一年内涉诉10件以上的当事人122名，结案标的额100万元以上的当事人46名。此类职业放贷人为规避法律常采用"阴阳合同"等隐蔽的形式，或"隐形高利"超出法定保护利率范围，以此谋取利益。职业放贷人逐渐形成一定规模性经营，利用中介机构、投资公司等作为平台拉拢客户，但以个人作为起诉的载体，存在多个关联性原告。

6. 担保行为简单化

一是担保方式不明，在约定第三人担保的案件中，存在担保人仅在空白处签名，未载明签名者需承担的具体权利义务。二是担保人身份难认定。借款合同中约定是个人借款，公司予以担保，但借款实际上是公司使用，或者是个人出具担保，但担保人一栏也有公司的盖章，出现担保人与借款人身份重叠的情况。

7. 夫妻共同债务审理依据发生变化

据不完全数据统计，漳州地区2014年至2017年民间借贷案件中，夫妻关系存续期间发生的债务多数被认定为夫妻共同债务，比例高达99%左右，认定为个人债务的仅为1%。2018年1月18日施行《最高人民法院关于审理涉及夫妻债务纠纷案件适用法律有关问题的解释》后，涉夫妻共同债务案件认定属夫妻一方个人债务的，比例为47.51%，较前四年出现了大幅度增长（见表1）。

表1 涉夫妻债务案件及认定情况

单位：件

项目 ＼ 年份	2014	2015	2016	2017	2018
以夫妻为共同被告案件数	244	311	695	507	421
支持为共同债务	243	308	685	504	221
支持为个人债务	1	3	10	3	200

8. P2P网络借贷案件呈涉众性

全市法院受理涉互联网金融案件数量出现了较大幅度增长，2016年受理一审P2P网贷案件129件，2018年飙升至587件。"互联网＋"的发展催生了大量新模式的借贷纠纷，P2P案件呈现涉众性。主要包括两种类型：第一，P2P网贷平台作为交易信息中介，促成双方订立借款合同，债权人依据其与债务人订立的借款合同直接起诉债务人，要求其归还借款；第二，通过P2P网贷平台引入第三方作为担保人，三方订立借款合同，在借款人无法还款时，由第三方代偿后追偿借款人。

二 民间借贷案件成因分析

如前所述，漳州地区民间借贷案件有其自身存在的特点，尤其在沿海地区，如东山县、云霄县等县区存在刑事类案激增，漳浦县、云霄县地区职业放贷严重等情况。这些现象的存在与现有经济形势、自有资金增长、网络科技兴起等息息相关，具体成因分析如下。

1. 金融借款门槛高，融资成本高

近年来，国家信贷政策经历了高速扩张向适度紧缩的迅速调整，银行信贷规模也随之大幅紧缩，贷款需要提供担保，但个人及中小企业大多缺乏可供抵押或质押的资产或保证人，银行出于自身利益和金融资产安全考虑，时常发生惜贷、压贷现象。部分获得贷款的个人或企业，也因信贷政策变化，贷款到期后银行不再批准续贷，而陷入资金困境。由于通过银行融资困难，而民间借贷手续简便、期限灵活，在急需资金周转的情况下，个人或中小企

业只能转向利率更高的民间资本市场寻求资金支持。但在过高的融资成本面前，个人及企业不堪重负，常出现资金链断裂的情况。

2. 民间闲散资本增多，投资渠道匮乏

随着经济社会发展及城镇化进程的推进，征地拆迁补偿、个体经营收入等使得民间拥有大量的闲散资金，以 Z 地区发布的职业放贷人名单分部情况来看，Z 县和 Y 县地区的职业放贷人共 26 个，占比高达 56.5%，主要原因在于这两个地区的征地拆迁补偿及个体经营收入积累了大量闲散资金。因目前的实体经济不景气，而同期银行存款利率远远低于 CPI 的上涨幅度，民间资金不愿进入储蓄市场，纷纷转向高利息、无税收的民间借贷市场，大量资本沉淀其中。

3. 法律意识淡薄，风险意识缺失

民间借贷多发生在熟人之间，或系经熟人介绍借款，较少设置担保，部分案件甚至仅有转账凭证而未出具借条，一旦发生诉讼，出借人举证较为困难。即使存在担保，但也存在担保方式、担保期限约定不明等问题，不利于保护出借人的合法权益。部分案件中出借人一味追求高利息，事先未了解借款人诚信情况及偿债能力，丧失对风险点的理性认识和把握，盲目将资金投入民间借贷市场，高风险经营。

4. 规避法律制度，公权力监管不到位

民间借贷市场出现以营利为目的，经营借贷业务的职业放贷人，他们采用"阴阳合同"、砍头息等手段突破法定保护年利率"24%"，但中国尚未立法对"职业放贷人"进行规制，也未对高利贷有明确的禁止性规定，仅仅依靠各地区自行发布职业放贷人名录予以限制其放贷行为。因高息诱惑，职业放贷人屡禁不绝，使用格式借条，出借人姓名空白，起诉时自行添加出借人姓名，形成放贷团伙。另外，非法借贷或被"套路贷"的当事人报案后，公安机关多以涉及民事纠纷为由不予立案，公权力的打击不到位。

5. P2P 模式借贷兴起，法律存在空白

随着互联网的普及，网络借贷 P2P 模式方兴未艾。P2P 平台通过互联网让借贷双方快速获取对方信息，具有无抵押担保、手续便捷、门槛低、期限

灵活等优势，为资金需求者提供了更加便捷的融资渠道。由于尚无明确的法律法规对 P2P 网络借贷进行指导和监管，P2P 借贷存在不少法律风险。P2P 网络借贷中出借人往往以收取服务费、咨询费等其他费用来规避"年利率 24%"的红线；而由于许多 P2P 平台运行不规范，披露信息不全面、征信体系不健全，逾期还款、拒不还款现象时有发生。

三　民间借贷案件审判实务中的难点

（一）当事人基础法律关系认定难

民间借贷案件中，真实的法律关系并不是借条等简单的债权凭证所能涵盖的，实践中常会遇到借条之外各种隐藏其后的疑难问题。《最高人民法院关于审理民间借贷案件适用法律若干问题的规定》（以下简称《民间借贷司法解释》）第 15 条规定①，原告依据借条等起诉，被告提供证据证明债权纠纷非民间借贷行为引起的，法院再依据查明的基础法律关系进行审理。在此涉及以下问题。

第一，被告举证的证明标准问题。该条的表述似乎可以理解为：被告就基础法律关系的抗辩，应举证推翻原告借贷主张，法院依被告举证认定基础法律关系。由此推论出被告举证证明标准为民法上的高度概然性原则。据不完全数据统计，自《民间借贷司法解释》颁布以来，漳州地区原告以民间借贷案由起诉，被告对基础法律关系提出抗辩的有 61 件，其中抗辩成立的有 14 件，抗辩成功率为 22.95%。从上述数据可以看出，在司法实践中，法院能够依据被告举证直接认定双方之间存在其他法律关系的案件占少部分。

第二，法官释明权的行使问题。由于基础法律关系是当事人请求权的依

---

① 《民间借贷司法解释》第 15 条规定："原告以借据、收据、欠条等债权凭证为依据提起民间借贷诉讼，被告依据基础法律关系提出抗辩或者反诉，并提供证据证明债权纠纷非民间借贷行为引起的，人民法院应当依据查明的案件事实，按照基础法律关系审理。当事人通过调解、和解或者清算达成的债权债务协议，不适用前款规定。"

据，与当事人的诉讼请求密不可分，而根据不告不理的原则，人民法院裁判的对象就是当事人的诉请，因此，当事人以民间借贷关系提起诉讼，但人民法院认定当事人之间并非民间借贷关系的，应向原告释明变更诉讼请求①。但对于如何进行释明法律并没有明确规定，实践中存在释明是否应具体明确、一审法官释明有误二审如何处理、法官释明后当事人坚持其诉求如何处理等问题。

第三，其他法律关系转化民间借贷的问题。《民间借贷司法解释》第15条对其他法律关系转化为民间借贷的问题虽有规定，但个案审理中常存在争议，主要有两种意见：一种意见认为，结算后以借条或欠条的形式确认的债权债务，即视为对之前法律关系的清结，按民间借贷纠纷定性，不必再审查之前的基础法律关系；另一种意见认为，有必要审查是否实质终结之前的基础法律关系，并进行清算。

第四，明为投资实为借贷的认定问题。虽在司法实践中已形成共识，对于明为投资但不参与经营管理、收取固定收益的情形认定为民间借贷，但仍存在疑难点：一种为合同虽约定投资人既不参与经营、管理，也不承担经营风险，期限届满后收回投资款及固定利润，但又有付出劳动，导致性质认定存在争议；一种为合同虽约定投资人既不参与经营、管理，不承担经营风险，每月收取固定回报，但又约定投资期限届满后不得收回投资所购物品的折旧费，同样导致认定困难。

（二）借贷合同效力认定难

在民间借贷案件中，涉及合同效力的认定问题情形复杂，主要包括刑民交叉案件以及《民间借贷司法解释》第14条列举的五种情形。而第14条列举的第4、5项类似于兜底条款，并未详尽包含生活中的各种情形，司法实践中仍遇到问题。

---

① 杜万华主编、最高人民法院民事审判第一庭编著《最高人民法院民间借贷司法解释理解与适用》，人民法院出版社，第285页。

　　一方面，刑民交叉案件的程序衔接难。由于民间借贷手续不规范、社会诚信体系不健全以及借贷利率节节攀升等问题，民间借贷的违约问题突出，而此类案件往往与非法吸收公众存款、集资诈骗、非法经营等案件交织在一起，即刑民交叉问题。而刑民交叉问题主要包括刑民程序的协调与实体责任的确定两个方面①。《民间借贷司法解释》第5条规定②采用了《最高人民法院关于在审理经济纠纷中涉及经济犯罪嫌疑若干问题的规定》的规定，但对具体操作规程没有明确。虽然《最高人民法院民间借贷司法解释理解与适用》（以下简称《理解与适用》）一书对此作了一些解释③，但仍无法解决诸多问题，如如何移送、如何裁定、遇到公安机关推诿如何处理等问题，还有需以刑事案件的审理结果为依据而中止却无限期拖延的问题。

　　另一方面，职业放贷人的认定难。在民间借贷盛行的背景下，相当部分民间借贷出于职业放贷人。这些职业放贷人不仅了解正规金融市场的规则，也了解地下金融市场的潜规则，一方面确实对中小微企业的融资提供了方便，但另一方面也存在推高利率、扰乱金融市场的行为，亟待规范④。对社会征求意见的《非存款类放贷组织条例（草案）》虽有对自然人、法人等放贷人应持牌照分类经营，根据利率、贷款对象、用途等的不同设置不同监管要求的规定⑤，但在目前情况下，对于如何认定职业放贷人及认定职业放贷人后其法律后果问题，仍需要相应的规范。

---

① 杜万华主编、最高人民法院民事审判第一庭编著《最高人民法院民间借贷司法解释理解与适用》，人民法院出版社，第106页。

② 《民间借贷司法解释》第5条规定："人民法院立案后，发现民间借贷行为本身涉嫌非法集资犯罪的，应当裁定驳回起诉，并将涉嫌非法集资犯罪的线索、材料移送公安或者检察机关。公安或者检察机关不予立案，或者立案侦查后撤销案件，或者检察机关作出不起诉决定，或者经人民法院生效判决认定不构成非法集资犯罪，当事人又以同一事实向人民法院提起诉讼的，人民法院应予受理。"

③ 杜万华主编、最高人民法院民事审判第一庭编著《最高人民法院民间借贷司法解释理解与适用》，人民法院出版社，第105~120页。

④ 杜万华主编、最高人民法院民事审判第一庭编著《最高人民法院民间借贷司法解释理解与适用》，人民法院出版社，第272页。

⑤ 杜万华主编、最高人民法院民事审判第一庭编著《最高人民法院民间借贷司法解释理解与适用》，人民法院出版社，第272页。

（三）承担还款责任的主体认定难

1. 夫妻共同债务的认定问题

关于夫或妻一方对外以个人名义借款能否认定为夫妻共同债务的问题，经历了法律规定的变化过程。2018 年 1 月之前，认定夫妻共同债务的法律依据主要是《婚姻法司法解释（二）》第 24 条，该规定原则上认定为夫妻共同债务，例外情形包括两种：一是债权人与债务人约定为个人债务；二是夫妻约定分别财产制，而债权人知道该约定。而证明该两种例外情形的举证责任由夫妻一方承担。在司法实践中，夫妻一方难以完成上述两种例外情形的举证责任。在生活中出现大量极端案例，从而引发社会问题及不稳定因素。2018 年 1 月 18 日，最高人民法院发布了《关于审理涉及夫妻债务纠纷案件适用法律有关问题的解释》，仅有四个条款，其中第一条规定共债共签原则；第二条规定家庭日常生活所需即家事代理；第三条规定了非家事代理的共同生活、经营、共同意思表示的情形，且由债权人承担举证责任。新解释较为合理，但仍存在问题，如家事代理范围界限模糊、执行夫妻共同财产存在障碍、债权人举证困难等。

2. 担保手续不规范的问题

随着出借人担保意识的增强，一些借贷案件中设定担保。多数借条中，保证人均明确表明身份，但一些案件出现保证人仅在借条中签名，未表明保证人身份，债权人起诉前自行添加，加之格式借条的借款金额、日期、利率等均为债权人填写，对签名人是否为保证人认定困难。除传统的保证人外，以物抵押或质押提供担保的借贷案件屡见不鲜，但许多出借人错以为持有借款人的房产证等产权证明就视为设定抵押，或者以为扣押了借款人的车辆就可以实现质权，而未到房管局、交通局办理抵押登记手续，造成抵押权不具有对抗性，权利无法保障。

（四）查清借款、还款、结算等事实难

案件事实难以查清是疑难借贷案件存在的最大问题。

1. 仅有转账凭证但无借条的情形

债权人仅依据转账凭证起诉，没有借条等债权凭证的情况时有发生，此时债务人常抗辩不属于借款，虽然《民间借贷司法解释》第 17 条对此已作出相应规定，应由债务人举证证明转账款项属于其他债务，但实践中，债权人一般在转账后一段时间才提起诉讼，债务人仅能提供一些间接证据证明，法院要查清事实，不能仅靠当事人举证，需主动调取证据或通知案外人到庭，此类案件容易出现自由心证的客观事实与在案证据呈现的法律事实不一致。

2. 仅有借条无转账凭证而借款人否认收到借款的情形

《民间借贷司法解释》第 16 条第 2 款对此规定，债务人仅需对其未收到借款作出合理说明，而无须举证予以证明，司法解释规定法院在这种情形下应综合审查判断借贷事实是否发生，但实践中，很多借条是双方对此前所发生借款的确认或结算，债权人为避免举证可能存在的困难或者举证后可能产生的不利后果，往往坚持主张其为现金交付且为一次性支付，债务人也仅能对未实际发生借款作出口头说明，导致法院查清事实存在极大困难。

3. 利息保护争议较大

P2P 网贷平台、小额贷款公司参与到民间借贷，放贷者通过在借款时预先收取一定数额的服务费、利息计入本金重新书写借条、现金方式还款或还款至指定他人账户等手段，使借款人在还款后无相应证据证实，从而"合法"收取高额利息。案件审理过程中发现主要有如下问题。

（1）以收取各种名目的服务费为由预先扣除借款本金如何认定。实践中，一种意见认为，P2P 网贷平台等以格式合同的形式提供所谓的中介服务并收取相关费用，属于规避法律对于禁止预扣利息的规定，突破司法保护民间借贷利率的上限，属于《合同法》第 52 条规定的合同无效情形，借款本金应以借款人实际收取的借款金额为准予以认定；一种意见认为，P2P 网贷平台等收取的费用属于借款人自愿支付，借款人亦通过介绍和服务获取借款，且放贷者与 P2P 网贷平台等分属不同主体，不应认定属于预扣借款利息并从借款本金中扣除。

（2）已付高额利息如何抵扣的问题。借款人提出已付高额利息应予抵扣借款本金，出借人则提出因借款人尚欠有借款利息，已付的高额利息应予抵扣尚欠的利息。对此，一种意见认为，已支付的高额利息，应在每一次支付时予以抵扣借款本金；一种意见认为，已付高额利息，当事人明确是用于归还利息，对于超过部分，依法应返还，鉴于借款人尚有利息未还，可予直接用于抵扣未还的利息。

（五）虚假诉讼难辨真伪

司法实践中，存在借贷案件当事人通过合谋伪造借款凭证、有预谋的银行转账等方式，采取虚假诉讼借以达到转移财产、逃避债务等非法目的。大致有以下几类情形：一是当事人一方或双方当事人仅委托代理人到庭参加诉讼，对借款事实均有事先准备，难以分辨真假，但从借款金额、还款明细来看，存在诸多疑点；二是债务人负债累累，出借人在债务人负债期间大笔出借款项，仅有债权凭证而无支付凭证，双方关系又较为密切；三是为对抗其他执行案件而提起的借贷案件，或在夫妻感情不和、正离婚诉讼甚至是离婚之后才提起诉讼的。

四 破解路径：规范民间借贷行为的对策和建议

如上所述，民间借贷的特性使其潜在风险无法防控，引发大量民事纠纷，还产生金融类犯罪现象，影响社会和谐与稳定。人民法院在处理民间借贷纠纷时，应积极、稳妥、审慎适用相关规定，引导和规范民间借贷行为，化解和防范民间金融风险。但基于上述分析原因及问题，仅司法审判无力应对，应内外兼修，对内修正相关法律规定，对外建立健全相关配套制度及措施。

（一）完善法律规制：明确若干标准

2005年《民间借贷司法解释》施行，同时废止了1991年8月13日《最高人民法院关于人民法院审理借贷案件的若干意见》，这标志着中国对民间借贷关系的法律调整进入了一个新时期①。《民间借贷司法解释》的出台具有重要意义，承认了企业之间借贷活动的合法性、全面规范民间借贷活动的法律适用规则、明确民间借贷活动中的罪与非罪界限、完善了民间借贷案件的审理程序②，具有重要的历史意义和现实价值。但是，民间活动的复杂性、老百姓的智慧，再加上法律固有的滞后性，即使审理民间借贷案件有了较清晰的法律依据，审理民间借贷案件仍存在不少问题。

1. 被告抗辩基础法律关系成立的标准

（1）被告举证证明标准：动摇法官的内心确信

原告以民间借贷起诉，被告不认可原告主张的民间借贷法律关系，对双方的基础法律关系提出抗辩的，应提供证据加以证明。对于被告提供的证据，法院应当审查其是否达到了法律所要求的证明标准。原告负有的举证责任是证明民间借贷关系存在，如双方之间存在借贷合意、借款合同已经成立并生效、尚欠数额以及所约定的利率、担保情况等，故原告承担的证明责任是本证。而被告只为抗辩，其承担的证明责任是反证。在诉讼证明过程中，本证证明活动的目的在于使法官对待证事实存在与否形成内心确信，这种内心确信应当满足证明评价的最低要求即法定的证明标准，即采用的是高度盖然性的证明标准。而反证的证明活动，其目的在于动摇法官对于本证所形成的内心确信，使其达不到证明评价的最低要求。因此，对于反证而言，其证明的程度要求相比本证要低，只需使待证事实陷于真伪不明即可③。因此，本报告以为，该条规定被告的证明标准只要能达到使法官对原告的主张产生合理性怀疑即可。至此，举证责任转移到原告身上，原告应进一步提供证据证明双方确实存在民间借贷关系，如付款凭证、还款凭证等，或对借款作合理说明，如款项来源、经济能力等。如果原告无法进一步举证，则法官可据

① 杨立新：《民间借贷关系法律调整新时期的法律适用尺度——〈最高人民法院关于审理民间借贷案件适用法律若干问题的规定〉解读》，载《法律适用》2015 年第 11 期，第 8 页。
② 杨立新：《民间借贷关系法律调整新时期的法律适用尺度——〈最高人民法院关于审理民间借贷案件适用法律若干问题的规定〉解读》，载《法律适用》2015 年第 11 期，第 8 页。
③ 杜万华主编、最高人民法院民事审判第一庭编著《最高人民法院民间借贷司法解释理解与适用》，人民法院出版社，第 280 页。

此认定双方不存在借贷关系，但到底存在何种法律关系有待进一步查明。

（2）法官行使释明权：不一定具体明确

在被告能够证明原告所主张债权纠纷系由民间借贷行为引起这一事实并不确定，而原告又无法进一步举证的情况下，法官应行使释明权，要求原告变更诉讼请求。但法官如何行使释明权在实践中也是一个难点，如是否应明确释明已经认定的基础法律关系，还是只需释明双方可能存在其他法律关系即可？即释明是否应具体明确。本报告以为，法官能否对法律关系的释明达到具体明确应根据案件的情况来判断，在大部分案件中，被告的举证只能达到动摇法官对原告主张的内心确认，在此情况下，法官还不能根据双方的举证认定基础法律关系，要求法官作出具体明确的释明是强人所难。这种情况下，法官只需向原告释明原告主张的民间借贷关系并不存在，要求原告自行选择法律关系起诉；若被告的举证已经能够证实双方存在除民间借贷以外的基础法律关系，法官应按查明的事实作具体明确的释明。有观点认为，被告抗辩基础法律关系，只需要提供证据证明原告所主张的双方之间的债权债务纠纷系由民间借贷行为引起这一事实并不确定即可，至于双方之间究系何种法律关系，则由人民法院综合双方提供的证据加以认定[1]。但关于法官释明权的行使却又提出，"应当明确告知当事人，法院根据当事人提供的证据所认定的法律关系的性质，而不应当采用模棱两可的语言，影响当事人的判断，导致释明目的无法实现"[2]。如上所述，该说法与被告抗辩的证明标准相矛盾。因此，本报告建议，最高人民法院应对法官的释明权行使作出明确规定，否则容易出现司法实践无所适从的情形。

2.认定借贷合同无效的标准

（1）确立刑民交叉案件裁定及移送规程

第一，移送结果作为裁定主文：法院发现民间借贷行为本身涉嫌非法集

---

[1] 杜万华主编、最高人民法院民事审判第一庭编著《最高人民法院民间借贷司法解释理解与适用》，人民法院出版社，第280页。

[2] 杜万华主编、最高人民法院民事审判第一庭编著《最高人民法院民间借贷司法解释理解与适用》，人民法院出版社，第285页。

资犯罪的，应采取措施包括：①针对当事人，裁定驳回起诉；②针对侦查机关，将涉嫌非法集资的线索、材料进行移送。这就意味着法院在裁定驳回起诉时应同时移送案卷材料。但因为对驳回起诉的裁定，当事人有权提起上诉，只有裁定生效法院才能移送案卷材料，故一审法院只能等待当事人没有上诉或二审法院维持原裁定的裁定书生效后才能移送。由此，就产生一个问题，当事人收到的是驳回起诉的裁定书，而根据最高人民法院发布的民事文书样式，驳回起诉的裁定书样式又没有细分不同原因的驳回起诉，导致裁定书未载明法院移送侦查机关的结果。故本报告建议，应将移送侦查机关的认定结果直接写入裁定书，而且还应写在裁定书主文中，这样也更符合驳回起诉同时移送的立法初衷。

第二，明确案件移送规程：虽然《民间借贷司法解释》和《最高人民法院关于在审理经济纠纷中涉及经济犯罪嫌疑若干问题的规定》均对移送进行了规定，但并未规定具体操作规程。《理解与适用》一书就移送问题阐述了法律的操作程序，如制作移送函、送达回执、明确反馈时间等，但这些均是针对法院移送案件的流程，特别是反馈时间等问题是法院单方制作的，对公安机关没有约束力。本报告建议，最高人民法院、最高人民检察院及公安部应联合发文，规定法院移送案件时公安机关必须接收，且应签收回执，并在法定期限内将是否立案侦查及结果函告法院。

（2）制定职业放贷人规则

第一，规定职业放贷人标准并发布名录。①学理上的合法性。2018年公安部、国家市场监督管理总局、中国人民银行、中国银行保险监督管理委员会四个部门联合发布的《关于规范民间借贷行为　维护经济金融秩序有关事项的通知》中规定，要严格执行《银行业监督管理法》《商业银行法》及《非法金融机构和非法金融业务活动取缔办法》等法律规范，未经有权机关依法批准，任何单位和个人不得设立从事或者主要从事发放贷款业务的机构或以发放贷款为日常业务活动。《银行业监督管理法》第19条规定："未经国务院银行业监督管理机构批准，任何单位和个人不得设立银行业金融机构或者从事银行业金融机构的业务活动。"对外放贷属于特许经营的范围，必须取得金融监管部门的批准。②实践中的基础。浙江、福建、河南、江苏等地方法院已先行先试，对认定职业放贷人标准作出相关规定，并发布了职业放贷人的名录。如上规定，认定职业放贷人标准系金融监管部门的职责范围，但因接近数据远近问题，在国家未统一规定之前由各地方金融监管部门制定职业放贷人标准条件尚未成熟，故目前仅能由司法机关出台认定职业放贷人条件及发布职业放贷人名录，统一司法尺度。

第二，认定职业放贷人借款合同无效。对于认定为职业放贷人的原告提起的民间借贷案件，法院必须主动审查双方借贷合同的效力。本报告以为，职业放贷人为原告的借贷合同应依据《民间借贷司法解释》第14条的规定认定合同无效，并依据合同法有关合同无效的处理原则对案件作出处理。如上述《银行业监督管理法》第19条的规定，该规定直接关系国家金融管理秩序和社会资金安全，属于效力性强制性规定。违反上述规定的职业放贷人作为原告所签订的民间借贷合同自然无效。

3. 夫妻共同债务认定原则

在司法实践中，当事人经常对借款清偿责任主体提出各种抗辩，如并非实际借款人、并非夫妻共同债务、并非担保人身份、职务行为还是个人借款行为等。因原告提起诉讼时大多会提供借条、欠条、转账凭证等债权凭证，被告以自己并未实际用款等理由抗辩并非实际借款人一般不能成立，本报告对此不作论述，主要阐述夫妻共同债务的认定问题。

本报告认为，处理夫妻共同债务问题，可供选择的方案有三种，一种是区分对内、对外关系，即《婚姻法司法解释》第24条的规定；一种是按照合同相对性原则，谁签字借款谁负责；一种是折中方案，即现在的"四条"。如上所述，第一种和第三种均存在较多问题。从上述民间借贷特点分析可以看出，现在借贷已经与传统的民间借贷相去甚远，传统的民间借贷大多为了生活、生产经营所需，且多发生于亲戚、朋友之间，一般不约定利息，即使有约定也不会是高利，多体现一种帮助的情谊。而现在的民间借贷不管出借人还是借款人，其出借或借款目的均不再单纯，出借人多出于赚取利息的目的，而借款人多是为了赚取利息差、短期资金过桥，或因做生意而借款，借款金额较大，约定高额利息。所以，现在即使按照"四条"的规定，真正是为夫妻共同生活所负债务也少之又少。在夫妻一方未签字的情况下，日常生活所需本身概念较为宽泛，认定存在困难。而且，法律规范不仅仅是事后规范作用，还可以起到事前威慑、引导价值取向的作用。在办理夫妻共同债务时，需要平衡的是未举债夫妻一方的利益和交易安全即债权人利益。立法既要保护未举债夫妻一方的合法利益，也要保护债权人的合法利益。从以上分析可以看出，《婚姻法司法解释（二）》侧重于保护债权人利益，而2018年的夫妻债务纠纷案件解释侧重于保护未举债夫妻一方的利益，两种侧重均有失衡之虞。因此，在引导、规范的立法原意上，可取合同相对性原则，谁签字谁负责。这样的规定，既可以杜绝债权人与债务人恶意串通损害未举债夫妻一方的利益，也可杜绝"假离婚"恶意逃避债务或"被负债"的情形，还简便快捷，不存在对日常生活所需的判断问题，可谓一举多得。

（二）优化外部环境：规范民间资本运营

1. 引导民间资本合理流向

2008年5月8日，原中国银监会和中国人民银行总行联合发布了《关于小额贷款公司试点的指导意见》，允许自然人、企业法人和其他组织投资设立，不吸收公众存款，经营小额贷款业务的有限责任公司或股份有限公司。允许民间资本合法运营，但小额贷款公司的发展也遇到一些瓶颈：一是后续资金融入难；二是发生纠纷适用金融机构贷款合同纠纷相关规定还是适用民间借贷相关规定未明确；三是对小额贷款公司的业务方法监管不力，如陷入"套路贷"疑云。这些问题亟待相关政策或法律给出明确的指向。此外，还可引导民间贷本投向政府鼓励的投资产业和项目，使民间资本成为推动实体经济发展的动力。

2. 有效监管民间资本市场

应着重从控制金融风险、维护金融安全与社会稳定的角度加强对民间借贷活动的监管力度，引导和规范民间资本市场合法运营。严厉打击赌博犯罪、非法吸收公众存款、集资诈骗等与高利贷、套路贷相关的违法犯罪行为。加强对担保公司、典当行参与民间借贷活动的监管力度，尽早建立统一的监管信息系统，防止银行贷款流入民间借贷市场。开展担保公司、典当行等特殊金融机构的专项整顿活动，坚决打击超经营范围从事民间借贷、非法吸收公众存款等违法行为。加快出台"职业放贷人条例"，对职业放贷人作出明确的规范。

3. 加大企业信贷力度支持

长期以来，缺少有力资金支持一直是困扰中小企业实现长期良性发展的瓶颈，急需政策扶持。①改进和完善信用评级、授信办法及标准。针对小企业干劲十足的特点，制定以定性为主、定量为辅的信用等级评级标准，更合理地反映中小企业的资信状况和偿债能力，为金融机构对中小企业放款提供科学的、操作性强的评级标准和办法①。②开展专利权质押融资。允许科技型中小企业以自己拥有的专利权作为抵押进行贷款。企业也可以入股方式吸收民间资本，减少民间借贷资金。

4. 加快建设社会信用体系

建立公开的信用体系，研究确立信用评判标准，借助互联网数据处理系统，借助第三方机构力量，建立科学合理的信用评级系统②。对自然人、法人和其他组织的诚信信息进行公开，可通过网络提供查询。

5. 规制 P2P 网贷平台运营

①明确 P2P 平台的法律性质，尽快出台监管办法；②规范 P2P 平台的准入条件，划清合法与非法界限；③加大对 P2P 平台运行的监管力度，定期报告其运营情况、方式，限制贷款利率和资金流向；④建立 P2P 平台信息披露制度，防止平台侵吞投资者的资金，谋取不正当利益。

---

① 江涛：《试论"后金融危机时代"中小企业的法律保护与监管》，载《学术探索》2012 年第 2 期。
② 河北省高级人民法院课题组：《审理民间借贷纠纷案件相关问题研究》，载《法律适用》2015 年第 7 期。

B.9
论司法解释性质文件在诉讼中的规范性适用

——基于368份裁判文书的实证研究

郑 淮　孙志丹*

摘　要： 除了制定司法解释之外，最高人民法院还制定司法解释性质文件以指导各级人民法院的法律适用活动，发挥着与法律近似的制度供给功能。但其在实践运行中也蕴含着阻碍司法体制进步的负面效应，在制度层面其法律效力遭受质疑，体例范式杂乱无章，在实践层面援引适用率低下，且各地内容迥异等，需要在司法改革中进行规范化构建。

关键词： 司法供给　司法解释性质文件　功能价值　适用规则

囿于法律制度的生成是逻辑建构和经验演进的共同产物，立法者的有限理性很难全面总结过去和精准预测未来，使得法律的适用永远伴随着法律的解释。司法实践中，不仅存在正式的司法解释——"解释""规定""批复"和"决定"①，还存在诸如"纪要""通知""意见"等具有司法解释性质的文件②，它们正在对整个法院体系的法律适用活动产生重大乃至决定性

---

* 郑淮，江苏省淮安市中级人民法院执行局局长；孙志丹，淮安市中级人民法院执行局法官。
① 2007年《最高人民法院关于司法解释工作的规定》第六条。
② 本文所指的"司法解释性质文件"主要是指司法解释以外的，各级人民法院单独或联合制定的针对具体法律适用，以指导辖区内审判业务的规范性文件。

影响，如弥补法律漏洞、统一法律适用、实现公平正义等。那么，具备多重功能的司法解释性质文件，为什么正当性饱受争议？其现实存在是否有必要？其司法实践运用情况如何？应如何完善？这些正是本报告所探讨的问题。

一 价值解构：司法解释性质文件当下存在的合理性

"存在即合理"或许过于武断，但司法解释性质文件的长期存在并非天然更非偶然，而是有着内在基础和特定功能，否则必将"大车无輗"，无足于世。

（一）弥补法律规范漏洞

"天道无穷，人智有限，法律作为一种实践智慧，并非立法者之理性设计所能敷陈于万一"①，且正式司法解释的制定又需要"立项""起草与报送""讨论"和"发布、施行与备案"的漫长周期②，而法官却不能拒绝裁判。裁判规范供需的失衡，不仅会导致裁判者因法律指引缺失而"无所适从"，还会"诱使"裁判者利用法律漏洞"推卸责任"。这时，通过先行制定具有规范功能的司法解释性文件，并不断加以修正，进而上升为法律，无疑不啻一副"救病良方"。例如，从《最高人民法院关于规范上下级人民法院审判业务关系的若干意见》（以下简称《规范意见》）的"原则上只能发回重审一次"到《民事诉讼法》的"不得再次发回重审"，无疑是最好的印证③。

---

① 江必新：《中国法律实施：纲要、内容与路径》，《北京日报》2014年8月11日，第17版。
② 详见《最高人民法院关于司法解释工作的规定》。
③ 在司法实践中，有相当数量的法院对于发回重审的处理方法缺乏规制，发回重审数量多、随意性大。鉴于此，最高人民法院于2010年出台的《规范意见》规定，二审法院原则上只能发回重审一次。《民事诉讼法》对此方面内容的修改，既是贯彻落实司法改革的成果，也是对社会各界对此问题关注的一个回应。参见奚晓明主编《〈中华人民共和国民事诉讼法〉修改条文理解与适用》，人民法院出版社，2012，第374~375页。

（二）保障法律适用的统一

司法解释性质文件在发挥填补功能的同时，还具有"通过解释权的垄断来保证法律适用统一性"的功能。比如，最高人民法院、最高人民检察院和公安部发布的《关于办理醉酒驾驶机动车刑事案件适用法律问题的意见》，在司法实践中，既规范了适法者的自由裁量权，也为其提供了清晰的裁判指引，从而以"同案同判"的形式，保障法律适用的统一。

（三）实现两个效果的统一

从社会发展的历史来看，任何一部法律都是对各种利益"最大公约数"的制度安排，但立法并不是万能的。"分配正义"——立法和"矫正正义"——法律解释，犹如一对孪生兄弟，以其各自独特的理论支撑或精神原则，共同为社会发展提供指引。例如，针对因受害者城乡户籍不同而造成的"同命不同价"现象，2005年《山东省高级人民法院民事审判会议纪要》采取了"就高不就低"的原则，即农村人口在城镇住所地至起诉时已连续居住一年以上或实行城乡户口统一登记管理的地方，均可按照城镇人口标准计算损害赔偿数额。这既实现了制度愿景的实质正义，也"让人民群众在每一个司法案件中感受到公平正义"①。

二 实践管窥：司法解释性质文件适用现状的实证考察

由于司法解释性质文件的形式多样化，本报告以"纪要"作为主要分

---

① 《2005年山东省高级人民法院民事审判会议纪要》规定：从保护受害者利益出发……可以按照"就高不就低"的原则确定具体的赔偿标准。对于农村人口在城镇住所地至起诉时已连续居住一年以上的，可以按照城镇人口标准计算损害赔偿数额；对于实行城乡户口统一登记管理的地方，计算标准也可以统一适用城镇人口统计标准。见山东省德州市中级人民法院（2017）鲁14民终2173号民事判决书。

析样本。通过在中国裁判文书网输入"审判工作纪要""审判会议纪要"和"座谈会纪要"三个关键词，共检索到 16787 个结果，并随机抽取民事裁判文书 200 份、刑事裁判文书 100 份、行政裁判文书 68 份；368 份裁判文书共涉及"纪要"类司法解释性质文件 25 个①（见表 1）。通过梳理样本发现，司法解释性质文件的适用存在以下问题。

表 1　368 份文书中涉及"纪要"的明细

类别	序号	名称	备注
民事审判纪要	1	《全国民事审判工作会议纪要》	法办〔2011〕442 号
	2	2015 年全国民事审判工作会议纪要	文号不明，来源于山东省济南市中级人民法院（2018）鲁 01 民终 2738 号民事判决书
	3	《第八次全国法院民商事审判工作会议（民事部分）纪要》	法〔2016〕399 号
	4	山东省高级人民法院《2005 年全省民事审判工作纪要》	鲁高法〔2005〕201 号
	5	山东省高级人民法院《2008 年全省民事审判工作纪要》	鲁高法〔2008〕243 号
	6	山东省高级人民法院《2011 年全省民事审判工作纪要》	鲁高法〔2011〕297 号
	7	广东省高级人民法院《关于印发〈全省民事审判工作纪要〉的通知》	粤高法〔2012〕240 号
	8	辽宁省高级人民法院民事审判工作纪要	辽高法〔2009〕120 号
	9	陕西省审判工作纪要	文号不明，来源于陕西省西安市中级人民法院（2017）陕 01 民终 14173 号民事判决书
	10	达州市中级人民法院民事审判工作纪要	达中法〔2011〕16 号
	11	湖北省高级人民法院民事审判工作纪要	文号不明，来源于湖北省武汉市中级人民法院（2016）鄂 01 民终 3359 号民事判决书
	12	河南省新乡市中级人民法院《2010 年民事审判工作纪要》	文号不明，来源于河南省新乡市中级人民法院（2017）豫 07 民终 1949 号民事判决书
	13	雅安市中级人法院审判工作纪要	文号不明，来源于四川省雅安市中级人民法院（2017）川 18 民终 600 号民事判决书
	14	河南省民事审判工作纪要	文号不明，来源于河南省焦作市中级人民法院（2014）焦民一终字第 387 号民事判决书

---

① 检索时间为 2018 年 7 月 1 日。在"审判工作纪要"项下，未检索到行政裁判文书；在"审判会议纪要"项下，仅检索到刑事法律文书 10 份和行政法律文书 18 份。

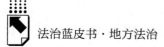
续表

类别	序号	名称	备注
刑事审判纪要	15	《全国法院维护农村稳定刑事审判工作座谈会纪要》	法〔1999〕217 号
	16	《全国法院审理金融犯罪案件工作座谈会纪要》	法〔2001〕8 号
	17	最高人民法院《全国法院审理经济犯罪案件工作座谈会纪要》	法〔2003〕167 号
	18	最高人民法院《关于印发全国法院审理毒品犯罪案件工作座谈会纪要》	法〔2000〕42 号
	19	《全国部分法院审理毒品犯罪案件工作座谈会纪要》	法〔2008〕324 号
	20	最高人民法院《2015 年全国法院毒品犯罪审判工作座谈会纪要》	法〔2015〕129 号
行政审判纪要	21	最高人民法院《关于审理行政案件适用法律规范问题的座谈会纪要》	法〔2004〕96 号
	22	最高人民法院《关于审理公司登记行政案件若干问题的座谈会纪要》	法办〔2012〕62 号
	23	江西省高级人民法院　江西省人力资源和社会保障厅《2013 年全省劳动人事争议裁审衔接工作座谈会纪要》	文号不明,来源于江西省赣县人民法院(2014)赣行初字第 1 号行政判决书
	24	《全省法院行政审判疑难法律问题论坛纪要》	文号不明,来源于山东省栖霞市人民法(2014)栖行初字第 3 号行政判决书
	25	广东省高级人民法院　广东省劳动人事争议仲裁委员会《关于〈审理劳动人事争议案件若干问题的座谈会纪要〉的通知》	粤高法〔2012〕284 号

（一）制度层面

其问题突出表现在以下两方面。

法律效力饱受质疑。"纪要"对法官审理案件产生实质性的制约作用，是事实上的司法解释[①]。但其却不是如 2007 年《最高人民法院关于司法解释工作的规定》（以下简称《司法解释规定》）的正式司法解释，使它"未像制定司法解释的权力那样至少通过全国人大的授权而取得形式上的正当性"[②]，从而缺乏必要的效力来源。甚至有的法院对某纪要内容的真实性持否定态度，"经本院当庭核实，中铁公司提交的《全国民事审判工作会议纪要》（法办〔2011〕442 号）的条文内容为虚假"[③]。

体例范式杂乱无章。一是制发主体多元化。一方面表现为制定主体不仅有法院，还包括法院联合其他部门共同制定。另一方面，中级以上（含中级）法院都制定并出台过司法解释性质文件。这显然违背了最高人民法院和最高人民检察院《关于地方人民法院、人民检察院不得制定司法解释性质文件的通知》（以下简称《两高通知》）的规定[④]。二是名称亟须规范。首先表现为名称不一，如"审判工作纪要""审判工作会议纪要""座谈会纪要"或"论坛纪要"等多种名称；其次表现为文号不一，如法〔2012〕62 号、法办〔2011〕442 号、法发〔1993〕37 号；最后表现为体例不统一，如"这种体例与《大连会议纪要》有所不同，并不是单纯的法律适用指导文件，更接近于 2000 年印发的《南宁会议纪要》"[⑤]。

---

① 张建：《以研讨会议纪要形式明确法律适用值得商榷》，载《政治与法律》2007 年第 3 期，第 164 页。同时，在司法实践中，有的当事人也认为《2015 年全国民事审判工作会议纪要》没有文号，没有公开发布，其真实性和法律效力无法确认。详见山东省济宁市中级人民法院（2017）鲁 08 民终 2214 号民事裁定书。

② 黄韬：《最高人民法院的司法文件：现状、问题和前景》，载《法学论坛》2012 年第 7 期。

③ 最高人民法院（2016）最高法民终 602 号民事判决书。

④ 《两高通知》第一条规定：地方人民法院、人民检察院一律不得制定在本辖区普遍适用的、涉及具体应用法律问题的"指导意见""规定"等司法解释性质文件。

⑤ 高贵君、马岩、方文军、李静然：《〈全国法院毒品犯罪审判工作座谈会纪要〉的理解和适用》，载《人民司法（应用）》2015 年第 13 期。

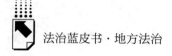

（二）实践层面

其问题突出表现在以下方面。

援引适用率低且集中化程度高。以"纪要"为例，368 份文书中，涉及最高人民法院发布的"纪要"共计 10 份，但"自 1997 年 7 月 1 日至 2016 年 12 月 30 日，最高人民法院发布的司法解释性质文件有 1400 项"①，占比 0.14%。可见，司法实践对司法解释性质文件的引用率较低。同时引用文本呈现"聚合化"。本报告所涉的 100 份刑事裁判文书中，共有 79 份引用表 1 中最高人民法院关于毒品犯罪的纪要，占比为 79%。

地方性司法解释性质文件差异大。以 2011 年"清网行动"为例，2011 年最高人民法院等发布《关于敦促在逃犯罪人员投案自首的通告》后，各地纷纷作出细则以适用于本地，因最高人民法院对不予羁押未作明确规定，从而导致不同地方文件内容差异很大。例如，江苏省并未涉及不予羁押的条件；福建省不仅规定了法定最高刑在有期徒刑五年以下，且同时具备其他四个要件的，才不予羁押②。

（三）认知层面

存在"隐性"法律效力现象。《最高人民法院关于裁判文书引用法律、法规等规范性法律文件的规定》（以下简称《引用规定》）规定③，法院应引用法律、法律解释、司法解释或者行政法规为裁判依据，并未包括司法解释性质文件。但有的法院直接将纪要作为定案依据，如"一审本院根据《2011 全国民事审判纪要》第 26 条，判决如下：……"④；有的法院虽然未

---

① 彭中礼：《最高人民法院司法解释性质文件的法律地位探究》，载《法律科学》（西北政法大学学报）2018 年第 3 期。
② 见江苏省《关于督促在逃人员投案自首的联合通告》（苏公通〔2011〕135 号），福建省《关于督促在逃人员自首若干问题的意见》第三条规定。
③ 详见《引用规定》第三条、第四条和第五条。
④ 河北省高级人民法院（2016）冀民终 252 号民事判决书。

直接引用，但其说理内容和纪要精神一致①。

裁判文书的说理回应不足。适法的正当性来源于裁判者"不断穿梭于事实和法律之间"的逻辑论证。对于司法解释性质文件，根据《引用规定》规定，应当对其合法性进行审查②，但梳理样本发现，只有一份裁判文书对此进行了审查③。此外，裁判者对司法解释性质文件适用与否的逻辑证成鲜有阐述。一方面表现为，法院对为何主动适用司法解释性质文件的说理一笔带过，直接引用并用于说理④；另一方面表现为，对于当事人提出的适用司法解释性质文件的异议，不予回应，"你说你的，我判我的"⑤。

三 成因拷问：制约司法解释性质文件适用的藩篱

一个事物的形成必然深嵌于特定环境之中，就如同语言、行为、习俗一样，它深深地根植于该民族的土壤，并不可避免地影响该民族所特有的其他禀赋，司法解释性质文件亦是如此。

（一）囿于司法话语权的争夺

本报告认为，各级法院之所以"乐此不疲"地制定各种司法解释性质

---

① 广东省湛江市中级人民法院（2013）湛中法立民终字第114号民事裁定书载明：一审法院参照该省民事审判工作纪要第69条精神认为，当事人诉讼请求涉及违法用地或者违法建筑，需先由行政部门处理后才能确定其财产权益的，不予受理；二审法院认为，上诉人所称涉案房屋的合法性效力待定，需先由行政主管部门处理后才能确定其财产权益关系……不属于人民法院受理范围。

② 详见《引用规定》第六条规定。

③ 最高人民法院（2016）最高法民终602号民事判决书。

④ 甘肃省高级人民法院（2015）甘刑二终字第171号刑事判决书显示：一审法院在对上诉人辩护意见说理时，直接根据全国部分法院审理犯罪案件工作座谈会纪要规定，不予采信，并未加以阐述。

⑤ 山西省朔州市中级人民法院（2017）晋06民终546号民事判决书载明："原审判决以……计算被扶养人生活费，完全符合第八次全国民事商事审判工作会议（民事部分）纪要的精神，对上诉理由不予支持。"

文件，是源自对司法话语权的争夺。

最高人民法院虽然垄断着司法知识的续造权，但续造权的"原材料"——信息和知识多来源于地方经验。由于司法解释的制定成本昂贵，其将目光投向了低成本的司法文件。通过将类似的方法经实践类案的反复验证并固化于司法解释性质文件，进而通过"命令—服从"方式，不断向下级法院传输"最高"意图，从而不断巩固自身话语权。

地方法院既是司法知识的消费者，又是缔造者，因为它们贴近生活。当上级法院的司法供给无法满足现实审判需求时，地方法院为了"增强其软实力，宣扬其司法业务能力以争夺更多话语权，也乐于通过司法文件的知识增量展示首创式司法经验和理论，从而在竞争中居于优势。同时，司法文件的知识增量也是向最高人民法院输送信息的最低廉途径"①。这也许就是在《两高通知》之后，地方法院司法解释性质文件屡禁不止的原因②。

（二）囿于程序规范的缺失

新中国成立初期，由于当时特殊的社会环境、法律的严重缺位以及审判实践的紧迫，加之1955年《关于解释法律问题的决议》赋予了最高人民法院司法解释的职权，最高人民法院制定了大量的司法解释性质文件，如第一届最高人民法院任期内，共发布288项各类规范性文件③。但遗憾的是，在"重实体、轻程序"的观念下，最高人民法院并未制定具体的文本规范细则。《司法解释规定》虽然对司法解释的制定进行了规范，但对司法解释性质文件的文本规范仍"毫无章法"可循，并延续至今，从而导致司法解释性质文件在实践中的适用"千差万别"。

---

① 安晨曦：《最高人民法院如何统一法律适用——非正规释法技艺的考察》，载《法律科学》（西北政法大学学报）2016年第3期。
② 如2016年7月27日发布的《四川省高级人民法院关于审理民间借贷纠纷案件若干问题的指导意见》。
③ 彭中礼：《最高人民法院司法解释性质文件的法律地位探究》，载《法律科学》（西北政法大学学报）2018年第3期。

（三）囿于适用规则的缺失

任何一种规范性文件都不可能"放之四海而皆准"，司法解释性质文件亦是如此。司法解释性质文件所涵盖的"法律适用问题"不是法院臆想出来的，它源自实践中的具体案件，然而审判的个案总是与事实的专属性如影相随，裁判者在适用时应予甄别。当前，除了《引用规定》第六条规定的"对于司法指导性文件等规范性文件，法院在援引时，应进行'合法性'审查"之外，中国尚未出台如何规范适用司法解释性质文件的规范性指引文本，从而导致法院在裁判时"有用则用，无用弃之"，说理浅尝辄止。

（四）囿于现实审判的压力

中国的法官们常常感慨自己的"权小责大"。当"立法留白"出现时，如果要求法官都通过漏洞填补规则进行裁判，无疑增加了法官被问责的风险。虽然"纪要"中冠以"供参照执行"等字样，但"诞生于'指挥—服从'式语境当中的司法文件并非制度的逻辑建构，而是革命话语与政治逻辑的延展与扩大"①，这种上级法院凝聚的共识，下级法院无疑要在审判中予以坚决执行。这不仅增强了裁判文书说理中的"法律因子"，也为法官"寻觅"了一个归责的"避风港"。

（五）囿于法官认知的差异

对于司法解释性质文件的认识，可谓见仁见智。有的法院认为，因司法解释性质文件与法律、法规相悖，不予采信②。有的法院认为，司法

---

① 彭中礼：《最高人民法院司法解释性质文件的法律地位探究》，载《法律科学》（西北政法大学学报）2018 年第 3 期。
② 云南省西畴县人民法院（2016）云 2623 行初 12 号行政判决书。该判决认为，2015 年全国民事审判会议纪要摘录与法律、法规相悖，不予采信。

解释性质文件的适用有着具体的适用范围,不同法领域的不可互用①。有的法院认为,司法解释性质文件的适用应当具有前提条件②。正是这种认识分歧,导致了司法解释性质文件在司法实践中的适用处于"无序状态"。

四 突围路径:司法解释性质文件的规范化构建

司法解释性质文件作为一项长期根植于中国司法历史发展和现实需要的制度安排,不可能断然废除。因此,需要不断探索和完善这项制度在未来的变迁方向,以规范其有效运行。

(一)明确司法解释性质文件的法律效力

司法解释性质文件法律效力的确定,是其规范性运行的前提。虽然《规范意见》规定,最高人民法院和高级人民法院具有制定司法解释性质文件的权力③,但从名称表述来看,其并不是《司法解释规定》中的正式司法解释类别,从而导致司法解释性质文件缺乏必要且明确的"上游"效力来源。《司法解释规定》中的"规定"是指根据立法精神对审判工作中需要制定规范的文本④,而规范审判工作正是《规范意见》的应有之义,两者异曲同工。故本报告建议,可以将《规范意见》直接变更为《规范规定》,通过提升"上游"规范的法律位阶,将《规范意见》上升为司法解释,进而在明确的法律授权下,明确司法解释性质文件的效力问题。

---

① 云南省麻栗坡县人民法院(2016)云 2624 行初 13 号行政判决书。该判决认为,民事审判与行政审判分属不同的专业和范畴,……因此被告提供的全国民事审判工作纪要与本案不具有关联性,不予采信。
② 广东省清远市清新区人民法院(2017)粤 1803 行初 79 号行政判决书。该判决认为,该省××纪要第二条第 13 点的适用,应当以社保行政部门认定工伤为前提。
③ 《最高人民法院关于规范上下级人民法院审判业务关系的若干意见》第八条、第九条。
④ 《最高人民法院关于司法解释工作的规定》第六条第三款。

（二）规范司法解释性质文件的程序制定

1. 明确制定主体

明确规定司法解释性质文件必须经过审判委员会通过。《规范意见》中虽然规定高级法院的司法解释性质文件须经审判委员会通过，但是对最高人民法院未作要求。本报告认为，最高人民法院应"以身作则"，也应明确其制定的司法解释性质文件须经审判委员会通过。

2. 增设禁止规定

一是禁止赋予中级或基层法院制定权限。虽然《规范意见》规定中级法院对下指导的方式是审理案件、总结审判经验、组织法官培训等形式，但"等内"还是"等外"并未明确，导致中级法院存在"擦边球"心理。二是禁止制定"创设型"司法解释性质文件，如最高人民法院《关于审理涉及金融不良债权转让案件工作座谈会纪要》，该文件创设了"地方政府对不良金融债权享有优先购买权"。针对审判工作中亟须解决的问题，人民法院可采用指导案例形式明确法律适用。

3. 完善形式规范

一是统一名称表述。建议统一采用《××人民法院关于的××的意见》，文号一律采用"法〔年份〕×号"，如"××人民法院关于……的意见 ××人民法院审判委员会第×会议通过法〔年份〕×号某年某月某日发布"。二是增设附件说明。附件说明主要功能包括界定文件中的抽象概念或概括用语和明确文件的适用条件和范围，以避免下级法院在适用时进行"过多解读"。三是"留白条款"的制约。针对"法律留白"，高级法院可根据辖区内的实际情况作出细则规定，但必须报备最高人民法院审核，在获认可后方可出台。

（三）构建司法解释性质文件的适用规则

司法解释性质文件的规范内容源自对个案或类案中所包含的"法律共性因子"的"抽丝剥茧"，但由于提炼者认知能力的局限性，这种高度提炼所依据的事实与案件本身的客观事实之间难免会出现"缝隙",因此需要一定的适用规则予以规范。

1. "合法性"形式评述

主要从是否经过审判委员会讨论、是否公开发布、文号是否标准等方面进行评述。本报告认为,只要是经过审判委员会讨论通过,且公开发布的司法解释性质文件,该文件形式上具备"合法性"。需要注意的是,司法解释性质文件的发布,应当参照《司法解释规定》,即最高人民法院制定的应在《最高人民法院报》和《人民法院报》发布,高级人民法院应当在其公开发行的公报上予以发布。

2. 构建适用指引规范

本报告认为,首先,明确适用前提。即在现行法律、法规或司法解释具有明确规定的情况下,应予以优先适用。只有当法律、法规或司法解释没有明确规定时,才能适用司法解释性质文件。其次,进行"合法性"附带评述。部分法院对此也进行了尝试,如"经审查,该会议纪要进行征求意见,不能作为法律适用依据适用,故上诉人的该项理由不能成立"[1]。再次,规范引用表述。在引用时,应标明文件的全称、文号和条款序号。

3. 加强裁判文书说理

在适用司法解释性质文件说理时,法官应当按照"附件说明"所载明的"原意"进行适用,不得扩大解释或创设新的规则,进而结合个案事实,加以逻辑论证。对于非经审判委员会通过的其他具有法律解释性质的文件,可以将其转换为法学通说,在裁判说理中予以参照援用。通过加强说理,不仅能"迫使"法官提高"内心确认"的逻辑证成,也能提升裁判结果的社会可接受度。

(四)加强法官的职业培训

提高法官的业务素养是正确适用司法解释性质文件的重要保障。一方

---

[1] 重庆市第四中级人民法院(2017)渝 04 民终 54 号民事判决书。

面，加强法官的职业培训，把司法解释性质文件的理由与适用作为法院培训必选内容；另一方面，扩大制定者参与范围，让更多基层法院参与其中，既解决了审判业务指导层次过多的问题，也保障了上下级法院在适用法律上的统一。

结　语

制度的历史演变过程，总是伴随各种问题，司法解释性质文件制度也不例外。但是，司法制度的完善正是在不断发现问题和解决问题的过程中获得进步的力量。期冀在不断的探索中，实现司法解释性质文件的制度理想主义与审判现实主义深度融合。

B.10
广州法院破解"送达难"改革探索与展望

广东省广州市中级人民法院调研组 *

摘　要： 送达作为基础性诉讼行为，从立案开始到执行终结，贯穿于民事诉讼的始终，衔接着诉讼过程中的各个阶段，对诉讼进程的推进起着至关重要的作用。广州法院试点"送必达"改革，通过拓宽送达信息采集渠道、提高送达智能化水平和健全送达工作机制三条路径构建"送必达"新格局，使送达准确率明显提高、送达方式发生重大变革、制度创新能力不断增强，实现"送达平均耗时明显缩短、首次送达有效率明显提高"的改革目标。但试点中也遇到不少新问题和新困难，未来有望通过加快数据对接和辅助送达等相关项目落地运作、优化智慧送达平台功能、推动全流程体系综合改革，进一步扩大"送必达"试点成果。

关键词： 送达难　地址库　电子送达　智慧送达平台

民事送达是当事人之间以及法院和当事人之间一座沟通信息的桥梁，也

---

　* 调研组组长：王勇，广东省广州市中级人民法院党组书记、院长；调研组副组长：吴振，广东省广州市中级人民法院党组副书记、副院长。调研组成员：钟育周，广东省广州市中级人民法院立案庭庭长；余锦霞，广东省广州市中级人民法院立案庭副庭长；周冠宇，广东省广州市中级人民法院综合科科长；胡斌，广东省广州市中级人民法院立案庭排期送达组组长；朱瑞丹，广东省广州市中级人民法院立案庭诉讼服务组组长；胡玮瑶，广东省广州市中级人民法院立案庭内勤组组长。执笔人：胡玮瑶。

是不同诉讼程序之间的连接纽带，是一项基础性的诉讼制度。针对"送达难"问题，近年来最高人民法院印发《关于以法院专递方式邮寄送达民事诉讼文书的若干规定》《关于进一步加强民事送达工作的若干意见》，不断规范和提高民事送达质效。2013 年修订的《民事诉讼法》施行后，为推进电子送达的使用率，最高人民法院在诉讼服务网中专门研发了全国法院统一电子送达平台，其中包括公告送达的内容，也上线为全国法院提供服务，与地方法院自有的电子送达平台同步使用①。但由于送达法律制度相对滞后、法院送达力量不足、技术平台作用未成熟等客观障碍，"送达难"依然成为制约民事审判公正与效率的瓶颈难题。

在广东省委、省法院、广州市委的大力支持下，广州法院"送必达"改革全面推开，全市法院明显缩短民事案件直接送达平均用时、明显提高首次送达成功率，获得最高人民法院主要领导批示肯定、《人民法院报》头版专题刊发、中共广东省委全面依法治省工作领导办公室印发试点方案予以推广。在试点改革一周年之际，广州中院通过调研民事送达实务存在的问题，指出构建"送必达"新格局的突围路径，面对现有不足提出未来期待，以期实现范围更广、程度更深、效果更明显的破解"送达难"工作机制改革。

一 症结：民事送达实务存在的问题

《民事诉讼法》中规定了邮寄送达、直接送达、公告送达、电子送达、留置送达、委托送达、转交送达等法定送达方式，实务中适用较多的是邮寄送达、公告送达和电子送达。三种主要送达方式的功能发挥与目的实现并不尽如人意，理想与现实存在鲜明反差。

---

① 出自全国人大代表、全国政协委员沟通联络平台 2018 年 8 月 15 日最高人民法院对十三届全国人大一次会议第 7676 号建议的答复，http://gtpt.court.gov.cn/site/NPCSystem/jytabl/info/2018/2a0cfb8a－bd9f－45ab－a949－ae1890899f54.html，最后访问日期：2019 年 8 月 25 日。

（一）法院专递送达规范性和有效性不足

法院专递送达是指由国家邮政机构以法院专递（EMS）方式邮寄送达民事诉讼文书。调研组通过分析广州邮政公司每季度反馈的全市法院专递送达质效报告，结合全市自 2001 年以来因送达程序问题导致申请再审、改判的 19 个典型案例①，发现法院专递送达存在 6 个常见问题（见图 1）。

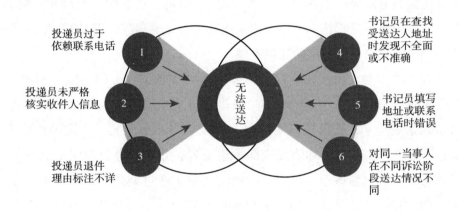

图 1　法院专递（EMS）送达常见问题

由图 1 可见，对于投递员来说，常见问题是过于依赖联系电话，无联系电话/联系电话错误或无人接听时，直接予以退回；未严格核实收件人信息或代收人身份，导致真正的收件人未接收到法律文书；退件理由标注不详，导致书记员在收到退件后无法判断是客观上确实无法送达，还是受送达人故意拒收邮件。而法院书记员常见问题是在无"送达地址确认书"的情况下，不全面或不准确查找受送达人地址信息，导致当事人未能及时

① 分别是（2015）穗荔法民二初字第 484 号、（2016）粤 0106 民初 12272 号、（2015）穗黄法民二初字 71～74 号、（2016）粤 0115 民初 9 号、（2017）粤 0111 民初 12058 号、（2017）粤 0106 民初 11913 号、（2016）粤 0104 民初 1611 号、（2017）粤 0183 民初第 2230 号、（2017）粤 0105 民初 5294 号、（2001）增法经初字第 85 号、（2015）穗增法民二初字第 2326 号、（2016）粤 0111 民初 119 号、（2016）粤 0104 民初 5480 号、（2016）粤 0114 民初 996 号、（2016）粤 0104 民初 5966 号、（2016）粤 0184 民初 2327 号等 19 个案件。

接收到诉讼材料；在填写受送达人地址时出现笔误，导致地址错误无法送达；对同一当事人在不同诉讼阶段送达情况不同，引发当事人疑虑[①]。以上表明，法院专递送达还存在不少疏漏，较为集中地体现在投递员送达及回执记录等规范性问题，以及送达地址的确认、送达效力的认定等有效性问题上。

（二）电子送达适用率和成功率不高

1. 适用电子邮件送达情况

广州法院自 2014 年 12 月 16 日开始使用电子邮件方式向当事人送达民事诉讼文书，至今受理案件中当事人确认使用电子邮件送达案件数 25 万余件。观察图 2 可知，近年广州两级法院确认通过电子邮件方式向当事人送达民事诉讼文书数量、确认通过电子邮件方式送达当事人数量每年基本保持较大增幅，其中 2018 年较 2015 年分别增长达 4 倍、6 倍之多，但每年发送邮件数、发送邮件成功数及当事人查阅率未能同步提高，表明电子邮件方式的送达适用率和成功率并不高，替代其他送达方式的效果并不明显。

2. 适用短信、电话等其他电子送达情况

传统意义上的电子送达，指的是《民事诉讼法》第 87 条规定的"传真、电子邮件等能够确认其收悉的方式"。但随着电话、短信、微信等的普及运用，部分法院逐渐扩大对电子送达的理解与运用[②]。因法律并未明确认可短信送达、电话送达等新型送达方式的法律效力，不少法官和审判辅助人员对适用这些类型的送达心存疑虑，当事人和委托代理人对传统送达方式存在心理依赖以及尚不具备自动录音存证功能等，短信、电话等其他送达方式

---

① 如因程序问题申请再审案件中，当事人案件执行阶段方得知案件情况的，当事人均疑虑为何在案件审理阶段无法联系当事人，在执行阶段却可以顺利联系等。

② 如广州互联网法院根据《最高人民法院关于互联网法院审理案件若干问题的规定》第 15 条第 1 款，经当事人同意，互联网法院应当通过中国审判流程信息公开网、诉讼平台、手机短信、传真、电子邮件、即时通信账号等电子方式送达诉讼文书及当事人提交的证据材料等。

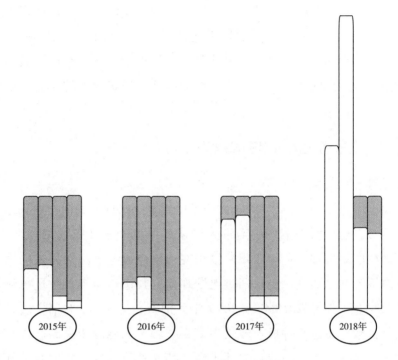

图 2　近四年广州法院电子送达柱状对比

注：①每年的柱状图从左到右依次为：确认电子邮件送达案件数（单位：件）、确认电子
邮件送达当事人数（单位：人次）、发送邮件数（单位：件）、发送邮件成功数（单位：件）。
②本数据统计仅限于电子邮箱发送数据，不含短信、电话送达等记录。
③灰色柱状参考值为：50000 件或 50000 人次。

的适用率偏低，往往只是作为一种辅助送达手段。2018 年以来广州法院陆
续使用电话、短信等辅助电子送达手段，部分个案表明短信送达和电话送达
对于缩短审判周期、减轻讼累、节约司法资源有明显的正向作用①。但适用
短信、电话、微信方式等完成有效送达的案件数量不大，试点一年以来，广
州两级法院采用短信方式送达的案件 27222 件，采用电话送达案件 17030

---

① 如（2019）粤 01 民终 6504 号案中，两名被上诉人在一审阶段以公告方式送达诉讼文书，
二审法院于 2019 年 4 月 29 日经电话联系两名被上诉人后，两名被上诉人到法院领取传票
才知道自己被诉，2019 年 5 月 15 日，两名被上诉人主动联系另一方当事人并达成和解，从
而避免了二审及后续执行阶段的诉累，节省了有限的司法资源。

件，采用 24 小时智能自提柜送达的案件 7056 件，替代其他送达方式的效果没有充分发挥①。

（三）公告送达的随意运用及程序违法风险

公告送达运用于受送达人下落不明，或者其他方式无法送达的情况。为避免随意公告送达对受送达人诉讼权利的损害，广州中院要求从严控制公告送达案件数量，近几年公告送达民商事案件占总送达数的比例分别为 17.7%、12.7% 和 9.8%，呈现逐年下降的良好态势（见图 3）。

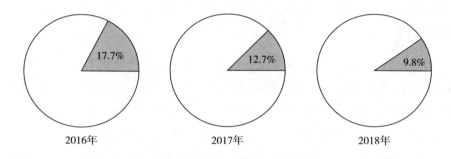

图 3　近三年广州法院公告送达占比情况示意

但实务中仍有部分案件并未遵守公告送达的谦抑原则，在未使用民诉法规定的任何送达方式前或同时采取邮寄等方式送达的违法做法，导致滥用公告送达侵害受送达人诉讼参与权的问题日渐呈现②。公告送达的随意运用及程序违法风险严重违反法定程序，需要引起高度警惕。

（四）小结

上述问题揭示了当前民事送达实务三方面的客观障碍。

---

① 数据来源：广州中院审判系统提取，下同。

② 如（2015）穗越法金民初字第 2971 号案件中，2015 年 9 月 9 日，法院委托大洋网发出公告，以三被告下落不明为由公告送达该案的起诉状副本等应诉材料及开庭传票（公告日期为 2015 年 9 月 8 日）。但案卷资料显示，三被告的邮寄送达资料均为 2015 年 10 月 15 日寄出的，而相关邮件的退件日期分别是 2015 年 10 月 19 日、2015 年 10 月 21 日、2015 年 10 月 25 日。

第一，法律制度相对滞后与社会环境变迁的断裂。中国社会环境急剧转型带来的人口流动性强、诉讼频发、审判人案矛盾突出、诉讼不诚信行为多见等新问题，大量受送达人不在户籍地址，或者利用制度漏洞刻意躲避送达，送达"人难找"问题凸显。然而，现有法律制度未能及时因应变化，适时修改完善和确认一些有效的送达方式。例如，按照最高人民法院2004年出台的《关于以法院专递方式邮寄送达民事诉讼文书的若干规定》，法院专递送达仅限于国家邮政机构（EMS），而未能吸纳快递方式作为法院专递送达方式，不能适应当前民事送达便民的特点和需求。又如，淘宝、京东等购物地址往往是有效送达地址，但法律中无规可循，导致未穷尽其他送达方式即予以公告送达的情况屡见不鲜，导致案件审判周期大幅增加。

第二，送达平台技术成熟与诉讼效率实现的矛盾。一项针对基层、中级、高级三级人民法院，并且地域范围涵盖中国东、中、西部地区共103份的问卷调研结果显示：88.8%的法官认为送达工作难度较大，从各送达方式的难易程度看，法官普遍认为"公告送达"难度最低，而"电子送达"难度最大[1]。推广电子送达是时代趋势，也是便民利民的必要措施，但在技术平台不完善、后台反馈机制不配套的情况下，却不一定能够减轻法院工作负担。例如，2004年某省推广应用统一诉讼文书电子送达系统的初衷，是为了提高诉讼文书送达效率，降低诉讼成本，但实际作用非常有限，相反还增加了法院工作负担[2]。如何真正催化送达平台技术，使之不仅便民利民，也能节约司法资源，是送达质效提升的关键所在。

①　冉崇高、赵克：《理论厘清与制度重构：关于民事送达难的实证分析》，载《法律适用》2017年第9期，第68页。

②　罗恬漩：《司法改革背景下送达困境与出路——以G省基层法院的送达实践为例》，载《当代法学》2017年第3期，第138页。文章指出：法律规定法院对受送达人采用电子送达之前，需要受送达人签署"当事人送达地址、方式确认书"，明确表示同意电子送达，然而实际情况是：如果受送达人可以签署该确认书，几乎就不存在送达难问题；而真正有送达难问题的，受送达人也不可能签署确认书。实践中，电子送达还存在难以保证返回送达回证的问题。但由于G省法院系统对每个法院的电子送达率有一定要求，导致各法院为完成电子送达任务，不得不对本不存在送达障碍的当事人同时进行电子送达和纸质送达，增加日常工作负担。

第三，法院送达职权主义与当事人参与需求的冲突。中国民事送达采取的是职权主义模式，所谓送达的职权主义，即送达是其重要的一项职权行为。通过送达，法院与当事人及其他诉讼参与人之间才能形成民事诉讼法律关系①。随着民事诉讼模式逐步从职权主义走向当事人主义，送达制度的强职权主义色彩却并未淡化，法院承担了过重的送达责任，而当事人作为"社会理性人"，能够综合考虑诉讼中的程序利益，决定自己对送达的态度，很大程度上加剧了法院人案矛盾。部分受送达人并非下落不明，而是逃避应承担的法律责任，拒不签收或故意躲避送达，拖延诉讼进程。又如，在法院采取公证辅助送达，适用短信、电话送达，推行委托律师送达等各项送达改革时，部分案件当事人和委托代理人予以承认，但更多案件当事人和委托代理人存在抵触心理，质疑这些方式的送达有效性，导致实务标准不一，令人无所适从。

二 突破：构建"送必达"新格局

广州中院以问题为导向，将明显缩短民事案件直接送达平均用时、明显提高首次送达成功率作为"送必达"改革目标，并提出"五位一体"16 项重点工作举措②。试点以来，各项改革措施迅速落地，开辟出"送必达"改革三条主要的突围路径。

（一）路径一：拓宽送达信息采集渠道

"送达难"首先难在"查人找物难"。随着国家打造共建共治共享的社会治

---

① 宋朝武：《民事电子送达问题研究》，载《法学家》2008 年第 6 期，第 125 页。
② "送必达"十六项重点工作举措为：（1）推行集约送达机制改革；（2）建立广州法院全域送达协作机制；（3）推行快审案件简便送达机制改革；（4）完善送达管理监督机制；（5）规范送达地址确认制度；（6）优化公告送达方式；（7）优化邮寄送达方式；（8）拓展公证送达的深度应用；（9）明确当事人提供送达地址信息义务；（10）探索委托当事人送达制度；（11）加强对怠于履行送达义务行为的惩戒；（12）建立广州法院智慧送达平台；（13）设立智能送达专柜；（14）提高电子送达适用率；（15）构建网格员协助送达体系；（16）拓宽受送达人送达信息采集渠道。

理体系，广州法院借力行政管理部门、通信公司、行业协会等获取既有的人口信息和数据，大大拓宽送达信息采集渠道，破解人址不明或人址分离问题。

一是对接市"四标四实"标准地址数据库。近年为提升社会治理能力，广州市深化平安有序规范城市管理专项行动联席会议办公室（以下简称"市深规办"）以"四标四实"（即标准作业图、地址库、建筑物编码、基础网络，实有人口、房屋、单位、设施）基础工程整合全市人口信息。对接该地址库，需要市工信委、市来穗局和市深规办的共同配合。经广州中院发函请求实现广州市"四标四实"标准地址信息数据与全市法院数据的对接和共建、共享，市工信委批复同意法院实时获取市政府信息共享平台数据，随后全市法院与市来穗局完成数据对接，并成功上线运行。数据对接后，广州市两级法院在审判管理系统中，能够实时查询全市900余万外来人员暂住信息及1300余万条人口、企业的标准地址、家庭成员、从业人员等详细信息，最大限度地准确定位受送达人。同时借力综治网格化成果，委托网格员在街道、社区、居委会、村委会等基层根据查询到的人口信息，实现无死角、无盲区的精准送达。

二是对接邮政公司送达地址信息库。为扩大至全省人口信息的采集渠道，经广州中院联合中国邮政广州公司磋商，该公司向法院提供百万数量级的本省居民身份证、护照、港澳通行证地址信息，极大拓宽有效通信地址信息获取渠道。

三是推动修订省银行业协会、保险业协会标准合同送达地址。在行业协会标准合同中增加关于当事人送达地址的条款、明确各类合同中变更约定送达地址的方式及明确约定送达效果，能够让当事人诉前即明确认可司法送达地址，有效预防和减少司法资源损耗。广州中院通过发出司法建议的方式，推动相关银行、保险公司在签订合同时，以明确醒目的方式约定标准合同条款①。约定地址的建议文本如下。

---

① 标准条款格式为：甲方确认送达地址为××省××市××区（县）××街（镇）××路（村）××号，该地址用于接收乙方的通知，亦作为发生纠纷时人民法院向甲方送达诉讼文书的地址。如甲方地址变更，请务必书面通知乙方或告知人民法院。如因甲方提供的地址不准确、地址变更后未及时依程序告知乙方，甲方或指定的接收人拒绝签收等原因，导致材料或通知未能被甲方实际接收的，甲方应承担相应法律后果。

×××同意本合同中填写的通信地址作为解决争议时接收人民法院诉讼文书的送达地址和联系方式，该送达地址适用于本合同履行过程中及因本合同发生纠纷诉至人民法院的一审、二审、再审案件，至执行终结时止。如通信地址有变更，应联系对方办理变更手续。因通信地址不准确、变更后未及时告知对方或人民法院、合同各方或各方指定的接收人拒绝签收等原因，导致相关文书或人民法院诉讼文书未能被实际接收的，也应当视为有效送达。邮寄送达的，以文书退回之日视为送达之日；直接送达的，送达人当场在送达回证上记明情况之日视为送达之日。

以上条款不因合同无效、被撤销或者终止而当然无效。

四是开发特别端口向受送达人推送手机"弹屏短信"。项目组在调研时不少一线基层法院法官反映：目前逃避送达的当事人往往手机电话能打通，但不一定能利用受送达人在三大通信运营商实名登记的手机号码向受送达人完成电子送达。为此，广州中院请市委政法委提请省委政法委协调省通信管理局相关事项。一是发函批准同意开放相关数据库，与三大运营商完成信息数据平台对接后，实现"点对面"方式批量、实时查询受送达人活跃手机号码。二是针对开展合作过程中产生的客户投诉，经提请省法院协调省通信管理局，实现对运营商的相关投诉考核中予以免责处理。三是制作"弹屏短信"标准文字模板，与三大通信运营商完成线路对接及内部环境测试，向特定手机用户发送具有"弹屏"功能的短信，送达除裁判文书之外的诉讼文书，强制阅读后方能关闭短信。

（二）路径二：提高送达智能化水平

依托广州智慧法院建设先进成果，广州法院以提高送达智能化水平为重要切入点，大幅压缩送达耗时。主要突破如下。

一是上线广州法院全域智慧送达平台。该平台整合网上立案、电子送达、"广州微法院"小程序、邮政"E键送达"等多平台功能，实现送达工作"统一管理、一键送达、全程留痕、随时可视、实时可查"。一方面，该平台建设受送达人地址库和送达机构名录，提供信息共享与地址智能推定，送达人可方便查看受送达人的送达渠道信息，为准确获取受送达人地址提供有力支撑。另一方面，将送达流程化管理，全程可回溯，为送达效力的确认提供有效依据。运用该平台，法院送达工作人员只需在送达平台中审核、录入、选定案件的送达对象和文书内容，平台将自动生成加盖电子印章的诉讼文书和当事人送达信息推送至邮政公司系统内，邮件送达信息也能实时反馈至送达平台，确保法院跟踪查询人员可及时掌握邮件的签收情况，合理安排开庭时间，提高排期的效率（见图4）。

1.全部送达环节网上办理　2.通过二维码实现送达材料交接和线上线下同步
3.支持自行送达和集中送达两种模式　4.效力核定自动化：生成报告、匹配法律条款

图4　广州法院智慧送达平台

二是推广网上立案同步确认电子送达制度。为全面落实送达地址确认制度，广州法院采取"网上立案＋电子送达"相结合的措施。2018年5月起，对于通过网上立案、当事人为法人或其他组织、有律师代理的案件，原则上均采用电子送达方式送达诉讼文书，且当事人在送达地址确认书中确认的电子送达地址，适用于第一审程序、第二审程序、再审程序和执行程序。

三是设立智能送达专柜实现全天候送达。推动在全市法院诉讼服务中心设置智能送达专柜，依托物联网技术，方便当事人随来随取、信息全程留痕，实现24小时送达。

（三）路径三：健全送达工作机制

一是推行集约送达机制改革。从送达模式上看，分散与集中送达运行模式各有利弊，分散送达由业务庭跟书记员自行负责所办案件的送达，优势在于送达结果反馈快，不足在于送达成本高；集中送达即由指定专门部门负责送达工作，其优势在于节省送达成本，不足在于送达结果反馈慢[①]。调研组认为，广州法院适宜推行集中送达为主、个案送达为辅的集约送达方式，按照"集中送、统一送、就近送、高效送"的思路，由立案部门负责送达的集中管理，将送达工作划分为不同环节，每个环节由专人负责，对外出送达任务统一分配、统一规划线路、集中安排用车，这样不仅增强了专业性，还缩短了送达流程中花费的时间，降低送达的人财物力消耗。但不同情况要区别对待，广州法院同步建立网格员协助送达、公证和邮政辅助送达工作、跨区域案件委托送达制度等多层次送达体系，以满足个案送达的实际需要。

二是建立广州法院全域送达协作机制。调研组认为，根据广州地理位置广且辖区法院多的特点，适合统筹全市法院送达资源，建立广州法院相互委托送达协作机制。通过广州法院全域送达协作，对于经查证居住地远离管辖法院或同时在其他基层法院有案件需送达的受送达人，且通过电子送达等方式难以送达的，管辖法院可委托本市辖区内其他基层法院送达，有助于减少全市范围程序空转，实现送达资源和信息共享。

三是推行快审案件简便送达机制改革。快审案件往往事实比较清楚、案件争议不大，此类案件适宜采用简便高效的方式送达，以进一步压缩审判周期。广州中院试点快审案件简便送达，快审案件原则上指通过电话、短信、传真、电子邮件、12368 语音通知、微信（含公众号和小程序）、QQ、送达柜、委托当事人送达等简便快捷的方式送达裁判文书以外的诉

[①] 冉崇高、赵克：《理论厘清与制度重构：关于民事送达难的实证分析》，载《法律适用》2017 年第 9 期，第 68 页。

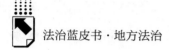
讼文书，且经当事人确认或者有其他证据证明当事人已经实际接收的，视为送达。

四是完善送达管理监督机制。为增强送达的有效性和规范性，广州中院在全市法院公布《综合送达操作手册》，全面规范法官端、文印员、EMS 操作人员邮寄送达方式，对于短信送达、电话送达登记方式作出图文指引记录。建立邮寄送达质量双向通报制度，要求邮政公司每季度提交邮寄送达分析报告，重点对接收材料、首次送达、结果反馈、送达时限等各个关键环节和节点实行动态管理、限时督办，以避免因送达不到位影响后续诉讼程序。

三 实效：广州法院"送必达"的主要改革成果

试点"送必达"改革一年时间里，广州法院民事案件直接送达平均用时 8.71 天，同比缩短 8.2 天；首次送达成功率 62.37%，同比提高 15.4 个百分点，又快又稳地实现"两个明显"目标。

（一）拓宽送达信息采集渠道，送达准确率明显提高

通过司法协查机制获取送达信息实现常态化，"查人找物难"问题有了很大改善。第一，与市"四标四实"标准地址数据库实现对接。从 2018 年 6 月下旬开始，可实时查询全市 900 余万外来人员暂住信息及 1300 余万条人口、企业的标准地址、家庭成员、从业人员等信息，现市工信委信息共享平台向法院开放 13 类 70 亿条基础数据。第二，与邮政公司地址数据库实现对接。推动与邮政公司就送达地址信息库实现对接，从 2018 年 9 月底开始，可实时查询百万数量级的本省居民身份证、护照、港澳通行证地址信息。第三，推进行业送达地址共享工作。通过向省银行业协会、保险业协会等行业协会发出司法建议，推动行业协会修订标准合同，约定银行、保险合同确认的地址可用于接收诉讼、执行文书。第四，与三大通信运营商建立快速采集受送达人活跃手机号码机制。

合作以来，成功获取未留下联系方式的数千名受送达人的活跃手机号码，经电话联系部分当事人主动向法院提供送达地址或到法院领取文书，从而避免两个月以上的公告送达时间，试点以来公告送达案件占同期民事案件数比例同比下降 2.9 个百分点。第五，成功试行手机弹屏短信功能。经提请省高院与省通信管理局召开协调会，并征得省通信管理局同意三大运营商试点"弹屏短信"后，加快与三大运营商的数据对接，目前已基本完成线路对接及内部环境测试，上线后将实现线上查询、线上流转、线上审批，向受送达人直接推送"弹屏短信"，强制阅后关闭。第六，与电商平台建立地址协查机制。淘宝网常驻法院的工作人员协助查询网络购物投递地址。通过实现自主查询、批量查询，精准调取受送达人最近一次购物地址、最近一次登录 IP 等信息，试点 7 个月共成功协查了 400 多个受送达人网络购物地址，反馈率 100%，及时率 100%，反馈信息完整率达到 80% 以上。

（二）提高智能化水平，送达方式发生重大变革

通过依托广州智慧法院建设成果，实现送达方式的创新改革，送达智能化水平显著提升。第一，广州智慧法院对送达的支撑能力明显增强。送达方式从上门投递为主向电子送达为主转变。全市法院智慧送达平台，启用送达地址共享数据库，立案时在全市范围抓取历史成功送达信息，实现一键投递、全程留痕，随时可视、实时可查。第二，与邮政公司合作上线"E 键送达"系统。法院将司法文书、送达信息通过专线推送到邮政内网，邮政公司安排专人打印、封装、登记并直接寄送，送达文书 20.90 万件，其中 2019 年 1~5 月累计处理邮件 11.12 万件，法院送达员工作量减少 20% 以上。第三，开通掌上、线上确认送达地址功能。在网上、掌上等诉讼服务全平台增加送达地址确认填写指南，提示隐瞒送达地址信息的诉讼风险，试点以来至 2019 年 5 月底，全市 24.51 万余名当事人通过网上诉讼服务中心填写、确认送达地址信息。全市法院采用新型送达方式稳步增加，采用电话送达案件为 1.70 万余件，采用短信送达 2.72 万余件，创历史新高。第四，在

邻街诉讼服务场所设置智能送达专柜。在诉讼服务中心外设置智能送达专柜，送达员将送达文书投递到送达专柜后，系统自动发送短信通知受送达人，受送达人可全天24小时随时自助领取送达文书。2018年7月开展试点工作以来，市中院及白云法院共通过智能送达专柜送达文书超7000份。花都、南沙等法院在诉讼服务中心开设预约送达专窗，根据受送达人需求，采取夜间送达、周末送达等送达方式。

（三）增强制度创新能力，提高送达工作科学化规范化水平

通过广泛调研、一线实践，广州中院吸纳许多行之有效的创新做法，并将之转化为规章制度文件。一是出台《关于完善送达工作机制进一步提高送达质效的若干规定》。对主要送达方式的任务发起、送达要求、时限和结果反馈等关键环节和时间节点作出明确规定，建立送达工作动态管理监控机制。二是建立快审案件送达快速通道。原则上快审案件全部通过电子送达或电话、短信、即时通信软件等简便送达方式直接送达，并推行快审案件公证辅助送达工作机制。试点以来，市法院5名公证辅助送达人员送达案件28937件，缓解法院案多人少压力效果明显。三是探索当事人主义送达、律师直接送达机制改革。制定出台《关于开展委托代理律师直接送达工作的若干规定（试行）》，2018年6月起在市中院和黄埔、南沙区法院开展委托代理律师向其他当事人直接送达试点，7月起在全市法院全面铺开。目前共有291件案件成功委托律师直接向其他当事人送达。四是对诉前约定地址确定为诉讼文书地址作出具体规定。当事人在纠纷发生之前约定送达地址的，人民法院在法定送达地址之外可以将该地址作为送达诉讼文书的确认地址，依照当事人约定地址完成送达的，应当视为有效送达。同时制定了约定地址的建议文本。五是建立邮政投递质量通报制度。通过强制绑定回执、提高投递频次、夜间投递等方式提高邮寄送达成功率，2019年1月至5月，全年送达回执率高达97.12%，邮寄送达成功率同比提高2.37个百分点，回执合格率同比提高1.62个百分点，受送达人拒收法院专递比例偏高问题有效缓解。

四 展望：广州法院深化"送必达"的不足与期待

（一）存在困难

1. 关于数据对接相关项目推进问题

如何加快协调推进数据对接及辅助送达等相关项目落地运作，直接而深刻地影响着深化"送必达"工作成效，但由于各地址库多头管理的情况客观存在，涉及"四标四实"二级数据库、与三大运营商对接快速查询反馈数据通道等重点项目落地仍遇到不少困难。例如，市级部门数据的共享需按"一事一审批"形式获得职能部门同意，市工信委才可进一步开放共享。

2. 关于智慧送达平台的功能完善问题

试点以来，"智慧送达平台"中无论是地址信息数据的查询，还是快速送达通道的构建，都取得了不少成效，但目前也存在操作界面不方便、送达情况反馈不到位、实时统计数据不完整、电子送达效果不明显及试点成果运用不充分等问题。这些问题不仅需要法院技术部门继续加大技术力量投入，也需要市法院多个业务部门和各基层法院对试点工作提高关注度，积极参与、广泛运用，才能提升送达简约化、智能化、高效化水平。

3. 电子送达的效力和推广适用问题

主要是电子送达是否需当事人同意才能适用、不同意不能视为有效送达的问题。部分法官和审判辅助人员不敢用，或电子、邮寄等多轨适用，不当增加工作量及财政负担，未能发挥预期缓解送达压力、解决"送达难"的作用。

4. 关于全流程体系综合改革问题

送达贯穿民事诉讼全流程，需要政法系统内部、各政府职能部门、专家学者、新闻媒体社会各界提高关注度，才能范围更广、程度更深、效果更明显地破解"送达难"工作机制改革。例如，在构建覆盖全市的网格员协助查询送达的过程中，首批纳入试点范围的 11000 余名网格员主要由市来穗局、民政局等管理，由于开展试点工作的时间较短，网格员协助送达的管理、考核、激励机制等配套制度尚未健全，这些并非法院独自能够解决的，需要社会各界的大力支持和配合。

（二）努力方向

第一，加强统筹推进数据对接等相关项目落地运作。一是协调市工信委牵头大数据局整体同意向法院开放共享数据库。二是协调市司法局同意共享律师身份和执业信息数据、律师事务所机构状态数据。三是协调市人社局同意共享个人社保信息、个人求职信息、工作单位信息数据。四是协调市工商局同意共享企业登记注册信息、股东变更信息。五是协调市税务局同意共享纳税信息、企业验资报告信息、涉案执行不动产交易金额等信息。六是协调市民政局同意共享结婚登记信息、离婚登记信息。七是协调市公积金中心同意共享公积金账号及缴纳信息。

第二，进一步完善"智慧送达平台"。广州法院全域智慧送达平台是整个送达信息化建设体系中的核心平台，在此基础上，将深化与拓展邮寄集中办理系统、实名查号短信送达系统、文书自助打印终端、律师电子送达系统、电话录音存证系统、送达地址智能采集与管理系统、公告集中办理系统与电子公告系统、跨域集约送达系统、外出送达终端系统、微信送达系统、送达效能分析及可视化系统等 11 个子系统，实现智慧送达平台与审判系统深度融合，进一步提升"两个明显"目标，从而推动审判执行工作质效提升。

第三，进一步扩大"送必达"试点成果。将试点成果从立案庭执行局辐射到全院各业务部门、从中院辐射到各基层法院及其他兄弟法院。与各政府职能部门加强协作，进一步发挥公证机构、邮政人员、网格员等辅助送达的作用，不断推进送达辅助事务外包，扩大电子送达、进一步提高送达效率，减轻法院人案矛盾压力。在全国、全省、全市加大对试点成果的宣传推广和运用，提供可复制借鉴的"广州经验"，为破解"送达难"贡献广州智慧。

B.11
北京市海淀区人民法院执行
信息化建设的实践与展望

毛金柯　董艳雪*

摘　要： 信息化时代浪潮中，推动法院执行信息化建设是新时代切实解决执行难问题的关键，也是司法改革的重要内容。在最高人民法院的统一部署下，全国法院执行信息化建设已取得显著成效，为基本解决执行难目标的实现提供了强力的技术支持。随着信息化建设的不断深入，结合海淀法院执行工作实际，运用信息技术及大数据分析思维破解执行难题。但从整体上看，执行信息化建设正遭遇"阵痛期"，面临因智能化程度不高而产生的各种问题，需要从技术开发走向应用管理，实现信息技术与执行办案的无缝对接，做到发展与安全并重。

关键词： 执行信息化建设　解决执行难　智慧执行

引　言

为贯彻落实党中央关于实现"切实解决执行难""依法保障胜诉当事人及时实现权益"目标的重大决策部署，2016年，最高人民法院提出"用两

---

* 毛金柯，北京市海淀区人民法院执行局副局长；董艳雪，北京市海淀区人民法院执行局法官助理。

到三年时间基本解决执行难问题"的阶段性目标。经过三年的不懈努力，执行工作取得重大成效，"基本解决执行难"目标如期实现，兑现了人民法院作出的庄严承诺。2019年，执行工作已进入切实解决执行难的目标阶段①。在巩固"基本解决执行难"成果的基础上，进一步推进执行信息化建设，必将对破解执行难题起到强大助推作用。

执行信息化建设肇始于全国网络执行查控系统，近几年取得突飞猛进的发展，逐渐形成执行工作全覆盖趋势，极大便利了当事人需求和法院执行工作。以海淀法院执行的一起劳动报酬纠纷案件为例，申请人来院立案后，执行法官通过最高人民法院网络查控系统对被执行人名下财产进行查询，30分钟之内就收到银行反馈的被执行人名下有足额现金存款，法官立即操作，完成该银行账户的网上冻结。被执行人接到账户被冻结信息后，主动到法院履行了义务，该案得以顺利执结。又比如，执行法官根据最高人民法院查控系统反馈的财产信息，查封了被执行人名下一套房产，现进入评估拍卖阶段。法官通知当事人双方来到法院，通过大数据询价系统，仅30秒就完成了房产评估，高效、快捷地完成了原本需要一个月的财产评估工作。

近年来，在最高人民法院的统一部署下，全国法院先后建立起了执行信息应用系统，全面覆盖了核心执行业务流程，形成了四级法院上下联动、网络化查人找物及信用惩戒的目标。法院执行能力显著提升，对失信行为形成了有力威慑，为法院基本解决执行难目标如期实现提供了基础保障支持。但是，执行信息化建设推进过程中，仍存在许多亟待解决的难题。

---

① 2019年6月，最高人民法院发布《人民法院执行工作纲要（2019~2023）》，指出下一阶段人民法院执行工作的总体思路是：坚持以习近平新时代中国特色社会主义思想为指导，坚持党对人民法院工作的绝对领导，坚持以人民为中心，坚持稳中求进工作总基调，切实巩固"基本解决执行难"成果，健全完善执行工作长效机制，着力破解执行难、补齐短板，加强综合治理、源头治理，不断提升执行工作能力水平，坚定不移向着"切实解决执行难"目标奋进。

一　成效：走好三步棋，破解执行难

最高人民法院在《人民法院执行工作纲要（2019～2023）》中明确指出，以信息技术实现执行模式现代化，为人民法院实现基本解决执行难提供了基础性的技术保障，同时也为深化司法为民、提升执行质效、规范执行管理提供了强力支撑。海淀区人民法院坚持问题导向，创新思维，也在利用信息化手段拓展执行广度和深度方面进行了有益探索，走好"管理、接待、拍卖"三步棋，有效破解执行难题。

（一）执行管理可视化，方便执行办案和考核管理

为了提升精细管理能力，改变以往事后管理和经验管理的粗放管理方式，海淀法院对传统办案模式下分散在不同系统的数据进行整合，以大数据分析方式，建立跨界融合的执行精细化管理系统。通过系统智能分析案件难易程度、对财产流转关键节点进行风险预警、办案过程全程留痕，关键指标集中展示，实现承办人、院庭长对案件质效的可视化精准管理，以信息化手段倒逼执法办案尺度统一，减少人为干预，节约管理成本。

第一，通过"五超案件模块"和"绩效考核模块"突出精细监管。系统可自动监控财产控制、处置、收发案款等重点工作环节，尤其是财产的流转信息。在案件流程中加入集约发送执行通知、集中查控等集约化工作后，工作全程留痕，节点清晰的案件执行日志信息成为记录不同阶段工作进度、分清各自责任的重要证据。系统对于"有财产超过15天未进行查控、执行措施到期未处置、超期未发款、长期未结、超期未归档"的"五超案件"予以重点自动提示，以团队为单位对超期案件数量排序公示，在系统首页和执行指挥中心大屏上实时滚动展示，实现院庭长对个案流程、整体质效的全面监管。同时，法官的办案绩效通过系统自动根据个案表现综合精确计算，无须院庭长再作重复统计或是仅能粗略评估。真正实现以信息化手段实现可视化管理的目标。

第二，通过"财产识别模块"督促简案先结。传统办案系统中，财产查询反馈结果分散在不同的系统中，同一个案件，法官需要手动打开银行存款、车辆、股权信息页面逐一查询，甄别工作较为繁重。同时，成百上千条财产查询结果零散分布，执行法官只能逐条点击查看，无法从列表中获得被执行人财产总额，即是否有足够的现金存款可供执行，导致法官对手头案件的难易程度无法作出判断，将大量时间浪费在一条一条地翻找可执行财产的过程中。海淀法院通过执行精细化管理系统对执行财产大数据进行综合分析，并结合申请执行标的金额，建立被执行人履行能力的评估指标——现金可执行率，以此进行案件难易排序，督促团队及时执结简易案件。利用该系统，海淀法院还成立速执团队及时办理有存款案件，减少以往因难以识别该类案件而产生的排队等待时间，平均办案时长缩短至30日以内。

（二）法官接待智能化，切实解决"执行法官难找"问题

作为实现公平正义的最后一道防线，执行工作一直以来备受社会各界关注。尤其是执行案件当事人期待能够积极参与执行案件，但执行干警经常外出的工作实际，以及"案多人少"矛盾，使得法官接待时间与当事人来访需求不相匹配，执行法官难找问题突出。

海淀法院因地制宜，结合海淀区人口受教育程度普遍较高的特点，开发了执行工作联络平台，以信息化手段畅通当事人与法官之间的沟通渠道，方便当事人依法表达诉求。当事人或代理人直接通过微信即可加入平台，实现联系法官、提供财产线索和投诉建议三大目的。配合法院24小时内必须回复的专人督促制度，真正实现当事人足不出户就能联系法官的目的。法官将执行工作联络平台视为"线上接待"通道，根据留言内容及案件情况，直接在平台上回复当事人关于案件进展情况的询问，也能直接与复杂案件当事人预约接待，得以自主灵活安排回复及接待时间，使得约35%的非预约来访得以消减，大大减少了非预约及法律咨询来访的接待压力，接待效率大幅提升。自2017年5月上线到2019年5月27日，执行工作联络平台注册用户已达25340人，当事人累计联系法官30620次，提供线索7293次，投诉

建议 1262 次，初步实现接待服务精准化，让数据多跑路、当事人少跑腿的目标。

（三）评估拍卖一体化，全面提升资产处置工作质效

加大财产处置力度，全面完善以网络司法拍卖为中心的资产定价和处置模式，是人民法院"五五改革纲要"切实解决执行难长效制度的重要组成部分，也是 2019 年北京法院重点工作内容。2018 年以来，海淀法院深化执行体制机制改革，充分利用信息化手段促进资产处置模式转型升级，解决传统评估拍卖模式下资产处置力度不足的问题。

原有办案模式下客观上难以清楚掌握每个案件财产查扣情况，加上评拍流程复杂，法官进行资产处置的积极性不高；评估拍卖流程操作分散部署在不同的系统，难以实现资产处置一体化。为有效解决由此导致的资产处置不足问题，2018 年，海淀法院成立专门的资产处置团队，依托自主开发的"资产处置一体化系统"，实现资产处置工作专业化、信息化、一体化。通过该系统，法官能清楚了解案件财产查扣情况，并根据实际情况决定是否移送评估拍卖，案件精细化管理水平提高。同时，该模式推进执行事务分工，打破"一人包案到底"的办案方式，烦琐的评估、拍卖、交付腾房工作统一由资产处置团队完成，集约化程度大幅提升，法官专司办案，做好决策，资产处置积极性显著提升，移送网络司法拍卖的案件显著增多。

二 问题：执行信息化建设遭遇"阵痛期"

中国执行信息化发展历史较短，智能化水平不高，决定了执行信息化建设必定会经历一个"阵痛期"。而法官对执行信息化建设重要性认识不足，系统深化应用和资源整合程度不高以及信息安全保护问题，都是这一时期必须正视并解决的重要问题[1]。

---

[1] 山东省高级人民法院编：《山东智慧法院建设探索与实践》，人民法院出版社，2018，第8页。

（一）法官对执行信息化认识存在误区

为提高案件执行的规范性，最高人民法院建成了执行流程管理系统，通过自动检测案件执行过程中的关键流程节点信息，如财产调查、终本约谈、评估拍卖异议、案款发放节点等信息填录情况，监督案件执行情况。执行法官采取相关措施后，需要在系统中手动填入相关信息，以保证系统数据与纸质卷宗的一致性。对于关键节点信息缺失的案件，将被上级法院督促办理。据此，许多执行法官认为，信息化不仅未能充分服务于法官办案，反而增加了其工作量。部分法官认为，信息化建设与执行业务无关，对于信息技术相关的问题表现出不积极、不支持、不学习的情况[1]。

（二）信息技术与执行业务融合有待加强

全国法院利用现代信息网络的便捷优势，通过网络执行查控系统，将查人找物难的关键问题从复杂的社会问题转变为简单的技术问题，充分显现了中国特色的司法智慧[2]。但由于缺乏统一技术标准以及顶层设计不够，全国法院信息化建设水平和进度不一，各类系统兼容性较差，生成的信息资源难以互通共享。多系统之间的数据融合问题、法院与相关单位的信息共享及业务协同问题，已成为当下执行信息化建设深入推进的瓶颈。相关单位因为各方面的原因，与法院进行数据共享或网络互联时存有顾虑，实践中造成法院查询的数据质量不佳的问题，无法有效服务于执行办案。同时，由于数据要在多种设备之间传输，数据一致性未能得到有效保证，导致信息碎片化和信息孤岛的产生。

---

[1] 中国社会科学院法学研究所：《中国法院信息化第三方评估报告》，中国社会科学出版社，2016，第83页。

[2] 肖建国：《执行信息化建设助推执行模式新变革》，《人民法院报》2016年6月16日，第5版。

（三）信息化发展与隐私保护的矛盾

执行规范化水平不高，信息技术存在漏洞，导致执行过程中当事人信息保护存在安全隐患。尤其是网络执行查控系统，为法官铺就了查找执行财产的"高速路"，法官可以随时查询被执行人名下的财产信息、个人身份信息、婚姻配偶信息等。部分法官信息安全意识不强，难以实现自我约束，容易造成被执行人信息滥用的情形。这是执行信息化建设过程中无法回避的现实性问题，如果不能处理好技术发展与信息保护之间的平衡问题，必将阻碍执行信息建设的健康有序发展。

三 决策：从技术开发走向应用管理

先进的信息技术是执行信息化建设成功推进的前提条件，但技术之外，高效成熟的管理体系必不可少。目前正处于执行信息化建设的"阵痛期"，解决好上述问题成为成功深入推进的关键。

（一）坚持理念先导，提升法官参与信息化建设的积极性

法院的信息化建设有"三服务"的目标，即服务于人民群众、服务于司法管理、服务于审判执行[①]。成功的信息化建设能够有效降低社会沟通成本，适应当今时代的发展需求，切实提高法官获取和处理信息的能力。法官作为法院信息化建设最主要的参与者之一，只有参与其中，才能切实感知信息化对执行工作带来的巨大改变。针对目前执行信息化建设智能化水平不高，难以高效服务于法官执行办案的现状，法院可以定期组织研讨，邀请法官参与到执行信息化建设过程中，针对具体问题提出需求，将信息化发展紧紧围绕执行业务开展以及切实减轻法官工作负担为出发点进行设计、修改，

---

① 山东省潍坊市中级人民法院课题组：《创新智慧执行，解决执行难题》，载山东省高级人民法院编《山东智慧法院建设探索与实践》，人民法院出版社，2018，第24页。

让信息技术能够真正服务于法官办案需求。同时，在讨论方案的过程中，也能通过经验介绍、成果分享的方式，让法官真正意识并享受到信息化带来的"改革红利"，为切实解决执行难目标的实现提供技术支撑和有效保障。

针对部分法官信息技术能力不足的情况，法院可根据自身情况，通过人员配置等方式，优化法官办案团队人员年龄结构、知识结构，解决部分法官信息化应用能力比较薄弱的问题。同时，定期组织相关培训，制定简洁、明了的操作手册，切实减轻法官使用信息化技术的负担，激发其主动使用科技手段辅助办案的积极性。

（二）坚持问题导向，把握司法规律，实现信息技术与执行办案的跨界融合

以信息技术为支撑的执行工作模式常态化，是"切实解决执行难""依法保障胜诉当事人及时实现权益"目标实现的客观需求。面对人民群众日益多元化的司法需求，需要法院顺应时代的信息化潮流，用好信息技术推动执行工作向前发展。针对信息技术与执行办案尚未实现深入融合的问题，需要法院做好顶层设计，在制定信息化建设方案时，把握审判执行运行规律，因地制宜，做好统筹规划，确保系统开发建设既符合本地司法活动需要，又能与最高人民法院的统筹设置保持一致，避免造成重建和浪费。

加大与协执单位之间的互联互通力度，实现数据共享流动的畅通机制。尤其是要进一步完善法院网络执行查控系统，优化财产反馈数据的质量，进一步拓宽查控系统的财产类型和地域覆盖范围，将保险等理财产品纳入网上查控的范围。加强与车辆管理、不动产登记等单位的联动力度，实现对车辆、不动产的线上查封功能，实现所有财产形式查、控、扣一体化的目标。

进一步完善联合信用惩戒系统，通过国家"互联网＋监管"系统以及全国信用信息共享平台，实现失信被执行人信息与公安、金融监管、税务等部分即其他企事业单位、人民组织信息对接互联，实现数据共享。同时配合法院的拘留、移送拒执罪等强制措施，打好组合拳，营造"一处失信、处处受限"的高压态势。

（三）坚持发展与安全并重原则，确保被执行人信息不被违法滥用

执行查控是执行工作得以顺利开展的关键环节[①]。信息科技服务于法官查人找物的同时，也带来了信息安全隐患。随着法院信息化建设的不断深入，法院与公安、社保、医疗等部门数据基本实现共用共享，执行法官获取了大量被执行人的个人信息，如何保证信息不被滥用关涉执行信息化建设的长足发展。

法院要处理好信息安全与信息化建设的关系，在提升执行信息化水平的同时，注意保护被执行人的个人隐私和身份信息，尤其是执行办案过程中获取的被执行人婚姻配偶信息、财产信息等。在拓展法院信息技术工作宽度和深度的同时，要同步完善信息安全保障机制，有效防控信息泄露风险，确保信息安全与执行信息化建设得以同步发展。

结　语

执行工作已进入切实解决执行难阶段，以信息化手段助力执行模式变革，实现以信息技术为支撑的执行工作模式常态化，是全国法院巩固基本解决执行难成果的题中应有之义。目前执行信息化建设已进入大数据时代，加快法院在智慧法院和数据法院建设进程中，坚持信息发展与隐私保护同等重要的理念，确保信息化建设真正实现"更好地服务于人民群众、服务于审判执行、服务于司法管理"的目标。

[①]　邹碧华：《法院的可视化管理》，法律出版社，2017，第302页。

B.12
新语境下立审执协调运行机制的系统化展开

—— 以河南省郑州市中原区人民法院探索为样本

赵洪印*

摘　要： 审执关系是司法权优化配置的核心问题，更是现行执行体制改革的切入点，在合理界分审执两程序的差异性基础上，更应深刻认识并把握二者的共通性原理，聚焦破解执行难的内部成因，做好立审执程序的衔接配合。本报告以立审执协调配合成效突出的中原法院为分析样本，按照对比分析该院立审执协调运行机制运行前后主要执行指标及排名数值、研判总结先前存在的问题和原因、概括列举立审执协调运行机制有效探索的行文结构，全景式回溯中原法院立审执协调运行机制建立前后场景，以立审执协调运行助力法院破解执行难。在健全完善执行工作长效机制的新语境下，为各地基层法院立审执协调配合机制优化提供可复制、可推广的参考经验。

关键词： 审执分离　立审执协调　破解执行难　长效机制

"执行难"是执行工作当前面临的一个普遍问题，究其成因，既有法院

---

* 赵洪印，北京大学法律硕士，河南省首批审判业务专家，现任河南省郑州市中原区人民法院党组书记、院长。

外部因素，也有法院内部原因，如执行依据不明确、财产保全率过低、调解当即履行率不高等问题。之所以出现此类问题，其中一项重要原因就是法院内部立审执运行缺乏协作配合，各环节陷入单打独斗，彼此之间衔接失序。2018 年 5 月 28 日，最高人民法院发布《最高人民法院关于人民法院立案、审判与执行工作协调运行的意见》，从法院整体工作的角度对立案、审判、执行工作的有序衔接和高效运行进行了规范，对基层法院立审执协调运行工作有重要的指导意义。

河南省郑州市中原区人民法院（以下简称"中原法院"）系省会城市基层法院，在立审执协调运行长效工作机制确立前，同样存在立审执各环节衔接缺失、程序不畅、效率不高的弊病，且在近年来随着立案登记制的实施，案多人少矛盾日益突出的情况下，立审执链路脱节带来的问题更加严重，不仅给"基本解决执行难"带来了极大的阻碍，也直接拉低了法院的整体司法效能，导致该院 2018 年执行质效多项指标位于全省全市末段区间。为改变上述落后局面，中原区人民法院在贯彻审执分离的基础上，优化立审执协调配合，内部助力破解执行难，探索确立了立审执协调运行长效工作机制，取得了良好效果。在上半年收案数大幅增加的情况下，执行质效全部指标均平稳向好，大部分指标居全省全市基层法院前列，迅速扭转了 2018 年同期在全省全市落后的局面。

一　提升明显，多项执行指标位居全省全市前列

1. 从数据看结案质量之提高

2019 年上半年，中原法院共新收执行案件 4515 件，其中首执案件 3082 件，执恢 527 件，旧存 960 件。与 2018 年同期相比，收案增加 1413 件（含旧存），上升 45.55%；结案增加 1634 件，上升 122.12%。已结案件 2972 件，实结占结案比例为 80.50%，较上年同期上升 21.05 个百分点，由 2018 年的全市排名第 10 位提升至全市第 1 名，由 2018 年的全省排名第 123 位提升至全省第 12 名（见图 1）。

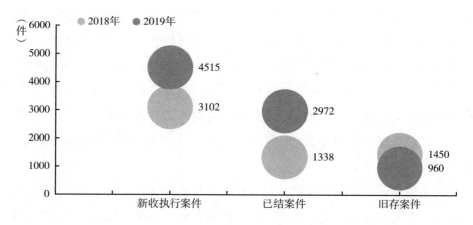

图1 两年上半年收、结、存案件数量对比

随着中原法院立审执协调运行工作机制各项措施陆续落地，2019年上半年，中原法院实际执结率同比增长22.94个百分点（2018年同期为27.33%），由2018年同期全市排名第12名跃居2019年全市第1名，由2018年的全省排名第142位提升至全省第12名；执行完毕率亦从2018年同期的18.71%提升至2019年的36.5%，由2018年的全市第12名提升至全市第1名，由2018年的全省排名第138位提升至全省第8名（见图2）。

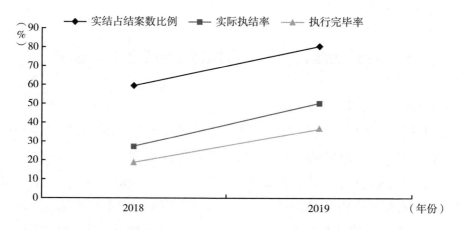

图2 两年上半年实结占结案数比例、执行完毕率、实际执结率对比

2. 从数据看结案效率之提升

2018 年上半年，中原法院结案平均用时为 193.01 天/件，执行完毕案件结案平均用时为 148.28 天/件，在全省分别排名第 150 位、第 154 位，未结率为 54.03%，全省排名为第 133 位。

自 2019 年以来，立审执协调配合机制的常态化运行，使全院法官牢固树立"全院一盘棋"的理念，做到立案、审判与执行相互配合、相互衔接，立案、审判为执行提供基础、创造条件，使法院内部案件调处合力得到充分发挥，共同将案件及时化解、执结，摒弃了旧模式中审判查一遍、执行查一遍的重复查询程序，既节省了人力物力，又大大缩短了执行期限，平均执行天数明显减少。2019 年上半年，中原法院结案平均用时 75.6 天/件，居全市第 5 位、全省第 29 位，执行完毕案件结案平均用时为 35.55 天/件，居全市第 3 位、全省第 13 位，比 2018 年分别提升了 6、8 个名次（2018 年全市排名均为第 11 位），全省排名分别提升了 121、141 个名次。未结率为 37.56%，居全省第 46 位，全省排名提升了 87 个名次（见图 3）。

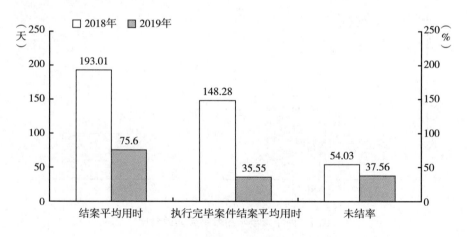

图 3　结案平均用时对比

3. 从数据看终本类指标之趋好

2019 年上半年，中原法院终本占结案数比例为 19.5%，较 2018 年的 40.55% 降低了 21.05 个百分点，由 2018 年全市排名第 10 位跃居全市第 1

位，由 2018 年全省排名第 123 位跃居全省第 12 位。终本率为 12.17%，较 2018 年的 18.64% 降低了 6.47 个百分点（见图 4），亦从 2018 年的全市第 10 名提升至 2019 年的全市第 1 名，从 2018 年的全省第 102 名提升至 2019 年的全省第 32 名。此外，首次执行终本案件合格率、执行案件终本合格率均为 100%，并列全省、全市第 1 名。

2019 年以来，该院协调运行机制强化立案、审判在协调运行中当事人财产线索收集器的作用，加大申请人关于被执行人财产线索的举证责任，充分发挥财产保全制度促调解、利执行的作用，将财产保全贯穿诉前、诉中、执前各环节，加大立案和审判阶段查证固定被执行人财产线索的力度，严格把关执行案件的终本结案条件，同时加大实际结案的力度，使进入执行阶段的案件大多有财产可供执行，大大减少了确无财产可供执行及财产不足以执行完毕的案件数量，使得终本数量有了明显降低，终本质效指标有了明显的提升。

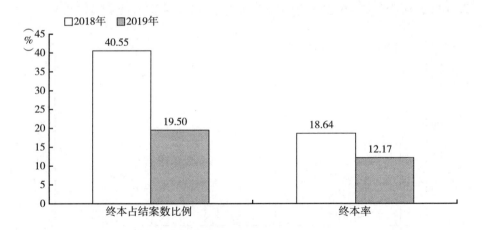

图 4　两年上半年终本案件质效对比

4. 从数据看法定期限内结案率之提升

2019 年上半年，中原法院执行案件法定期限内结案率为 93.73%，较 2018 年上半年的 61.58% 提升了 32.15 个百分点，并由 2018 年上半年全市排名第 9 位提升至全市第 3 位，2018 年上半年全省排名第 137 位提升至全省第 89 位。

协调运行机制各项措施的落地，促进了立案、审判服务执行的理念树立，执行反哺立案、审判的作用愈发明显。虽然执行收案数量较 2018 年同期有了大幅增加，但依托"和顺中原"纠纷多元化解平台，借助立案、审判的协同联动，执行案件的财产精准查控能力有了巨大提升，不仅降低了司法成本，也提升了执行结案效率，使得长期未结执行案件数减少，直接推高了执行法定期限内结案率。

二 协调运行长效工作机制确立前存在问题及原因

立审执协调运行是促进缓解、破解执行难问题的路径之一，现已成为中原法院的共识。但在 2018 年，法院内部立审执关系是否限于分离、能否协调兼顾，以及应存在何种程度、何种层面的协调配合，并没有一致的意见，立案、审判、执行三部门各说各话。其问题主要表现在以下方面。

1. 立审执分离观念僵化，协作配合意识薄弱

法院内部各个部门之间对立审执分离原则的理解存在误区，部分人员存在绝对化的倾向，错误认识的代际传递进而演变成部门守成保护主义、部门权力割据行使，不作职能延伸，"只扫门前雪，只耕自家田"，导致法院内部衔接失序、程序脱节。上述相互孤立的固化、僵化理念与先前立审执运行模式不无关系。从实践上看，集中表现在立案阶段审查走形式、案件信息不全面、风险告知不充分、法律释明不主动、程序引导不充分等，致使申请人在权利不能实现时归咎于法院，造成执行负面舆情。在审判阶段，存在单纯办案思想，因一味追求调解率或一判了之而忽视案件执行的可能性。部分法官在审理案件时一味追求调解结案，却忽略了案件执行的可履行性，有些案件调解协议达成的内容根本无法执行或严重侵害第三人利益，在执行过程中矛盾重重。有些审理人员只顾审结案件，至于执行人员能否以生效的法律文书为依据执行到位，则与其无关。部分关联案件如道路交通事故损害赔偿纠纷案件、婚姻家庭类案件，往往多个案件由一个或多个审理法官承办，个别

法官在发放款物时未能从全局考虑关注关联案件，致使部分原告领取案款后，在另一案件中身份置换为被告，进而在执行程序中逃避执行，导致当事人对法院工作极度不满，人为酿成信访事件。

2. 立案审查核实不够，审前职责履行不足

立案是诉讼程序的启动环节，只有受理立案方可导入审判程序，立案环节是接待当事人的第一个窗口，承担着立案条件审查、诉讼信息收集、法律知识释明、诉讼风险告知等所有审判、执行前的准备工作，基于诉讼服务的职能定位，包括负责诉调对接、多元化解的工作职责，其同样负有"定分止争"的功能。由于立案庭工作人员缺乏协同意识，存在机械立案现象，不能充分发挥主观能动性，也为随后的审判和执行程序埋下隐患。

从实践看，其一，表现为立案审查不严格、案件信息不翔实，不主动审查执行依据的可执行性，致使进入执行程序就执行不能，使得申请人在权利不能实现时归咎于法院，造成执行工作的被动。对当事人之间的身份职业、通信地址、财产情况、关联案件的信息没有详细地把关审查，常常导致执行部门花费较大的精力获取上述信息，而这些信息的获取在立案时只需简单要求当事人及时补充即可。案件信息的缺乏对于执行思路、结果也会产生一定影响。比如，了解当事人的职业情况往往有助于化解案件，当事人的联系方式有助于提高法律文书送达的效率，财产信息有利于法院采取财产保全措施进而有助于审判和执行，关联案件信息有助于法官向当事人释明执行风险，减少怀疑和信访等问题。

其二，表现为审前释明不主动、诉讼指导不充分、财产保全不积极等。在立案阶段，未强化申请执行人的举证责任。被执行人究竟有无执行能力，因为关系到申请执行人的切身利益，所以申请人会最大限度地关注和搜索。但执行立案时，一般不去审查申请人是否提供被执行人的财产状况，也不去释明申请执行人的举证责任，导致法院耗费大量资源去查控被执行人及其财产现状，忽视了申请执行人的配合价值，客观上降低了办案效率。对裁决是否具有可执行性，不予审查，判决的执行只适用于给付判决，确认判决及形成判决均无执行力，如法院判决合同无效或有效，就不具有执行力。这类案

件经立案进入执行程序后，致使案件久拖不结，法院"积案"重重，案件出现瑕疵则相互推诿，法院内部产生矛盾，当事人对法院执行工作有误解，产生不满情绪，执行立案审查没有发挥应有的作用。对原告或申请执行人在诉讼过程中可能遭遇的诉讼风险却不能及时、充分地告知和解释，不积极释明财产保全的益处，不提醒或告知执行不能的风险，这种孤立立案的工作方式不仅不利于后续执行工作的有效开展，更在一定程度上损害人民法院的司法权威。

3. 审判缺乏全局观念，就案办案普遍存在

从审判、执行的目标意义来说，审判是执行工作的前提和基础，经过审理后作出的生效法律文书才是强制执行的依据，而执行则是审判结果实现的重要途径和维护司法权威的根本保障，将被失衡的权利义务内容恢复至正常的法律状态，两者休戚相关，虽然审判与执行独立存在、相互区别，但彼此衔接、互为依托，具有很强的程序接续性。除公证债权文书、仲裁裁决之外，执行依据多是生效的判决书和调解书，在审判阶段，不对案件标的物进行实地调查，不对当事人的财产信息进行收集，不对判项的具体内容予以明确，不能站在法院全局的高度作出裁判，只是单纯把案件审结作为目标，一判了之。在审判阶段，部分审判人员没有认识到被执行人的个人身份证号码或企业的组织机构代码等信息的重要性，裁判文书中存在当事人未写明、内容不完整甚至错误的现象。而这样的案件进入执行程序后，执行人员依据已经生效的法律文书上标明的身份信息查询时，势必无果而返，不得不到公安、工商部门调取相关信息后再重复各项查询工作，这不但在很大程度上浪费了司法资源，而且还会延误执行时机。此外，还有个别生效裁判文书存在错别字、判决内容与实际执行标的物不符、财产范围模糊等执行内容不明确不具体的问题。比如，对于应当在裁判文书中详尽载明的事项，如交付的财产种类、数量、特征，履行义务的时间、地点、方式，给付利息的起始时间、标准、罚则等，未能明确记载，导致案件当事人各执一词，执行中难以认定；对于应当在审理过程中进行合理性考虑的裁判事项，机械适用法律，导致执行工作缺乏可操作性。例如，在涉及不动产买卖交付、腾交返还的裁

判主文中，没有写明该房屋或土地的具体内容、确切位置和四址边界，使执行中无法确定具体的物的指向；再如，调解继续履行合同的，未叙明合同实际履行的情况，亦未明确需要履行的具体内容，还表现在对当事人提出的调解请求，不经审查其实际履行能力即予确认，片面追求调解结案率，导致调解率高但实际履行率低。对于容易引起当事人误解和质疑的事实认定和法律适用疏于辨析说理，缺乏诉讼指导，导致案件进入执行程序后当事人与执行机构的抵触甚至对抗。

4. 执行阶段抱残守缺，缺乏联络主动性

执行负有一定的审查职能，如生效的法律文书作为执行依据不明确不具体，或不具有可执行性，或者在执行过程中发现文书中认定的事实错误，直接影响裁判结果，在这两种情况下，执行人员应主动与审判人员联系，进行相关情况的核实确认，但多数执行员往往不审查文书，甚至不查看文书，只翻看申请人提交的强制执行申请书或立案庭录入的立案信息，自称只看判决结果，如有问题找审判人员，不履行审查义务，也不沟通反馈，引起审执推诿现象，鼓励当事人滥用诉权。提起再审的理由尚未充足即随意申诉，亦不利于审判监督工作。还存在执行人员在立案执行后未针对执行名义确定的权利范围、种类、数量、行为等概念向审判人员作必要的征询。以执代审，对执行的错误理解，进而导致执行对象或行为错误，使执行难问题进一步演化为执行乱，强制执行权威荡然无存，混淆执行裁量权与审判权的界限。

5. 诉讼保全低位运行，未发挥实质性作用

在执行过程中，有部分案件的被执行人原本是有履行能力和可执行的财产的，但案件审结后就不见其踪影，财产也不知何时被藏匿、转移甚至已被处分，使得本能够执行的案件一直无法执行到位；有的案件，虽然在执行前已经采取了保全措施，但对保全标的物没有予以妥善保管，使其价值本身遭受损失，失去了变现的可能和意义；还有的案件在诉讼中未能对保全标的物进行全面严格的审查，将所有权存在争议的标的物予以保全，而相关利益人此时尚不知情，当案件进入执行程序，准备将该标的物予以变现时，相关利益人提出了执行异议，由此增加了执行的难度；另外，在诉讼保全的时限和

执行的衔接上也存在一定问题，个别已保全的案件在卷宗中找不到相关保全材料。

6. 立审执联动媒介缺位，协调运行机制缺失

在 2019 年协调运行机制确立之前，中原法院没有关于立审执配合的制度、机制，只有立审执分离制约、相互监督这一类别的文件，加之各部门本位观念浓厚，又属不同分管领导管理，分离意识使得单位内部实现立审执协调配合的进程缓慢，部门之间的协同联动也缺乏依据。从实践看，其一，缺乏信息共享。立案、审判和执行机构之间缺乏沟通，信息传导渠道不畅，均是由当事人单线串联程序，缺乏部门之间的起承转合，如对案件当事人身份特征、家庭情况、财产状况、时效信息等问题的重复调查现象严重，影响诉讼效率，浪费有限的司法资源。其二，缺乏奖惩激励。绩效考核规定仅限定于单个部门相对固定的立审执指标，缺乏部门间关联指标的奖励，如考核调解率，却不考核调解自动履行率，对直接影响审判、执行工作效率的财产保全、先予执行、释明权行使、判项不具有可执行性等问题则未作硬性规定，列入考核内容。其三，缺乏协调会商。立案部门对于一定时期内连续出现的立审执兼顾不够，缺乏沟通、分析和监督机制；对于工作过程中出现的具有典型意义或者重大敏感性的案件，缺乏通知、反馈和协调机制；对于立审执部门之间出现的矛盾冲突，缺乏及时有效的问责、调节和解决机制。

正是上述问题的存在，极大地制约了中原法院之前执行工作的顺利开展，甚至导致法院整体工作陷入恶性循环。

三 构建立审执协调配合机制的有效探索

立审执协调配合机制的构建，绕不开立审执分离原则，二者从表面上看存在一定冲突，但实质是否存在矛盾冲突需要加以分析。

从立审执运行模式的历史沿革来看，可大致分为四个阶段。第一阶段是立审合一、审执分离。根据 1954 年 9 月颁布的《人民法院组织法》，从 20 世纪 50 年代中期始，全国各地人民法院在内部设执行员，办理民事判决和

裁定的执行事项，办理刑事案件判决和裁定中关于财产部分的执行事项。第二阶段是立审执合一，由审判庭兼管立案、执行工作，立案和执行工作依附于审判工作，实行谁立案、谁审判、谁执行。第三阶段是立审执分离。1991年公布的《民事诉讼法》明确了设立执行机构的依据，1996年全国法院立案工作座谈会以后，最高人民法院明确要求各级法院立审分开，并在《人民法院五年改革纲要》（法发〔1999〕28号）中确立了"立审、审执、审监"三分原则，从此逐步实行了立案、审判、执行分离的运行模式。第四阶段是立审执协调运行。2018年5月28日，最高人民法院发布《最高人民法院关于人民法院立案、审判与执行工作协调运行的意见》，从法院整体工作的角度对立案、审判、执行工作的有序衔接和高效运行进行了规范。

结合上述运行模式的变化，从现行职能分工定位看，当前推行的立审执分离原则的初衷是为加大执行力度、提高执行效率、防止司法腐败，并不是将立案、审判与执行截然分开。特别需要指出的是，最高人民法院关于立审执协调运行意见的出台绝不是对立审执分离的简单否定，也不是立审执合一的简单回归。它是新的历史时期审判执行工作机制改革的必然，是认识论中螺旋式上升的结果。准确地说，是针对当前法院普遍存在的立审执衔接不足、严重脱节进而影响法院审执工作整体效能的情况，及时作出的回应和改进，是在坚持立审执分离的前提下，更好地做到立审执统筹兼顾。

基于此，中原法院新一届院党组遵循"立审分离、审执分离"的原则，审时度势，从自身实际出发，坚持问题导向，瞄准症结所在，在深入推进执行改革的同时，着力破解法院内部衍生的执行难题，通过整合内部资源，优化职能分工，通畅程序衔接，确立了协调运行长效工作机制，将执行思维贯穿于立审执工作全过程，形成了既相互分工又相互配合的工作关系，做到立审、立执和审执兼顾，有力促进执行质效不断提升。是故，中原法院在立审执协调运行机制常态化运行之后，取得了良好的效果。

（一）依托"和顺中原"多元化解，强化源头治理

构建"和顺中原"矛盾纠纷多元化解平台，推行民事纠纷多元调解机

制全程化。根据矛盾发展规律，从萌发阶段、诉前阶段、诉讼阶段、执行阶段、四到位阶段分别入手，有效整合社会各方力量和资源，促进纠纷快速化解。通过繁简分流、诉调对接、诉前调解等多种方式，力求将矛盾纠纷化解在诉前；庭上分清是非，试行执行员参与诉前和诉中调解，充分发挥执行员自身优势，有力提高了调解现场、庭审前后的履行完毕率，把案件的执行完成在诉讼之中，从源头上减少执行案件的增量，给执行减负，减少司法成本，提升工作效率。自"和顺中原"多元化调解机制建立以来，中原法院17个审判团队累计向民调员、网格员移送调解案件 2162 件，经民调员、网格员线上线下同步做工作，2019 年上半年调解成功 1405 件，调解成功率 65%，当事人主动撤回 116 件，调解案件自动履行率达 82%。大大减少了执行案件的来源，减轻了执行工作的压力。

虽然 2019 年上半年执行案件数量增幅较大，但主要基于以下特殊原因。一是该院新党组成立后，在 2018 年 11 月下旬开展集中清存案、甩包袱活动，在之后的 74 天内审执结 8131 件，导致 1、2 月份收案激增。二是审判严格推行均衡结案，前半年结案少、全年结案不均衡的状况得以改善，出现同比案件数量增多。三是加大财产保全力度，财保、执保案件受理数量明显增多。如若没有"和顺中原"多元化调解机制前端化解，那么执行受理数量即使按照审判案件的收案增加速率，也将远超现在的执行受理案件数。

（二）确立立审执协调长效机制，强化学习交流

一是制定立审执协调文件，强化制度保障。在深入调研立审执协调配合中存在的问题，并充分征求立审执各部门意见的基础上，中原法院制定《中原区人民法院立案、审判与执行工作协调运行意见（试行）》，强化了立执配合、审执对接、执行威慑、多方联动，打造全院参与、各庭协作、审执人员互相配合的执行工作格局，实现立审执工作的无缝对接，形成参与主体多元化、解决方式多样化的立审执联动体系，最大限度地促进矛盾纠纷化解和案件自动履行，有效破解了执行难题。

二是着力内部协调机制常态化，增强交流会商。其一，成立了立审执协调配合办公室，由执行局专人负责立审执协调事务对接，负责召集相关人员，对涉及立审执协调的案件和事项进行交流会商。其二，突出绩效考核导向作用。绩效考核体系在原来考核指标的基础上，增加司法协同指标，加大撤诉率、服判息诉率、涉诉信访率的考核权重，增加判决、调解结案后自动履行率、财产保全率、判项不可执行率等考核指标。此外，如工作人员在立案审查、办理案件过程中，未能做到立审执兼顾，造成案件无法执行或损害生效法律文书严肃性等不良后果，纳入个人绩效考核并依照有关规定处理。自文件实施以来，因立审执协调配合不足导致执行被动、执行不能的情形得以有效避免。其三，建立每月定期信息沟通制度，每月召开一次立审执协调配合对接会，就立案、审判和执行协调配合过程中出现的新情况、新问题及时进行通报交流，引导全体干警树立"全院一盘棋"工作理念，将各自工作放到全院整体工作的范畴中加以审视，杜绝就案办案行为，合力解决实际问题，分工不分家，在各个工作环节充分考虑当事人权利的实现及生效裁判的权威，在审理好案件的同时，不留后遗症进入执行环节，形成审判人员和执行人员既各司其职，又审执兼顾的良好局面，切实提升立审执各部门的沟通协作能力，促进整体工作的良性循环。其四，建立涉执信访案件会商机制，对执行部门信访案件，定期专门会商、会办，积极导入"和顺中原"多元化解机制，主动协助对接相关部门，提请落实稳控措施等，促进案件矛盾实质性化解，为执行一线干警减压。其五，建立重大、疑难复杂案件逐级协调处理机制，加强对相关制度、工作情况的交流，及时调整改进工作方式方法，集中力量解决重大涉执问题，确保此类案件在全院整体工作范围内妥善解决。

三是实行立审执队伍交流互培化，更新办案理念。针对当前立审执人员岗位相对固定、难以全面掌握立审执业务的情况，通过互为授者、受众的相互培训形式，针对法律文书的可执行性、保全财产查控识别、拒执罪构成要件等衔接度高的业务知识进行专题讲授，不断引导更新干警办案理念，在钻研自身业务的同时兼顾其他相关业务知识，并通过开展轮岗交流方式增进业务庭室干警间的沟通交流，丰富干警的立案、审判和执行工作经验，实现业务上的取长补短，相互促进，全面提升干警的司法能力。

四是着力优化立审执流转衔接，实现信息共享。针对立审执各环节存在的对接不足、兼顾困难等情况，积极整合内部资源，进一步加强立审执衔接，打造顺畅的程序闭合链条。在案件立案进入诉调对接中心后，案卷会附上一张法院统一配发制作的案件信息衔接表，详细记录案件从民调、立案到审判等各阶段所采取的措施、调查的财产状况、当事人的情绪以及风险评估等信息。当案件进入执行程序后，执行人员会根据附卷的信息表有针对性地研究执行方案，做到有的放矢。

（三）加强立案阶段审查释明，把好立案关口

在立案阶段，明确执行立案审查要求，对无管辖权、无执行内容、执行依据未生效或不具有可执行性等不符合执行立案条件的不予立案，有效减少错误立案、不规范立案给执行工作造成的隐患及执行障碍。

一是加强诉讼指导服务。引导当事人理性选择适当的途径解决矛盾纠纷，引流到"和顺中原"多元化解平台，强化诉源治理。加强诉前调解，对达成诉前调解协议的，尽力督促当事人自觉履行，避免进入诉讼程序。

二是加强个人信息审查。要求原告提供自己及被告的详细住址、联系电话和身份信息，并对当事人的送达地址等信息签字确认，推行电子送达。如原告户籍为非本地常住户口，为流动就业人员，需提供自己的银行卡信息，避免款项执行到位却因联系不上，导致款项无法发放。当事人是法人的，必须注明法定代表人信息、组织机构代码和住所地；当事人是自然人的，必须注明公民身份证号码和详细住址，其中城镇户籍的应具体到小区和门牌号，农村户籍的应具体到村组。

三是强化风险告知。在立案阶段要向当事人送达包括执行风险提示条款的"诉讼风险告知书"，向原告送达"被告财产状况和履行能力登记表"，并告知原告将填写后的登记表在案件审理过程中及时提交审判庭，由审判庭在审理过程中有针对性地进行法庭调查，以方便案件的执行。在执行立案

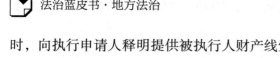

时，向执行申请人释明提供被执行人财产线索的义务及执行不能的风险，要求申请执行人全面详细地提供被执行人的信息及财产情况。在执行立案前，先行向被执行人发出电话或短信提示，督促其主动履行义务。

四是特殊案件识别预判。其一，建立专项案件登记备案制度，对于涉及民生案件、群体性纠纷、重大敏感案件进行专项登记备案，建立立案登记特别识别标记、优先审理、优先执行工作机制。其二，强化涉执信访案件预判，对执行立案中风险预估等级较高的案件进行排查、甄别并建立台账，做到心中有数，防患于未然。其三，司法救助案件执行立案介入。对于明显执行不能的案件，可在裁判生效后启动司法救助以及社会救助、精准扶贫等机制加以解决，在申请执行前化解一批"难执行"案件。

（四）强化审判阶段执行思维，守好审判端口

一是民事案件审判时，强化调解工作，力求实质化解矛盾纠纷。对于婚姻家庭、相邻关系、标的不大的债务等案件，尽可能用调解、协调、和解等方式处理，力求案结事了，能即时履行的，应要求当事人即时履行完毕。对确实无法当场履行的，提示原告在调解协议中添加担保条款或限制条款，并积极督促当事人自觉履行。2019 年上半年，中原法院民事调解率为36.79%，自动履行率为 67%。同时，对调解案件合法性进行严格审查。其一，完善财产状况调查。在庭审过程中要注意对被告财产状况的了解固定，根据案件进展的实际情况，如被告愿意赔偿或调解等，可对其财产状况进行法庭调查。对所了解的被告财产线索，在庭审笔录上应当逐一填写。其二，对调解的可执行性审查，严格审查调解协议的内容，避免执行不能的案件导入执行程序，发生不必要的麻烦。

二是刑事案件审理时，强化被告人财产状况的查控。对可能判处财产刑、责令退赃退赔的案件，加大对被告人财产的查证力度，加强对公安、检察机关在侦查过程中查控的犯罪所涉及赃款、赃物情况的核实和接收工作。对涉及退赃退赔的案件，在审判阶段强化与被告人和其家属的调查沟通，做好相关法律释明，敦促被告人或家属及时退赃退赔，争取从宽处理，打

好执行基础，细化家属代为退赃退赔、缴纳罚金程序中各部门职责，消除代缴障碍。在裁判文书中明确具体可执行的判项内容，向被告人送达刑事判决书时，一并书面告知缴纳罚金的有利法律后果，做好减刑、假释工作衔接。

三是行政非诉案件审查中，严格对标法律和司法解释规定的立案受理条件进行审查，既注重合法性，又关注合理性，避免不具有可执行性或不宜由法院强制执行的具体行政行为进入强制执行程序。在审查的同时，积极化解行政诉讼双方矛盾，做好财产状况的收集固定，细心寻求执行的突破点，尽量促使当事人自动履行义务，不进入强制执行程序。

四是作出裁判时，保证法律文书判项明确、具体、可执行。法律文书应当准确载明当事人基本信息，判决主文应当具体明确不含歧义，避免不具有可执行性或不宜由法院强制执行的案件进入强制执行程序。判决金钱给付的，应当明确具体数额、计息的起止时间、标准，明确给付的条件。确定履行行为义务的，应当对义务内容界定清楚，对责任主体、责任性质、责任范围、责任承担方式、履行期限等规定明确，同时应明确不履行义务的替代方式。判决交付特定物的，应做到实地察看勘验，并通过拍照、录像等方式固定证据，明确特定物的特征；判决交付种类物的，应明确种类物的型号、数量等；判决恢复原状或排除妨碍的，应明确方位、内容等具体要求等。

五是案件原承办人跟进执行。对案件送达、涉民生、疑难复杂或履行内容较多、数额较大的案件，充分利用原承办人员熟悉案情的优势，执行人员应主动向原审判人员寻求帮助，请求承办案件的审判人员介绍案情，联合对当事人进行判后答疑，化解矛盾。对于疑难复杂案件，在不干涉办案的前提下，邀请原承办人参与、配合执行，尽可能为案件执行创造条件。同时，对已生效的判决案件，原承办人要及时督促义务人自觉履行法律义务，一旦义务人将案件款项打入法院执行专项账户，同时将付款人和付款信息通告执行局，由执行局通知权利人办理相关手续，避免款项无人认领，造成案款沉积。在申请人同意的情况下，经原承办人执行督促或执行催告两个月后仍未履行完毕的，可执行立案，由执行人员执行。

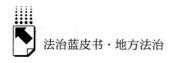

（五）树立执行阶段审查思维，疏通执行出口

强化执行阶段审查思维，不等同于不按照执行依据执行，而是做好审查。首先明确审判、执行的定位，规范执行权的行使，维护生效裁判文书的公定力，非经法定程序或没有当事人合意，不得改变生效法律文书确定的权利义务内容。执行人员认为生效法律文书主文表述存在错误、瑕疵或不明确，无法执行的，应与立案、审判部门协调后向当事人释明，视情况决定是否导入审判监督程序等替代救济方式。审判部门发现据以执行的生效法律文书确有错误，并且正在按照审监程序进行审查的，应当及时向执行局发暂缓执行建议书，执行局收到后应立即决定暂缓执行并变更相应执行措施。

同时，执行承办人在接收执行案件后，应核对财产保全信息，发现错误的应协调立案、审判部门及时纠正；并审阅执行依据，了解案件财产保全以及生效法律文书的已履行情况，掌握案件诉讼基本情况。执行部门认为保全裁定表述不明确、难以执行的，应通过向审判部门了解情况等方式予以明确。

做好执行反馈工作。执行人员执行完毕解除财产冻结、查封、扣押措施前，应检索被执行人是否有其他未结案件，如有，应与相关承办人员联系确定是否采取保全措施；对于已经穷尽执行措施且已作程序终结或已经异议、复议裁定生效的执行信访件，立案庭应协助执行局做好申报救助、化解与协助稳控工作。

（六）推行保全措施执行化，财产保全贯穿全程

中原法院为保障生效裁判的顺利执行，充分发挥保全制度的作用，从源头上缓解被执行人财物难以查控问题，将财产保全贯穿了立案、审判、执行全过程。重视保全的执行保障作用。积极引导当事人提供利于案件执行、能满足诉讼请求的财产线索。提升保全审查实施效率，符合法定条件的及时作出保全裁定，采取有效保全措施。规范保全措施适用程序，要求保全时查明保全财产租赁、抵押等权利负担情况，便于后续执行。对追索损害赔偿费、

赡养费、劳动报酬等案件，当事人没有提出申请的，立案、审判部门可依职权采取财产保全措施，积极保护弱势群体利益，维护社会和谐稳定。

一是理顺了财产保全的部门分工和移送程序，确保保全工作的精准度和高效率，实行由立案庭专门受理审核诉前、执前申请，出具保全裁定文书，同时负责对接财产保全和先予执行案件，而后交由执行保全组统一执行实施，发挥执行员熟悉寻找、查控财产的措施和手段的优势，提高保全质量，实现保全为执行打基础、提高执结率的目的，采取线上线下双重查控，查控结果第一时间向交办人反馈并移交相关材料。

二是在诉讼立案时，主动告知当事人申请财产保全的具体流程、担保方式及风险承担等信息，积极引导当事人申请保全，做到能保尽保、立保同步。在审判阶段，第二次提示未采取财产保全的风险，同时跟进查明当事人财产状况及处置可能性，确保被保全财产的可执行性，要求保全小组与审判部门协调配合，防止被告人转移财产，造成生效裁判面临"执行不能"的风险。

三是执行立案时，做好保全申请与执行查控系统的有序衔接，提高保全工作的及时性、有效性，以保全促调解、促和解、促执行，从源头上减少进入执行程序的案件数量，降低申请执行人权利落空的风险。对申请执行的案件，除在诉讼中已采取保全措施的以外，其他涉及财产执行的案件一律先立财产保全案件，对相关财产予以查控。对查控发现有财产可供执行的，及时移交执行；没有财产可供执行的，告知申请执行人必要时可以定期再次查控，既保障申请执行人的执行权，同时使真正有财产可供执行的案件进入执行程序。

（七）建立审执案件互查制度，确保案件质量

一是每季度组织开展"审判执行卷宗、文书互评查"活动，由执行人员对裁判文书可执行性瑕疵进行抽查，促使全体审判法官对照检查自身工作中的不足，切实提高裁判文书质量，将追求裁判文书内容的确定性、可执行性内化为自身审判思维，在庭前阶段尽可能收集完整详备的诉讼资料，在庭

审中深入审查，并进行必要的调查、勘验，增强裁判文书主文的准确性、具体性和可执行性。由审判人员对长期未执结、当事人长期上访、终结执行程序等执行案件，逐案核查评查，深挖案件背后的违纪线索，对在评查中发现的问题线索，及时移送纪检监察部门严肃查处。

二是执行法官协助审查裁决可执行性。审判人员对当事人诉讼请求的可执行性难以把握的，应联系执行法官共同审查拟决，就可执行性问题一同进行研究，有效地将因判决主文表述不明、引发歧义、不便执行等各类执行隐患屏蔽过滤在判决文书制作阶段，有效减少了判决主文不具有可执行性现象，促进了判决案件的自动履行率提升，为案件执行打基础、创条件。

破解执行难永远在路上，执行工作长效机制改革创新没有"休止符"，只有进行时。中原法院前期对立审执协调运行机制进行的探索虽然取得了一定成效，基本缓解法院内部衍生的执行难题，但与建构系统化、规范化、协同化运行的立审执协调机制尚有一定差距。接下来，中原法院将立足自身实际，继续坚持系统思维、标本兼治，进一步优化整合法院内部资源，努力构建信息共享、衔接顺畅、协同联动、运行高效的立审执协调新模式。

B.13

执行信访引入"一案双查"调研报告

——以消极执行案件办理为切入点

尹 伟[*]

摘 要： 当前，执行信访案件处置不规范、反映问题拖延不决等现象亟待消除。江西省高级人民法院以消极执行、选择性执行、乱执行等案件的审查处理为切入点，确立了对同一执行案件既查执法办案不规范问题又查干警违法违纪问题的"双查"原则，建立了本地执行信访案件的"一案双查"制度，同时推进执行规范化，有效减少信访案件发生。今后，应加强顶层设计，由最高人民法院统一部署执行信访"一案双查"工作；地方法院则试点逐步推进，可先扩展至执行实施类信访案件；应依靠党委、政法委和纪检监察部门支持，在确定"一案双查"为办理执行信访案件的重大措施和制度基础上，适时确立全国统一的人民法院执行部门与监察部门协作配合的执行信访"一案双查"办理机制。

关键词： 执行信访 消极执行 一案双查

"民有所呼、我有所应。"执行信访吁请的问题应当得到依法、公正、

---

* 尹伟，江西省高级人民法院执行局法官助理。

规范、及时解决。为维护人民法院司法权威，回应人民群众对公平、正义的期盼，江西省高级人民法院于 2016 年初开始探索推进执行信访"一案双查"创新工作。

一 执行信访"一案双查"工作背景

在司法实践中，人民群众通过执行信访渠道反映人民法院执行不规范、拖延执行、消极执行、选择性执行、乱执行等现象，亟须解决。随着社会发展，人民群众法律维权意识日益增强，现行执行信访案件办理机制越来越难以满足人民群众的需要，加之现行执行法律法规尚不健全，甚至存在漏洞。为此，江西省高级人民法院推进执行信访"一案双查"创新工作，倒逼规范执法办案，提高办案、办信、办访工作效率。

（一）一起执行信访案件[①]引发的思考

郑某等 27 人向江西省高级人民法院信访反映，其与上饶市某公司、陈某、鄢某民间借贷纠纷案执行过程中，某执行法院作出民事判决书，判令由被告鄢某、陈某归还郑某等人借款 4309734 元，上饶市浩天置业有限公司承担连带责任。判决生效后，该执行法院于 2011 年 10 月 14 日立案执行过程中，存在拖延评估拍卖案涉财产和采取司法拘留等强制措施等消极执行情形。江西省高级人民法院对该类型一批案件进行挂网督办、挂牌督办，但是执行进展甚微。经调卷审查发现，该案执行过程中存在以下问题。一是该执行法院在 2012 年 2 月 28 日至 2012 年 10 月 11 日存在拖延评估案涉停车位问题。二是该执行法院自 2016 年涉案停车位流拍后至 2018 年长达 2 年之久未能有效推动处置。三是 2015 年 9 月 1 日申请执行人申请恢复该案执行时，该院未能依法进行审查决定是否恢复执行。四是 2018 年 6 月 4 日江西省高

---

① 参见江西省高级人民法院《关于 5 件消极执行案件的通报》（赣高法〔2019〕26 号）。

级人民法院挂网督办和挂牌督办该案后，该院仍未恢复该案执行，亦未对被执行人鄢某某、陈某采取信用惩戒等相应执行措施，未对案外担保人鄢某采取措施。综上，江西省高级人民法院认为，2011 年 10 月 14 日至今，该执行法院执行该案过程中存在拖延评估、拍卖涉案停车位等问题，致使案件长达 7 年之久得不到有效执行，尤其在挂网和挂牌督办后仍未采取有效措施推动执行，故认定该执行法院执行该案存在消极执行情形。对该案全省通报后，江西省高级人民法院监察室跟进调查执行干警是否存在违法违纪问题，并根据调查结果给予相关人员相应的纪律处分。同时，该案后续得到有效执行。可见，江西省高级人民法院办理该执行信访案件过程中，认真调卷审查核实是否存在消极执行情形，院监察室根据审查结论启动问责程序追究相关人员纪律责任，有效推动案件执行，维护了信访当事人的合法权益，进而推动执行部门与监察部门建立协作配合的"一案双查"制度，成为江西法院办理执行信访案件的重大创新举措。

（二）人民群众执行信访反映的问题

在执行信访实践中，江西省高级人民法院依托执行信访办理系统，由各级执行部门归口统一登记和处理信访案件。本报告以江西法院 2017 年 5 月至 2019 年 5 月执行信访案件为样本，统计分析如下。

一是江西法院执行信访总量同比增长较快，增幅达 155.1%；二是江西各设区市法院执行信访总量增长量大，最高增幅达 1700%（见表 1）。究其原因，一是随着社会经济发展，矛盾纠纷大量涌入人民法院，尤其是民间借贷纠纷等，这类民事案件进入执行程序后，往往因"执行不能""财产未处置"等引发信访，导致信访量增加；二是人民群众的维权意识越来越强，往往想通过向上级法院进行执行信访的途径推动案件执行；三是 2017 年 5 月至 2019 年 5 月正处于"基本解决执行难"攻坚和决胜阶段，导致信访量增加；四是人民法院执行案件尚存在不规范，甚至存在消极执行、选择性执行等情形；五是囿于人民法院执行手段有限，被执行人转移、隐匿财产的行为得不到有效遏制。综上，人民法院执行案件过程中存在的不规范，消极执行、选择性执行、乱执行和被执行人转移、隐匿财产等问题是引发执行信访的重要原因，亟待通过有力措施加以解决。

表1　2017年5月至2019年5月江西法院执行信访增长情况

单位：件，%

属地	2017年5月至2018年5月案件数	2018年6月至2019年5月案件数	同比增长
赣　州	164	455	177.44
南　昌	133	283	112.78
上　饶	98	219	123.47
宜　春	94	260	176.6
萍　乡	70	52	−25.71
九　江	38	162	326.32
吉　安	36	136	277.78
抚　州	30	93	210
鹰　潭	14	23	64.29
新　余	7	31	342.86
景德镇	2	36	1700
合　计	686	1750	155.1

数据来源于人民法院执行申诉信访办理系统。

人民群众信访反映消极执行问题占比77%，其中，反映的拖延拍卖和变卖执行财产，不采取罚款、拘留、限制出境及限制高消费和其他消极执行情形等问题占比达73.3%。人民群众反映执行错误问题占比21.08%，其中反映违法执行案外人财产问题占比达4.64%（见表2）。综上，人民群众反映的消极执行问题非常突出。究其原因：一方面，执行法院或执行人员存在怠于执行、为官不为的情形；另一方面，人民群众信访恶意反映消极执行或者执行不廉问题。对于这些问题，亟待引入"一案双查"制度加以解决。

单位：件

表2 2017年5月至2019年5月江西省法院办理的执行信访反映问题类型

反映消极执行	不受理执行申请	拖延查询被执行人财产信息	拖延查封、扣押、冻结	拖延评估执行财产	拖延拍卖、变卖执行财产	拖延发放执行款物	拖延清退、交付房屋	不纳入失信被执行人名单	不采取罚款、拘留、限制出境及限制高消费等	不通告执行进展	不受理参与分配申请	不执行上级法院指令	有财产但终结本次执行程序	其他消极执行情形
合计:398	4	47	42	59	102	10	17	48	83	62	6	2	38	194

反映执行错误	超标的查封、扣押、冻结	低价评估执行财产	低价拍卖、变卖执行财产	违法执行案外人财产	违法中止执行或终结执行	违法纳入失信名单	执行分配存在错误	其他执行错误情形	反映外部问题	党政机关干预	协助执行单位拒不执行	法院消极或违法执行	其他外部问题
合计:109	3	6	4	24	3	2	14	67	8	2	0	0	7

反映执行不廉或作风不正	与当事人存在"三同"问题	接受当事人吃请	索要当事人财物	推诿接待当事人	态度生硬、语言粗暴	其他执行不廉情形	申请立案	其他
合计:10	0	1	1	0	0	10	1	0

数据来源于人民法院执行申诉信访办理系统。

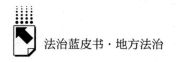
（三）消极执行问题亟待解决

所谓消极执行，是指执行法院或执行人员在执行案件过程中，无正当事由未按法律规定履行职责，导致当事人的合法权益未及时实现的行为。在执行实践中，消极执行行为已成为执行信访当事人反映较多的问题之一。从已有的教训来看，消极执行行为不仅破坏了法律的权威，败坏了法院的形象，更削弱了公民对法律秩序的尊重和认同，最终会严重损害人民法院的社会公信力。为有效解决消极执行问题，有的地方法院积极采取措施加以应对，取得了一定成效。但是，在规制手段、抓手等方面有所不足，尚未形成强大的规制效果，在执行实践中急需有效的、具有威慑力的规制方式推动落实，需要引入"一案双查"制度强化规范性审查、强化问责。

二　执行信访"一案双查"工作
路径与成效

江西省高级人民法院在充分调研论证的基础上，在院党组、院纪检监察部门的支持下，以反映消极执行的信访案件为切入点，确立了执行信访"一案双查"的原则，建立起消极执行办理及问责机制，执行信访案件办理成效明显，同时，也减轻了地方维稳压力，维护了人民法院的司法权威。

（一）执行信访"一案双查"工作的路径

1. 以反映消极执行的信访案件为切入点

为稳妥推进执行信访"一案双查"创新工作，江西省高级人民法院选择以反映消极执行的信访案件作为切入点，主要基于以下理由：第一，此类案件占所有执行信访案件的比重高达70%以上，对这类案件开展"一案双查"可解决执行信访的主要问题;第二,这类案件往往体现了执行法院或执行人员存在怠于执行、为官不为的问题,甚至存在执行不廉情形;第三,对这类案件开展"一案双查"可以点带面促进执行信访规范办理,进而维护法律的权威和法院的形象,更好地获得人民群众对法律和秩序的尊重和认同,最终提升人民法院的社会公信力。

2. 以执行流程37节点标准作为执行办案是否规范的依据

执行工作是程序性和实践性均非常强的活动,更是司法裁判结果得以实现的重要途径之一。随着社会发展,现行执行制度和法律规定日益适应不了人民群众的需要,且人民群众的法律意识、权利意识亦日益增强,这就要求人民法院执行工作日益提高规范化水平。最高人民法院依托信息化技术设计人民法院执行流程管理系统,出台了规范化办案标准,科学设置了 37 个执行关键节点。这就为审查执行办案规范化提供了依据。

3. 以严格的程序标准作为"一案双查"的保障

为保障"一案双查"制度落实,江西省高级人民法院审判委员会审议通过《执行申诉信访办理规定(试行)》。该文件引入"一案双查"制度,科学设置了相关程序,以反映消极执行问题的信访案件为切入点,在案件筛选、调卷审查、回访信访当事人、视频复核、专业会议讨论、局长办公会研究、消极执行通报等方面予以明确,力争最大限度确保"一案双查"程序的合法性和结果的公正性。同时,与院纪检监察部门建立协作配合机制,在通报后,院纪检监察部门依规跟进、调查问责,进而保障"一案双查"结果的落实,推动案件办理。

(二)执行信访"一案双查"工作成效

1. 实施"一案双查"后,执行信访下降明显

江西省高级人民法院自 2016 年底建立执行信访"一案双查"制度以来,全省法院进京和赴省执行信访案件数量明显下降(见表3),执行信访办理规范性、及时性有较大提高,人民群众满意度日益增长。

表3 实施执行信访"一案双查"前后信访总量情况对照

单位：件，%

地区项目	实施前1年	实施后1年	下降比例
赣　州	455	164	63.96
南　昌	283	133	53.00
上　饶	219	98	55.25
宜　春	260	94	63.85
萍　乡	70	52	25.71
九　江	162	108	33.33
吉　安	136	36	73.53
抚　州	93	30	67.74
鹰　潭	23	14	39.13
新　余	31	7	77.42
景德镇	36	12	66.67
合　计	1768	748	57.69

数据来源于人民法院执行申诉信访办理系统。

2. 实施"一案双查"后，执行信访"两率"上升明显

最高人民法院相关文件将执行信访办结率、化解率等作为衡量执行信访工作绩效的重要标准，其中，执行信访办结率成为"基本解决执行难"第三方评估"3+1"核心指标之一。江西省高级人民法院建立执行信访"一案双查"制度后，全省法院执行信访"两率"有了明显提升（见表4），执行信访办理及时性、规范性日益提高。

表4 实施执行信访"一案双查"前后信访"两率"情况对照

地区项目	实施前1年		实施后1年		上升百分点	
	办结率（%）	化解率（%）	办结率（%）	化解率（%）	办结率	化解率
赣　州	66.19	57.71	91.78	86.67	25.59	28.96
南　昌	86.62	80.43	87.50	82.93	0.88	2.50
上　饶	81.33	69.57	89.29	83.33	7.96	13.76
宜　春	82.95	67.39	89.04	82.22	6.09	14.83
萍　乡	75.00	64.62	98.51	98.31	23.51	33.69
九　江	75.90	69.70	73.53	57.14	-2.37	-12.56

续表

地区项目	实施前1年		实施后1年		上升百分点	
	办结率(%)	化解率(%)	办结率(%)	化解率(%)	办结率	化解率
吉 安	67.65	60.71	88.41	86.21	20.76	25.50
抚 州	88.89	72.73	96.97	96.30	8.08	23.57
鹰 潭	69.23	60.00	92.31	88.89	23.08	28.89
新 余	71.43	50.00	100.00	100.00	28.57	50.00
景德镇	88.24	83.33	100.00	100.00	11.76	16.67

数据来源于人民法院执行申诉信访办理系统。

3. 实施"一案双查"后，执行信访个案办理效果明显

自建立执行信访"一案双查"制度以来，江西省高级人民法院共从698件执行信访案件中筛选四批反映消极执行问题的信访案件，开展消极执行问题"一案双查"，共对22件案件进行通报问责，并推动案件顺利执行（见表5）。

表5 开展执行信访"一案双查"后个案办理效果对照

案号	开展前	开展后		
		查案	查责	个案效果
(2015)余执字第107号①	拖延评估拍卖查封财产	消极执行	通报批评	处置财产等
(2014)彭执字第156号②	拖延评估拍卖查封财产	消极执行	通报批评	处置财产等
(2012)信执字第628号③	拖延查询被执行人财产	消极执行	通报批评	全面调查等
(2013)樟执字第74号④	拖延评估拍卖抵押财产	消极执行	通报批评	处置财产等
(2006)信执字第372号⑤	拖延调查被执行人财产	消极执行	通报批评	全面调查等
(2013)东执字第160号⑥	有财产违规终本结案	消极执行	书面检查	执行完毕
(2013)南三执字第9号⑦	拖延冻结扣划工资收入	消极执行	书面检查	扣划工资等

---

① 参见《江西省高级人民法院关于8起消极执行案件情况通报（一）》（赣高法〔2016〕59号）。
② 参见《江西省高级人民法院关于8起消极执行案件情况通报（一）》（赣高法〔2016〕59号）。
③ 参见《江西省高级人民法院关于8起消极执行案件情况通报（一）》（赣高法〔2016〕59号）。
④ 参见《江西省高级人民法院关于8起消极执行案件情况通报（一）》（赣高法〔2016〕59号）。
⑤ 参见《江西省高级人民法院关于8起消极执行案件情况通报（一）》（赣高法〔2016〕59号）。
⑥ 参见《江西省高级人民法院关于8起消极执行案件情况通报（一）》（赣高法〔2016〕59号）。
⑦ 参见《江西省高级人民法院关于8起消极执行案件情况通报（一）》（赣高法〔2016〕59号）。

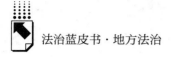
续表

案号	开展前	开展后		
		查案	查责	个案效果
(2012)进池执字第29号①	未采取拘留和穷尽调查	消极执行	书面检查	全面调查等
(2009)栗法执字第38号②	拖延评估拍卖查封财产	消极执行	通报批评	和解履行
(2013)贵法执字第127号③	拖延评估拍卖查封财产	消极执行	通报批评	执行完毕
(2016)赣07执384号④	拖延评估拍卖查封财产	消极执行	通报批评	处置财产等
(2016)赣0791执264号⑤	拖延追究协助人的责任	消极执行	通报批评	指定执行
(2017)赣0727执116号⑥	拖延追究协助人的责任	消极执行	通报批评	执行完毕
(2016)赣0702执1322号⑦	未穷尽执行调查措施	消极执行	通报批评	全面调查等
(2016)赣0724执23号⑧	拖延评估拍卖查封财产	消极执行	通报批评	处置财产等
(2016)赣0423执676号⑨	拖延评估拍卖查封财产	消极执行	通报批评	处置财产等
(2015)吉执字第136号⑩	拖延评估拍卖查封财产	消极执行	通报批评	处置财产等
(2011)赣中执字第34号⑪	拖延调查核实财产线索	消极执行	通报批评	全面调查等
(2011)饶中执字第65号⑫	拖延评估拍卖查封财产	消极执行	书面检查	和解履行
(2013)九中执字第81号⑬	拖延评估拍卖查封财产	消极执行	通报批评	处置财产等
(2018)赣0124执323号⑭	拖延评估拍卖查封财产	消极执行	书面检查	处置财产等
(2016)赣0602执470号⑮	拖延评估拍卖查封财产	消极执行	书面检查	处置财产等

---

① 参见《江西省高级人民法院关于8起消极执行案件情况通报(一)》(赣高法〔2016〕59号)。
② 参见《江西省高级人民法院关于两件消极执行案件的通报》(赣高法〔2017〕18号)。
③ 参见《江西省高级人民法院关于两件消极执行案件的通报》(赣高法〔2017〕18号)。
④ 参见《江西省高级人民法院关于6件消极执行案件的通报》(赣高法〔2017〕238号)。
⑤ 参见《江西省高级人民法院关于6件消极执行案件的通报》(赣高法〔2017〕238号)。
⑥ 参见《江西省高级人民法院关于6件消极执行案件的通报》(赣高法〔2017〕238号)。
⑦ 参见《江西省高级人民法院关于6件消极执行案件的通报》(赣高法〔2017〕238号)。
⑧ 参见《江西省高级人民法院关于6件消极执行案件的通报》(赣高法〔2017〕238号)。
⑨ 参见《江西省高级人民法院关于6件消极执行案件的通报》(赣高法〔2017〕238号)。
⑩ 参见《江西省高级人民法院关于6件消极执行案件的通报》(赣高法〔2017〕238号)。
⑪ 参见《江西省高级人民法院关于5件消极执行案件的通报》(赣高法〔2019〕26号)。
⑫ 参见《江西省高级人民法院关于5件消极执行案件的通报》(赣高法〔2019〕26号)。
⑬ 参见《江西省高级人民法院关于5件消极执行案件的通报》(赣高法〔2019〕26号)。
⑭ 参见《江西省高级人民法院关于5件消极执行案件的通报》(赣高法〔2019〕26号)。
⑮ 参见《江西省高级人民法院关于5件消极执行案件的通报》(赣高法〔2019〕26号)。

三 执行信访"一案双查"工作需关注的问题

江西省高级人民法院执行信访"一案双查"工作初显成效，但在工作过程中也发现一些问题，仍需给予足够关注。

（一）现行消极执行审查制度难以保障"一案双查"工作的落实

近年来，为推进执行信访工作，最高人民法院改变原有执行信访书面审查办理机制，建立人民法院执行申诉信访办理系统，将执行信访案件统一纳入系统管理，并陆续出台《最高人民法院关于人民法院办理执行信访案件若干问题意见》《最高人民法院执行局关于涉执申诉信访案件办理流程规范》《最高人民法院执行局关于人民法院执行申诉信访案件核销标准》等相关文件，统一执行信访办理标准、程序等。同时，建立执行信访挂牌督办、消极执行审查等制度。但是，现行的消极执行审查制度尚不完善，主要表现为：一是未出台统一的消极执行审查工作规范性文件，仅有部分省份出台相关规定，如山东、江苏等地方出台相关消极执行审查文件；二是消极执行案件评查判断标准不统一，如江苏高院《关于消极执行、选择性执行、乱执行责任追究暂行规定》规定，未按期发出执行通知即认定为消极执行，但山东高院《关于规制消极执行行为的意见》并未规定；三是消极执行审查结果运用不够，目前仅以通报方式处理办案不规范问题，违法违纪问题难以调查处理到位。

（二）执行部门与纪检监察部门协作配合机制尚不完善

在司法实践中，人民群众信访反映执行案件存在消极执行问题占比达70%以上，办理该类案件面临的主要问题是处理力度较弱、震慑力小，有些地方仅仅以通报方式处理。究其原因，执行部门与纪检监察部门的协作配合力度较弱，机制程序尚未建立，有些案件经执行部门审查认定为消极执行，但纪检监察部门未能跟踪处理；有些已认定为消极执行案件，但是问责效果不明显。例如，某法院执行 A 公司申请执行 B 公司建设工程施工合同纠纷一案过程中，未及时将被执行人 B 公司纳入失信人名单，未及时对该公司的法定代表人许某采取限制高消费措施，未依法对担保财产采取评估拍卖措施等，认定存在消极执行，应承担相应责任，经该法院党组研究，责令执行承办人员书面检查，并进行通报批评①。但是该案追责效果未真正凸显，震慑力较弱，进而导致"一案双查"制度效果不明显。

（三）人民法院甄别选择涉嫌消极执行案件标准不一

在司法实践中，人民群众信访强烈反映消极执行问题的执行案件大量涌入法院，有些信访当事人虚构事实，毫无证据地反映消极执行问题；有些信访当事人尽管反映消极执行问题有一定的事实依据，但是未达到消极执行的程度；有些信访当事人反映的执行案件存在消极执行，但因书面材料缺失或信访反映材料撰写不明确，导致消极执行线索难以发现。究其原因，人民法院未统一消极执行案件甄别选择标准，筛选具有随意性。例如，信访当事人王某反映其与魏某婚姻家庭纠纷执行一案存在消极执行，其信访材料中罗列了大量线索，但是经调卷审查发现，该案消极执行线索不属实，故未予认定消极执行，浪费了司法资源。

（四）上级法院对执行信访"一案双查"制度尚未以文件固定

至今最高人民法院执行局已陆续挂牌督办了多批次消极执行案件，并进行了调卷审查和消极执行通报。在司法实践中，最高人民法院执行局挂牌督办文件中亦明确要求，发现案件存在消极执行、拖延执行情形的，要"一案双查"，既要查执行案件的规范性问题，也查执行干警的违法违纪问题，根据查明的事实对案件相关责任人予以诫勉谈话或通报批评，情节严重的通报纪检、监察部门给予党纪、政纪处分。综上，上述执行信访"一案双查"

---

① 参见《江西省高级人民法院关于 4 起消极执行典型问题追责情况的通报》（赣高法〔2016〕111 号）。

制度仅在一些通知等文件中予以明确且仅为一项工作性要求,而未在充分调查研究基础上以正式文件形式加以固定。调研过程中发现,不少中级法院认为开展"一案双查"依据不足。

(五)规制消极执行行为的现行法律规定尚不完善

中国明确规定了对一般违法执行行为的执行异议权,对较为严重的消极执行行为,最高人民法院在《关于人民法院执行工作若干问题的规定(试行)》第15部分专门规定了上级法院有权对下级法院执行中存在的问题进行监督,涉及执行行为、滥用执行权、怠于行使执行权和消极执行等多个方面,如针对较为严重的消极执行行为,规定申请更换执行法院、申请提级执行和下发督促执行令等。但是,在执行实践中,如案件存在消极执行的情况,申请执行人能否通过异议复议程序加以救济,现行执行法律并未规定,造成申请执行人救济途径的欠缺。本报告认为,对于严重的消极执行行为,当事人、利害关系人可选择异议复议途径救济,亦可选择申请上级法院执行监督,如执行督办和申请变更执行法院等,这样有利于丰富权利救济的途径,规范救济程序,更好地维护人民群众的合法权益,更有利于严格规范执行行为,有效防止执行权的滥用,全面提升执行工作规范化水平。

四 执行信访"一案双查"工作启示

江西省高级人民法院执行信访"一案双查"工作是地方法院适应人民法院执行工作发展新趋势的大胆尝试。所谓"一案双查",主要规定在《中国共产党纪律检查机关监督执纪工作规则(试行)》中,本质是对失职失责行为进行问责,把"一案双查"引入执行信访,在办理消极执行案件过程中,既查执行办案规范性问题,又查执行办案过程中是否存在违规违纪行为,在推进"一案双查"过程中发现的一些问题对其他法院推进该项工作,乃至最高人民法院在全国范围内推进这项工作,促进执行信访规范化办理都具有一定的启示意义。

（一）地方法院需要最高人民法院推进"一案双查"工作

在调研中发现，中国各个省、自治区、直辖市高级人民法院或多或少开展过"一案双查"工作，但是，把"一案双查"引入执行信访的地方法院却较少。当前，"基本解决执行难"工作已取得阶段性成果，执行规范化、管理精细化、信息化等水平日益提升且人民群众反映消极执行问题日益增多，这就亟须确立执行信访"一案双查"工作。一方面，通过不断强化执行办案、执行管理等规范执行行为；另一方面，通过"一案双查"倒逼执行人员规范办案，防止消极执行、选择性执行、乱执行等，遏制关系案、金钱案、人情案的发生。对于地方人民法院而言，一旦最高人民法院自上而下建立执行信访"一案双查"制度，则不仅执行信访办理，尤其是消极执行审查工作阻力更小、动力更足，而且也可以消除地方法院推进该项工作中的顾虑。

（二）地方法院需要最高人民法院建立消极执行审查制度

执行信访"一案双查"以反映消极执行的执行信访案件为切入点，因此，需要健全完善执行信访消极执行审查制度。一方面，需要最高人民法院加强顶层设计，调查研究，出台相关文件规范消极执行办理制度；另一方面，明确消极执行行为的评判标准，划定执行"作为"与"不作为"的界限。同时，可丰富、拓宽运用消极执行审查结果的方式方法，除消极执行通报外，可不定期公布"一案双查"典型案例，可将消极执行审查结果纳入执行工作考核、综治考评范围等。

（三）人民法院执行信访"一案双查"工作需要纪检监察部门支持

人民法院开展执行信访"一案双查"工作涉及面广、影响大，需要协调解决的问题比较多，如江西省高级人民法院实践中发现的执行部门与纪检监察部门的协作配合问题。因人民法院执行部门不拥有纪检监察的权力，解决"一案双查"存在的问题仅靠执行部门难以完成，需要纪检监督部门的支持。因此，人民法院在推进执行信访"一案双查"工作中，一方面需要最高人民法院出台"一案双查"制度文件，明确适用"一案双查"的依据；另一方面，细化执行部门与纪检监察部门的协作配合机制，在责任分工、协作流程、结果运用等方面加以固定。例如，在办理王某信访反映某法院消极执行其与 A 公司、邹某建设工程施工合同纠纷执行案时，江西省高级人民法院执行部门审查认定存在消极执行，并将该结果进行全省通报且以书面函件形式移送院纪检监察部门调查处理。院纪检监察部门责令执行法院调查后对个人进行诫勉谈话并作出深刻检查，同时对该院执行部门进行通报批评。

（四）地方法院需要最高人民法院明确消极执行案件的甄选标准和异议救济途径

消极执行案件是执行信访"一案双查"制度的基础和切入点，在执行实践中，人民法院应当解决涉嫌消极执行案件的甄选标准不明问题，本报告认为，下列情形可以作为甄选案件是否涉嫌消极执行的标准：①应受理执行申请而不受理的；②拖延查询被执行人财产信息的；③拖延查封、扣押、冻结的；④拖延评估执行财产的；⑤拖延拍卖、变卖执行财产的；⑥拖延发放执行款物的；⑦拖延清退、交付房屋的；⑧应纳入失信被执行人名单而不纳入的；⑨应采取罚款、拘留、限制出境及限制高消费等其他执行措施而不采取的；⑩未按要求向当事人告知执行进展的；⑪不执行上级法院指令的；⑫滥用终结本次执行程序的；⑬应移送追究拒执犯罪而未移送的；⑭应立执行异议、复议或执行监督等案件拖延不予立案的；⑮已立的执行异议、复议或执行监督等案件长期拖延不予结案的。人民法院可根据以上标准判断人民群众信访反映的问题是否涉嫌消极执行，在此基础上开展消极执行调卷审查，为"一案双查"奠定基础。同时，赋予申请人对较为严重的消极执行行为的异议权，进而拓宽申请人的维权救济途径，异议复议裁定的结果亦可作为启动"一案双查"工作的依据，以逐步建立完善的"一案双查"制度。

B.14
践行改造宗旨背景下的监狱
五大改造研究

四川省监狱管理局课题组 *

摘　要： 在社会主要矛盾发生根本变化的时代背景下，提高政治站位，坚守安全底线，践行改造宗旨，统筹推进以政治改造为统领的五大改造新格局，是新时代监狱工作做好人民满意答卷的一项崭新的系统工程。面对新形势新挑战，监狱工作必须在深刻认识五大改造的重大意义、切实理解和把握五大改造的核心要义和深刻内涵基础上，进一步从明确思路、坚持方向、健全机制、抓住关键、突出重点等方面进行创新探索，方能体现刑罚执行机关应有的政治价值、法律价值和时代价值。

关键词： 监狱改造宗旨　五大改造　统筹推进

中国特色社会主义进入新时代，监狱工作必须以习近平新时代中国特色社会主义思想为指引，始终坚持"惩罚与改造相结合，以改造人为宗旨"的党的监狱工作方针，主动适应社会主要矛盾的新变化，全面贯彻落实总体国家安全观，自觉提高政治站位、坚守安全底线、践行改造

---

* 课题组组长：陈志林，四川省监狱管理局党委副书记、政委；副组长：黄辉灿，四川省监狱管理局党委委员、工会主席。成员：范元亮、余智明、高倩、于杰。执笔人：范元亮，四川省监狱管理局犯罪与改造研究中心主任；余智明，四川省监狱管理局犯罪与改造研究中心副主任；高倩，四川省监狱管理局犯罪与改造研究中心主任科员；于杰，四川省川东监狱副主任科员。

宗旨，在新时代展现新作为，必须围绕维护国家政治安全、确保社会大局稳定、促进社会公平正义、保障人民安居乐业的主要任务，立足惩罚改造罪犯的本职职能，不断解放思想、深化改革，切实为提高公正文明执法水平和罪犯改造质量，为增强人民群众的幸福感获得感安全感作出新的贡献。

一 深刻认识五大改造的重大意义

2018 年 6 月召开的全国监狱工作会议提出，提高政治站位，坚守安全底线，践行改造宗旨，以政治改造为统领，统筹推进政治改造、监管改造、教育改造、文化改造、劳动改造的五大改造新格局（以下简称"五大改造"），立足于监狱作为人民民主专政机器和维护国家总体安全的政治属性、立足于新时代中国社会矛盾发生根本变化、立足于监狱押犯结构及思想心理发生新变化、立足于广大人民群众对监狱工作产生诸多新期待的时代背景，鲜明突出了监狱工作的政治引领，深刻把握了改造宗旨，充分体现了时代担当，是新时代监狱工作的新定位新目标新引领，对于深入贯彻落实习近平新时代中国特色社会主义思想和党的十九大精神，纵深推进新时代监狱工作改革发展具有重大意义。

一是鲜明凸显了监狱工作的政治属性。习近平新时代中国特色社会主义思想明确了政法机关的政治属性，把党的领导作为政法工作的最高准则。有什么样的国家就有什么性质的监狱。监狱和公安机关、检察机关、人民法院、人民军队等，共同构成实现人民民主专政的强有力的国家机器，是特色鲜明的专政工具、政治机关。五大改造新格局特别强调政治改造的统领地位，有利于进一步明确监狱工作的政治导向，有利于强化监狱工作的政治立场，突出监狱工作中的政治引领，使党管一切在监狱工作中得到全面贯彻落实，确保任何时候、任何情况下党对监狱工作的绝对领导，确保"刀把子"始终牢牢掌握在人民手中，确保监狱工作始终忠诚核心、维护权威、践行使命。

二是始终坚持了以人民为中心的发展思想。十九大报告指出，人民是历史的创造者，是决定党和国家前途命运的根本力量，增进民生福祉是发展的根本目的。监狱是人民民主专政的重要工具，更是化解社会最尖锐矛盾的主战场和特殊人群管理的重要场所。五大改造新格局的提出，有利于监狱更好履行维护社会和谐稳定、促进社会公平正义、保障人民安居乐业的职责使命；有利于进一步形成有效的社会治理和良好的社会秩序，通过刑罚执行促进人民群众的获得感幸福感安全感更加充实、更有保障、更可持续；有利于统筹监狱工作各方面资源，形成整体合力。

三是全面贯彻了总体国家安全观。十九大把"坚持国家总体安全观"确定为新时代坚持和发展中国特色社会主义的基本方略，提出构建集"政治安全、国土安全、军事安全、经济安全、文化安全、社会安全、科技安全、信息安全、生态安全"为一体的安全体系。监狱作为国家政权机关和暴力机器的组成部分，理所当然地在国家总体安全中担负着特殊职能和重要使命，通过不折不扣地坚持中国特色社会主义法治方向和刑罚执行制度，通过严格规范地履行刑罚执行职能，确保国家政治安全、政权安全、制度安全。2018年上半年的数据显示，四川监狱常年关押重刑犯占40.44%，涉黑、涉爆、涉毒、涉枪罪犯占35.11%，"二进宫"以上罪犯占24.98%，维稳保安使命重大，实现改造宗旨任务艰巨。尤其是当前反分维稳、反暴恐反分裂等关系国家安全、政权安全的各种斗争正深入开展，大量实施危害国家安全的罪犯（简称"危安犯"）和敏感罪犯投入监狱改造，强化政治改造为引领，发挥"五大改造"的综合效能，有利于牢牢把握监狱工作正确的政治方向，有利于把握对敌斗争的复杂性和主动权，有利于完善中国特色的刑罚执行制度，从源头和体制机制上进一步维护社会稳定和实现长治久安。

四是牢牢把握了独具特色的行刑理念。60多年的新中国监狱工作在党的领导下，始终坚持宽严相济的行刑理念，成功把大批日本战犯、国民党军警特分子和末代皇帝，以及各种刑事犯罪分子改造成为社会主义的拥护者和建设者，在历史与现实中都取得了显著成效，充分展现了监狱改造工作的道路自信、理论自信、制度自信、文化自信。文化改造对于新时代监狱工作进一步筑牢社会主义核心价值观，进一步增强"四个自信"，更加坚定地用中华优秀传统文化、革命红色文化、中国特色社会主义先进文化和法治文化，把更多罪犯改造成为新时代的守法公民，必将发挥不可替代和独具特色的促进作用。

五是全面凸显了改造人的根本宗旨。党的监狱工作方针指明了监狱工作必须"坚持惩罚与改造相结合，以改造人为宗旨"。《监狱法》第 3 条规定："监狱对罪犯实行惩罚和改造相结合、教育和劳动相结合的原则，将罪犯改造成为守法公民。""五大改造"的提出，从原来的三大改造手段拓展升华为五大改造新格局，突出了政治改造和文化改造，不仅提高了监狱改造罪犯工作的政治站位，丰富了改造工作手段，而且进一步整合了改造罪犯的各种资源，从"道"的层面深刻把握了新时代改造罪犯的新规律，从"法"的方向主动回应了监狱押犯类型的结构化变化和多层次改造要求，从"术"的技巧深层破解了一直困扰监狱工作的资源不足、手段不够、方法不新等具体问题，全面凸显了改造宗旨，从而更加有利于形成更为科学的、完善的、一体运行的新时代监狱改造工作新模式。

二 切实把握五大改造的深刻内涵

"五大改造"是一个有机整体，是对监狱工作提高政治站位、坚守安全底线、践行改造宗旨的深化、细化和具体化，其核心要义是从监狱工作的全过程、全方位、全领域凸显改造宗旨。其中政治改造是统领，监管改造是基础，教育改造是根本，文化改造是灵魂，劳动改造是特色。五大改造以落实党对监狱工作的绝对领导和维护政治安全、政权安全、制度安全为出发点，围绕贯彻落实依法治国和总体国家安全观要求，在刑罚执行工作中深入贯彻习近平新时代中国特色社会主义思想，贯彻公正文明的刑罚执行理念，用社会主义核心价值观改造罪犯，使监狱工作始终坚持社会主义正确方向，使刑罚执行工作始终体现和落实社会主义法治理念，其深刻内涵主要体现在以下四个方面。

一是突出政治统领。坚持党对监狱工作的绝对领导，牢牢把握监狱工作的政治属性，突出依法治国和总体国家安全观的根本要求，进一步明确监狱工作的政治导向，进一步强化了监狱工作的政治功能，加大了改造罪犯的政治内容，彰显执法改造的政治效果，确保"刀把子牢牢掌握在人民手中"，使监狱真正成为国之重器、执法利剑。

二是强化中国特色。五大改造的核心是体现以习近平新时代中国特色社会主义思想中的法治理念和刑罚执行思想为指引，贯彻落实习近平总书记对政法工作、监狱工作的系列指示要求，围绕维护国家政治安全、政权安全、制度安全和强化刑罚执行刚性，通过规范执法和改造罪犯，强化刑罚执行公信力，让人民群众在每一个案件中都感受到公平正义，实现社会和谐、长治久安，打造具有中国特色的社会主义刑罚执行体系①。

三是弘扬社会主义核心价值观。"社会主义核心价值观是当代中国精神的集中体现，凝聚着全体人民的共同价值追求。"监狱培育和践行社会主义核心价值观，就是要强化教育引导、实践养成、制度保障，发挥社会主义核心价值观引领作用。要以社会主义核心价值观为统领繁荣监狱文化，充分运用中华优秀传统文化成果改造育新、造就新人，使监狱执法管理和罪犯改造工作各方面、全过程都始终坚持社会主义方向，体现先进文化的思想武装和改造效果。

四是强调一体推进。监狱工作是一个整体，在以确保安全稳定为底线、以改造人为宗旨的目标下，相互联系，相辅相成。五大改造是做好新时代监狱工作的重要遵循，必须始终坚持一体化统筹、系统化推进，防止只顾一点、不及其余，或者在改造工作中各吹各的号、各唱各的调。五大改造使改造工作的五个方面有机统一、同源同向、合力合拍，协调推进，确保在中国特色社会主义思想指引下，新时代监狱各方面工作始终围绕改造宗旨来展开、推进和提升。

---

① 许晓刚：《全面构建"五大改造"新格局》，《法制日报》2018 年 6 月 30 日。

三 统筹推进五大改造新格局的路径探索

五大改造新格局是新时代监狱工作的新理念新部署新要求，从政治高度、理论深度、战略维度全面提升了监狱工作。统筹推进五大改造必然需要一个较长的过程，需要从理论到实践的不断创新探索，才能确保五大改造新格局在新时代监狱工作中发挥更大作用。

（一）明确总体思路

推进五大改造新格局，必须坚持以习近平新时代中国特色社会主义思想为指引，全面贯彻党的监狱工作方针政策，提高政治站位，坚守安全底线，践行改造宗旨，始终坚持以政治改造为统领，统筹推进政治改造、监管改造、教育改造、文化改造、劳动改造一体发展。通过强化政治引领为推进五大改造提供方向支撑，通过深化改革为推进五大改造提供动力支撑，通过加强组织领导为推进五大改造提供保障支撑，通过创新举措为推进五大改造提供方法支撑，通过打造过硬队伍为推进五大改造提供人才支撑，以建成监管安全可靠、执法精准文明、管理科学高效、文化独具魅力、队伍充满活力的新时代新型现代文明监狱，不断提升监狱惩罚和改造罪犯工作的质量，不断提升监狱工作维护国家政治安全、确保社会大局稳定、促进社会公平正义和保障人民安居乐业的能力水平。

（二）注重"三个坚持"

五大改造具有坚定的政治性、完善的系统性、科学的继承性、时代的创新性，既体现对监狱工作时代特征的把握，又继承和创新了新中国监狱改造罪犯理论与实践的基本规律。统筹推进五大改造必须始终把握监狱工作自身的规律性并坚持正确的方向性。

一是坚持党的绝对领导，提升监狱工作的政治站位。党对监狱工作的领导是中国监狱的本质特征，也是与资本主义国家监狱的本质区别。一要坚持党的绝对领导，这是监狱工作的最高原则和最大优势。要坚持把党的绝对领导贯彻到监狱工作各方面、全过程，确保党的路线方针在监狱工作中不打折扣地得到贯彻落实。二要坚决维护捍卫核心，在政治立场、政治方向、政治原则、政治道路上同以习近平同志为核心的党中央保持高度一致①。三要坚持总体国家安全观，以人民安全为宗旨，以政治安全为根本，坚持把维护国家政治安全放在首位，坚决捍卫党的执政地位和中国特色社会主义制度。四要坚持强化政治引领，要旗帜鲜明讲政治，牢固树立"四个意识"，切实增强"四个自信"，通过强化政治引领，推动做好监狱各项工作。五要坚持监狱工作始终与中国特色社会主义伟大事业进程同向同调，确保监狱工作沿着正确的方向健康发展，以实际行动保证党的基本理论、基本路线、基本方略得到贯彻落实。

二是坚持守住安全底线，提升监狱在社会治理中的效能。2018 年国庆期间辽宁凌源某监狱发生的罪犯脱逃案件，再一次发出警示：作为国家机器，监狱必须自觉当好"守门员"，把住"警戒线"。要强化底线思维，监狱安全一旦出问题就会给国家安全和社会稳定带来危害，确保监狱安全是底线，也是红线，所有民警特别是领导干部必须警钟长鸣。要完善治理体系，全警动员、齐抓共管、形成合力。要构建大安全格局，落实监狱主体责任、地方属地责任，协调联动确保监狱安全。要健全信息共享机制，建立与法院、检察院、公安、武警、民政等部门信息共享机制，全面了解掌握罪犯信息，强化罪犯评估，有效实施分类分级管理。要加强内部管理，对监狱的重点、要害部位，实行风险清单化管理，细化安全清单、明确分级管控职责。

三是坚持以改造人为宗旨，提升监狱改造罪犯的能力。始终坚持惩罚与改造相结合，突出以改造人为宗旨，进一步建立健全监狱工作制度、标准体系，优化监狱运行管理模式，完善监狱绩效考评机制。进一步提高监狱经费保障水平，强化劳动改造功能，凝聚更多更大改造合力。要提高改造科学化

---

① 马黎：《增强党性修养提高政治能力》，《学习时报》2017 年 12 月 27 日。

水平，以科学认识、管理、改造罪犯为基本脉络，健全罪犯危险性评估机制，完善罪犯分押分管体系，推动个别教育等传统方法与循证矫正、内视观想等现代矫正手段有机结合，不断提高监狱改造罪犯的能力水平。

（三）健全"三大机制"

一体推进机制。五大改造是做好新时代监狱工作的重要遵循，必须始终坚持一体化统筹、系统化推进。一是注重顶层设计，司法部及监狱管理部门要制定出台专门的指导意见，为基层监狱指明推进方向。二是强化组织领导，监狱长作为贯彻落实五大改造的第一责任人，必须充分发挥组织领导的头雁作用，特别是要在推进民警队伍全员全面学习教育，在学懂弄通五大改造新格局的精神实质上下功夫。三是加强科研引领，相关学校、协会等科研单位要聚焦五大改造，开展专题深度研讨，切实从理论层面把统筹推进五大改造说清楚，为基层创新提供思想、方法和路径启发。四是加强典型宣传，要在报刊、网站、广播、宣传栏等开设专栏，微信微博联动推送，形成贯彻落实五大改造的热潮。

多方协作机制。五大改造新格局坚持问题导向，要求对罪犯进行全方位、系统化的改造。需要在"内通""外联"的基础上建立多方协作机制。一是在"内通"上，以五大改造的内在逻辑为基础，理顺各职能机构的关系，破除体制机制弊端，统一标准执行，强化监督，以有利于提高罪犯改造质量为基本模式设置，深化分类分级关押改造；进一步纯化监狱改造罪犯的职能，促进规范运行，不断激发队伍的创造力和发展力。二是在外联上，注重动员和利用社会力量参与，积极争取国家机关、企事业单位和社会各界人士以及罪犯亲属，协助做好罪犯改造工作；加强与安置帮教部门的协调配合，做好刑满释放人员安置帮教帮扶，预防和减少重新犯罪，回应和谐社会对监狱职能发挥、人民安居乐业的现实需求。

规范运行机制。只有规范运行，公正执法，才能确保五大改造的实效性。要建立和完善罪犯考核、奖惩、处遇等规章制度，杜绝和减少因制度缺失、要求不一致、规定不明确带来的执法差异和管理差别。要规范执法程序和标准，通过近期各省、各监狱之间调犯情况看，不同省份、不同监狱对罪犯的执法管理存在考核不一、奖罚不一等问题，只有推进监狱工作标准化、规范化、精细化，才能给民警执法管理、履职尽责划出路线图、制作说明书，防止和杜绝随意执法、粗放管理，才能有序有效推进五大改造。要强化过程监督，坚持从严治警，构建全方位的执法监督体系，使纪检监察、警务督察、审计监督和社会监督、舆论监督、机制监督融为一体，"把权力关进制度的笼子"，以规范、文明、标准的执法机制助推五大改造全面落实，同时坚决杜绝各类执法腐败案件的发生。

（四）构建"四大中心"

一是理论研究中心。没有理论指导的实践是盲目的实践。五大改造作为全新的监狱改造工作格局，必然需要高水平的理论指导。一要坚持政治统领监狱工作方方面面，弘扬习近平新时代中国特色社会主义思想指导下的五大改造理论与实践创新；二要遵循以人民为中心的发展理念，坚持以改造人为宗旨；三要遵循全面依法治国、建设法治监狱的总要求。在理论研究中要提升三个思维：一要提升马克思主义政治经济理论思维；二要提升马克思主义唯物辩证思维，力戒研究中主观唯心主义和形而上学的片面性；三要立足本单位、本系统实际，放眼全国，面向世界的大局思维。研究方式方法上注重三点：一是注重平台搭建，加强理论研究的交流和研究思路的拓展；二是注重多学科融合，自主进行理论探索和创新；三是注重理论与实践的结合，提高理论成果转化率。最后达到为践行改造宗旨提供理论支撑，提升五大改造的理论研究综合水平，打造监狱理论研究的自身品牌的目的。

二是矫治回归中心。要以五大改造为核心，在划分职能、整合资源的基础上，一要充分运用综合评估，引领罪犯改造工作。建立罪犯改造综合评估的工作体系，确立综合评估的主导地位，科学运用评估结果，实施罪犯分类分教。二要发挥个别教育作用，实现精准矫治。深化个别改造工作机制，完善重点罪犯个体改造质量的评价标准，按照因人而异的原则，根据不同犯罪类型、恶习程度等确定个性化的矫治目标，形成"一人一档一策"，针对危顽固犯、"极端思想"罪犯等不同对象，形成较高专业水平的矫治转化攻坚团队，发挥五大改造综合作用，促使其改过自新，顺利回归社会。三要运用现代矫治技术，提升改造质量。建立专业高效的工作机制，确保对罪犯实施及时有效的心理干预和治疗，探索开展内省矫正、项目化矫正、循证矫正等关键性核心现代技术，开展针对性矫治。四要围绕建立健全"社会包容、政府帮扶、部门联动、家庭接纳、监狱与社会共同参与"的改造新机制，主动将监狱改造工作融入社会治理格局。"向前"与公安、法院、检察院等部门密切联系；"向后"与地方司法、劳动就业、综合治理部门等主动衔接；"向外"与社会力量联合办学，畅通社会专业教育资源参与监狱教育改造的渠道；"向上"力争将监狱改造罪犯相关工作内容纳入地方党委政府工作规划。比如，江苏从1999年以来，每年中秋节邀请省领导到未成年犯管教所开展帮教活动，其意义和蕴含的价值或将超过事件本身。"向下"增加民警与罪犯及其亲属接触，通过政策宣讲、法治教育，共同促进罪犯改造。

三是质量评估中心。加强改造质量评估是监狱做好改造罪犯工作的重要依据。一要坚持针对性，既有对罪犯在服刑前、服刑中、刑释前质量的评估，又有对不同罪犯类型改造质量的评估；二要坚持矫治性，评估的目的是用于制订矫治措施，增强矫治手段的科学性和矫正效果的实际性；三要坚持多维性，要采用"自评、互评、警民警评"相结合的方式，个体评估与集体评估相结合，主管评价与客观测试相结合；四要坚持连续性，入监到出监既要全方位地收集罪犯的各项信息，又提出个性化的矫治建议。在评估实践中需把握三点：一是开发一般改造质量评估工具，即针对所有罪犯普遍的改造需求，以认罪悔罪、服从管教、心理健康、认知模式等方面为主要内容的评估工具；二是开发针对不同罪犯群体改造质量评估工具，如涉毒类罪犯的成瘾性、诈骗犯的金钱观、暴力犯的攻击性等的危险性和再犯风险评估；三是开发针对各种改造措施和矫治项目的专项评估工具。根据不同的评估目的和用途选择合适的评估工具，提高评估的针对性。同时，在实践中要注意紧密结合五大改造的工作流程、人员素质、罪犯的自身特点，选择适合的评估矫治方式，灵活掌握，避免评估工作神秘化、唯一化。

四是信息集成中心。辽宁凌源某监狱罪犯脱逃 8 小时后监狱才发现的教训，使我们不得不反思——监狱信息化究竟在推进五大改造中应该发挥什么作用？在确保监狱信息安全的前提下，围绕"智慧监狱"建设，统筹推进五大改造必须强化信息支撑。一要坚持高起点建设的原则，用发展的眼光规划、用超前的思维建设、用共享的理念发展，推动新时代监狱工作质量更高、效能更大、动力更足。二要按照好用、管用、实用的原则，加快信息技术在罪犯改造工作中的应用，促进工作流程再造、运行机制优化、警务模式创新。着力发挥监狱信息化在民警工作中的"千里眼""顺风耳"和"金箍棒"作用，绝不能让其成为限制民警的"紧箍咒"。三要将信息技术与多种罪犯矫治手段结合起来，通过信息技术强大的信息收集、分析和处理能力，制订有针对性的改造方案，以提高改造质量。四要将信息技术引入对罪犯的文化改造工作中，充分发挥现代信息技术传播迅速、形式新颖、受众广泛的优势和特点，通过采取远程教育、网上教育学习、电视广播教育等形式，丰富改造手段。五要加强人员、资金、设备等建设，形成监狱罪犯改造的大数据、云计算等智慧合力，全面提升监狱改造工作的信息化水平，确保改造宗旨高效实现。

（五）推进"七大工程"

一是创新推进"卫鼎"工程，凸显政治改造的引领作用。一要明确政治改造目标。把罪犯在思想上、情感上认同中国共产党的领导、认同伟大祖国、认同中华民族、认同中华民族文化、认同中国特色社会主义道路作为政治改造的目标，促进罪犯树立正确的历史观、民族观、国家观、文化观、宗教观，促进罪犯认识、理解、拥护党的路线方针政策。二要把握政治改造内容。把党的历史、党的理论、党的路线方针政策，特别是习近平新时代中国特色社会主义思想作为政治改造的核心内容，大力开展爱国主义、集体主义和人生理想教育、国防教育、民族团结教育，强化以宪法为根本的法治、道德和纪律教育，强化社会主义核心价值观培塑，进一步拓展形势政策教育。三要创新政治改造方法。组织编写通俗易懂的政治改造专门教材，固化定期开展升旗仪式等政治改造活动，探索建立"课堂＋"新方法，以灵活多样的方式方法激发罪犯自觉接受政治改造的内在动力。四要毫不动摇地把政治改造贯穿监管改造、教育改造、文化改造、劳动改造的全过程，确保五大改造不偏向、不脱轨，确保监狱的政治属性得到充分发挥。

二是创新推进"底线"工程，发挥监管改造的基础作用。一要强化监狱安全管理。健全完善全时空、全要素、全领域的安全风险评估机制，深化人防、物防、技防、联防"四防一体化"运行，推行安全网格化管理，巩固常态长效安全格局，保持狱内正常监管秩序。二要建立科学的分押分管模式。科学划定罪犯危险等级和类型，深化监狱分类设置和罪犯分押分管，改进处遇制度，采取多元激励，建立健全"区域大循环，狱内小循环，监区微循环"的罪犯分押分管模式，实行动态管理。三要强化严格文明规范管理。严格执行罪犯改造一日行为规范等日常管理制度，不断强化罪犯的行为养成训练；建立执法标准化体系，实现从主观式、经验式、习惯式执法管理模式，向法治化执法管理模式转变；培育公正高效的执法环境。严格罪犯岗位安排、分流调动、奖惩考核等日常管理，依法严格减刑、假释、暂予监外执行办理。四要建立与公检法机关的联动机制，畅通罪犯申诉、控告、检举渠道，深化狱务公开，积极缓解罪犯改造中的误解、对立情绪，化解各种矛盾纠纷，消除各类安全隐患，不断夯实安全稳定基础。

三是创新推进"治本"工程，发挥教育改造治本作用。积极推进教育改造科学化。探索不同类型罪犯的教育改造规律和有效的改造方法手段，开展案例库建设，增强教育改造的有效性。总结推广行之有效的改造方法，积极探索现代矫正技术，提高教育改造的科学性。积极推进教育改造专业化，针对不同服刑阶段、不同危险程度和不同犯罪类型的罪犯，确定教育改造内容，落实教育改造计划。深化个别化教育改造工作机制，完善罪犯个体改造质量的评价标准，形成"一犯一策""一犯一档"的教育矫正模式。针对顽固犯、危安犯、重点犯等不同对象，组建教育转化攻坚团队，确保转化质量。积极推进教育改造社会化，将罪犯文化教育和技能培训纳入地方规划，深化与社会教育机构的协同协作，有效利用社会优质资源。积极主动向政府组织、社会团体、专业人士、社会志愿者借力借智，共同促进教育改造社会化。四川监狱通过罪犯离监探亲、罪犯大病统筹管理等手段在促进教育改造的社会化方面形成了特色亮点。积极增强教育改造实效性，与时俱进创新教育改造方式方法的同时，要继承和发扬传统的教育改造手段，如自我悔罪、个别谈话教育、现身说法、艺术教育（如浙江省第六监狱连续举办了29届"菊文化艺术节"，四川省女子监狱连续十多年举办"新绿艺术节"）等，不断增强教育改造"治本"的实际效果。

四是创新推进"铸魂"工程，发挥文化改造教化功能。一是充实文化改造内容。传承中华优秀传统文化精髓，促使罪犯从五千年文明的知识智慧和理性思辨中收获感悟，教育罪犯懂义利、明是非、敬法度、尚道德、讲诚信。学习和弘扬中国共产党革命红色文化、改革创新的时代先进文化、社会主义法治文化，尤其注重推进社会主义核心价值观入脑入心，不断陶冶道德情操，培养罪犯自信自尊、理性平和的良好心态，用健康向上的先进文化引领罪犯走积极改造之路。二是拓展文化改造载体。建好文化宣传主阵地，办好狱内广播站、电视和教育专网等，让罪犯在耳濡目染中接受文化熏陶。通过推进环境建设，完善监狱设施视觉识别系统，发挥文化对罪犯改造的整合、导向、塑造功能①；探索文化处遇激励机制，将罪犯现实改造表现与参加文化娱乐活动相挂钩，用文化处遇激励罪犯改造。三是创新文化改造方法。组织汇编罪犯回归典型案例，以短片等方式演绎改造故事，组织罪犯在媒体上发声，积极在主流媒体上宣传，打造文化改造特色品牌，实现以文化人、以文塑人、以文育人的积极效果。近年江苏监狱系统深入开展系列人文

---

① 范方平：《监狱文化解读》，中国长安出版社，2016，第82~83页。

经典教育，值得借鉴①。弘扬积极改造文化主基调，提炼创作罪犯改造训词、誓词、队歌、口号，鼓励罪犯自觉改造，积聚改造正能量。通过发挥文化润物无声的熏染、教化作用，触动罪犯灵魂深处的转变，不断推动改造宗旨的实现。

五是创新推进"塑新"工程，推进劳动改造的功能回归。一要凸显劳动改造功能，紧跟社会就业形势，优化劳动改造项目结构，着力为罪犯掌握职业技能提供与社会同步的生产样态。结合生产项目和岗位特点，动态匹配劳动岗位。注重运用先进技术和先进生产方式，采用现代管理手段，提升劳动技术含量，切实发挥好劳动的改造作用。二要提升罪犯劳动素养，加强工艺纪律、质量意识、劳动纪律等方面教育，培养罪犯劳动行为自控能力和劳动关系处理能力。根据刑释后的就业需要，探索建立按需定岗、按需培训制度，增强罪犯回归后的劳动就业适应能力。开展刑释前就业指导，组织就业推介会等活动，探索监狱和社会安置帮教业务的对接途径，为刑释后顺利融入社会打好基础。三要完善劳动激励机制。转变以劳动任务完成情况为主要评价指标的考核制度，探索推行劳动岗位申请制，差别化设置强制劳动与自愿劳动的劳动报酬、处遇等级，激发罪犯主动劳动的意愿，通过劳动改造真正实现"劳动创造了人本身"，把罪犯改造成为新人的效果。

六是创新推进"砺柱"工程，打造素质过硬的民警队伍。辽宁凌源某监狱罪犯脱逃案件再次证明了民警在"坚守安全底线，践行改造宗旨"各项工作中的"决定性"作用。事实上，砥砺奋进的监狱民警队伍本身就是推进五大改造新格局的中流砥柱。要全面贯彻习近平总书记关于政法队伍建设的指示精神，坚持把思想建设摆在第一位，打造一支政治过硬、业务过硬、责任过硬、纪律过硬、作风过硬的民警队伍。全面加强队伍"四化建设"，始终坚持"政治建警、素质强警、从严治警、从优待警"，践行"忠诚、文明、公正、廉洁"的政法干警核心价值观要求，从民警队伍的入口、学习、培训、管理、监督等环节入手，健全落实好民警队伍管理等方面的规

---

① 姜金兵：《现代监狱创制》，法律出版社，2017，第 185~187 页。

章制度，全力打造一支适应新时代监狱高质量发展需要、适应现代监狱管理需要的"四化""四铁""五硬"民警队伍，为推进五大改造锻造中流砥柱，为开创新时代监狱改造新局面夯实人才基础。

七是创新推进"贯标"工程，提升监狱整体水平。习近平同志指出，"标准决定质量，有什么样的标准就有什么样的质量，只有高标准才有高质量"。监狱工作统筹推进五大改造，必须要坚持高标准、高要求、高质量。一要强化依法治监，党的监狱工作方针、党的政策、国家法律法规是监狱工作的最高标准，必须全面贯彻落实。二要抓好现行政策法律规定和五大改造新要求的结合点，狠抓对照梳理、检查，发现问题及时研究制订有针对性的措施，推进五大改造新格局落地落细落实。三要探索开展监狱工作标准化管理，创新推进五大改造新格局，可以借鉴上海、湖南、四川等省协调省质监部门将监狱管理相关工作纳入地方管理标准，全面深入开展并以标准化助推法治化的经验，不断助推监狱规范管理和执法公正，确保改造宗旨实现。2018 年 3 月，"四川省监狱管理标准化试点"项目入选全国第五批社会管理和公共服务综合标准化试点项目，成为四川监狱规范管理的一张亮丽名片。

改革开放以来，监狱刑罚执行工作取得了丰硕成果，进入新时代后，迫切需要运用科学的体系，建立起符合现代社会治理模式的新型现代文明监狱运行体制机制。统筹推进五大改造是确保监狱工作践行改造宗旨的一项深入持久的系统工程和创新工程，通过坚持战略思维和系统思维，把政治改造贯穿监管改造、教育改造、文化改造、劳动改造全过程；通过对监狱工作的重新认识、重新梳理、重新调整，让定位、职能、目标、方法更加清晰；通过不断强化问题引导，强化举措创新，强化监督考核，汇聚多方合力，使监狱改革动力更加强劲，方向更加明确，保障更加到位，举措更加高效，形成监管安全可靠、执法精准文明、管理科学高效、文化独具魅力、队伍充满活力的新时代新型现代文明监狱。

法 治 社 会

Law-Based Society

B.15

广东珠海公共法律服务的实践与经验

中国社会科学院法学研究所法治指数创新工程项目组*

摘 要： 珠海将公共法律服务体系作为落实党的十八届四中、五中全
会精神和依法治国方略、参与基层治理的有益探索。珠海通
过加强组织领导工作、强化服务平台、法治绩效考核等诸多
举措保障公共法律服务全面覆盖，推动公共法律服务走向基
层、面向国际。与此同时，珠海公共法律服务仍然面临经费
保障不足、法治供给短缺、市场潜力未充分激发等问题，未
来应当进一步完善全局谋划，明确职责分工，优化服务方式，
完善激励机制、区分服务层次。

* 项目组负责人：田禾，中国社会科学院国家法治指数研究中心主任、法学研究所研究员；吕
艳滨，中国社会科学院法学研究所法治国情调研室主任、研究员。项目组成员：王小梅、王
祎茗、胡昌明、栗燕杰等。执笔人：田禾、吕艳滨；栗燕杰，中国社会科学院法学研究所副
研究员；苏莉莉，珠海市司法局干部；刘雁鹏，中国社会科学院法学研究所助理研究员。

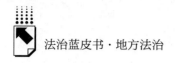
关键词：　公共法律服务　法律援助　基层治理

一　公共法律服务的背景

公共法律服务对于完善基层治理体系，实现全面依法治国，推动地方法治建设具有重大意义。《中共中央关于全面推进依法治国若干重大问题的决定》提出，"建设完备的法律服务体系"，明确要求"推进覆盖城乡居民的公共法律服务体系建设，加强民生领域法律服务"等，"保证人民群众在遇到法律问题或者权利受到侵害时获得及时有效法律帮助"。

司法行政部门作为政府承担法治宣传、法律服务主要职能的部门，构建全面覆盖的公共法律服务体系，可谓当仁不让。司法部先后下发的《关于推进公共法律服务体系建设的意见》（司发〔2014〕5号）、《关于推进公共法律服务平台建设的意见》、《12348中国法网（中国公共法律服务网）建设指南》、《关于深入推进公共法律服务平台建设的指导意见》等指导文件提出，要创新公共法律服务供给体制机制，让人民群众、各类社会主体在需要时都能获得普惠、精准、及时和有效的公共法律服务。

在公共法律服务方面，珠海市大力推进覆盖城乡居民的公共法律服务体系，将公共法律服务同国家战略、社会治理、精准扶贫相结合，形成了资源配置完善、平台覆盖全面、社会有效参与的公共法律服务体系。

二　珠海公共法律服务的主要做法

珠海市积极参与"一带一路"和"粤港澳大湾区"国家战略公共法律服务建设，较快完成区、镇（街）、村（社区）三级公共法律服务实体平台建设，建立起村居重大事项法律顾问审核把关机制，率先开展重点村居精准式法律顾问服务，不断加强统筹四级公共法律服务实体平台的升级改造，无缝对接 12348 广东公共法律服务网络平台和语音平台，基本形成了资源配置不断完善的"公共法律服务网"，取得了良好的效果。

（一）加强组织领导工作

珠海市司法局成立公共法律服务工作领导小组和公共法律服务三平台建设管理工作专班，香洲区、万山区、金湾区等也相应成立了区级的领导小组和建设管理工作专班。领导小组作为公共法律服务工作的领导机构，负责贯彻中央、司法部、省厅和上级关于公共法律服务工作的重大战略、决策和部署，统筹协调、组织推进本级管辖区域内的公共法律服务工作。研究提出本辖区公共法律服务工作的总体思路和中长期发展规划方案，研究制定本辖区公共法律服务工作的重要标准和规章制度实施办法，统筹协调本辖区公共法律服务工作的全局性、长远性、跨地区的重大事项，指导、监督本辖区公共法律服务工作的推进与落实，研究决定本辖区公共法律服务工作涉及的人力资源、资金保障、考核评估等政策细则，以及其他需要领导小组统筹、决定的工作事项。领导小组下设办公室，负责协调和督促相关单位和部门，推进落实领导小组决定的各项任务。

珠海市司法局公共法律服务三平台建设管理工作专班在司法局党组、公共法律服务工作领导小组领导下，兼职负责公共法律服务工作。具体包括：负责拟定全市公共法律服务工作实施意见和工作方案并组织实施；组织开展公共法律服务调研工作，并向领导小组提出工作建议；负责全市 12348 公共法律服务热线、12348 网络平台与省厅服务热线和广东法网的对接工作，负责市级公共法律服务实体平台的建设与运营管理，负责指导、协调各级法律服务机构或个人入驻平台及提供服务；组织各有关单位、部门编制和完善各类公共法律服务事项的目录和办事指南并负责相关服务事项；负责全市公共法律服务平台的资源整合、运行管理（指导）和宣传推广，工单的受理、审核、分派和督办等工作；根据领导小组决定及其办公室的要求，负责公共法律服务工作中重大、疑难、应急事项的日常指导、协调和处置；具体指导各相关职能部门（单位）开展公共法律服务工作，负责与其他政府部门或相关组织、机构就公共法律服务事项进行协同与联动；负责落实公共法律服务工作领导小组交办的其他任务。各区级专班的职责基本与其相对应。

领导小组和专班的普遍建立，为推动珠海各区公共法律服务工作统一、协调、可持续发展提供了体制机制保障。

（二）强化服务平台建设

公共法律服务只有通过服务平台深入基层末梢，才能满足服务群众"最后一公里"的要求。实体平台是公共法律服务体系运行的场所基础，也是民众获得有关信息、服务的公共基础设施。珠海将实体平台作为强基层、打基础的重要工作来抓。起步伊始筚路蓝缕，绝大多数的珠海各级司法行政部门没有单独物业和窗口场所。对此，珠海市司法局积极争取市委政法委支持，依托综治信访维稳中心，安排统一窗口和区域建设实体平台，并在各区、镇街综治信访维稳中心加挂法律服务中心牌子；对于具备一些条件的则协调区政府、街道办，解决实体平台建设用房；对于司法行政原有物业的，则克服困难予以重新启用。比如，横琴新区将原先的镇综治信访维稳中心改造升级，成为"横琴新区公共法律服务中心"，实现了平台升级、功能整合和随之而来的一站式服务。实体平台建设秉持标准化思路。主要表现如下。其一，名称统一化。区级的统一命名为"×区公共法律服务中心"，镇（街道）层面的实体平台统一命名为"×镇（街道）公共法律服务工作站"，村（社区）层面的统一命名为"×村（社区）公共法律服务工作室"。其二，建设标准化。珠海市通过专门文件，对实体平台的选址、标识、指引等提出统一要求，选址要求一般应位于临街一层；要求公共法律服务中心划分办公区、服务区和等候区。对于服务区，要求设置开放的服务大厅，半开放式的接待柜台、座椅，以及适量的接待室、个别谈话室、调解室等专门业务用房，在大厅安装电子显示屏、公共法律服务触摸查询一体机等。其三，人员组成标准化。要求实体平台根据区域内口规模、服务需求以及业务接待办理数量，调配相应的专业人员和专职人员。在公共法律服务中心，一般要求设置四种类型服务的基本岗位：一是综合接待岗，由公共法律服务指挥中心派员进驻，负责公共法律服务业务指引，解答相关咨询，协助申办公证、司法鉴定业务，受理人民调解申请等；二是法律咨询岗，由法律援助机构安排律师等专业人员现场解答法律咨询；三是法律援助岗，由法律援助机构安排人员进驻，负责法律援助申请受理、审查、指派等工作；四是律师服务岗，由律师管理部门安排社会律师进驻，负责律师调解，可以提供其他有偿性法律服务，供群众自主选择。公共法律服务工作站、工作室则相应调整，基本岗位可根据具体条件增加或整合。其四，体现人性化。在实体平台的等候区，要求配备座椅、饮水机等设备；为残障群体考虑，设置无障碍通道和残疾人专用洗手间。其五，走向智慧化信息化。在广东省司法厅主导下，完成网络平台、热线平台的建设。其中，热线平台由省厅负责统一建设和运营管理，各级不再单独建立；网络平台省厅负责统一建设，其运营管理由各级司法行政部门共同负责，各级部门各司其职，按照要求组织有关服务资源进驻平台提供服务。其六，平台有序对接无缝融合。在实体平台、网络平台、12348法律服务热线平台有序建设的同时，平台与后台相对接，网上平台与移动终端对接，"牵一发而动全身"，可随时随地提供一站式法律服务。在后台，珠海市、区两级的人民调解专家库、律师团队、公证员队伍等团队，随时为镇街中心、村社区服务站提供后备力量和专业支撑。在前端，珠海各区级的公共法律服务项目均全部实现前台办理。群众提出需求并形成工单，以公共法律服务指挥中心为枢纽，通过网络平台派发，所有工单均在各指挥中心之间传递；接收工单的指挥中心应将工单转交本级相应的业务机构或部门办理，并跟踪办理进度、协调管理；镇、村两级的工单由所属县（市、区）级的指挥中心协调管理。由此，形成了"前台统一受理、后台分别办理、结果及时反馈"的办理模式。

（三）法律顾问全面覆盖

珠海在试点"律师公益服务在社区"工作的基础上，全面推开一村（社区）一法律顾问。同时，珠海先后出台《法律顾问进村居项目评估考核办法》《村（居）法律顾问管理办法》《村居法律顾问招投标及集中采购管理办法》《村居法律顾问开展走访调研和参与处理重大矛盾纠纷工作指导意见》，以及村居法律顾问登（统）计制度，工作信息、典型案例上报制度等。村、社区公共法律服务站落实专职工作人员，负责公共法律服务站、人民调解委的日常工作，开展法治宣传及村居法律顾问、村居警官联络等具体工作。在具体实施上，凸显以下方面。第一，法律顾问进村居全部由职业律师担任法律顾问，以体现第三方中立身份和专业性。第二，以公开招标方式购买服务。市、区两级财政以每个村（居）不低于1万元（偏远地区不低于1.3万元）的标准购买村（居）法律顾问服务，各区采用公开招标或集中采购方式确定律师事务所，由此也解决了以往指派分配积极性不高的问题。第三，在签约期限上，国内许多地方为一年一签。珠海考虑队伍的稳定性以及避免出现期限过短带来的短期行为取向等问题，实行三年一签，使得双方行为更加理性，兼顾中长期考虑。第四，注重经费保障。提供办案补贴，且经费逐年提升，较好保证了服务质量。第五，各村、社区均设置法律顾问进村居公告栏，公布法律顾问的照片、姓名、电话、QQ、邮箱、服务时间、服务内容，在村（居）委会服务大厅设置统一的台牌、工作台账。法律顾问全覆盖取得了良好的效果，为基层治理法治化提供了保障。例如，珠海市斗门区选取5个村作为试点，依托村居综治信访维稳工作站，综合农村社区司法行政工作室、公共法律服务站、人民调解委员会、法律顾问工作室等相关机构的职能，由专门工作人员负责综治信访维稳、人民调解、法律服务、法治宣传、信息报送以及与村居法律顾问、村居警官、镇街驻点干部联络等具体工作，使得公共法律服务扎根最基层。

（四）推进涉外法律服务

珠海的公共法律服务，既有"土"的一面，注重面向乡镇街道基层实际需求，也有"洋"的一面，注重国际化，面向珠港澳一体化需求，服务自贸区建设，对标国际高标准助力国家战略落地。就后者而言，其主要做法如下。其一，组建横琴新区公共法律服务中心。2018年4月，横琴新区公共法律服务中心正式启用。由此，横琴新区全面建成"行政服务中心"与

"公共法律服务中心"的政务服务双集成架构。横琴新区公共法律服务中心集合了港澳中小企业法律服务中心、海上丝绸之路法律服务基地、法律援助、司法行政、法律服务、劳动保障、劳动仲裁、人民调解、婚姻调解、信访维稳、安置帮教、社区矫正、防邪宣教等方面的业务，旨在打造成为面向企业、市民提供全方位、一站式、立体化、广覆盖的综合服务中心。其二，加强珠港澳三地法律服务业交流合作，继续扶持珠港（澳）合伙联营律师事务所发展，集中三地优质法律资源，满足横琴自贸试验区在跨境投资、跨境金融及国际知识产权法律服务等多领域的法律服务需求。其三，加快引进涉外法律服务领军人才。2017 年珠海市司法局印发《关于发展涉外法律服务业的工作方案》，鼓励发展多种涉外法律服务形态。积极培养涉外法律服务人才，建设涉外法律服务人才培养基地。其四，促成优秀港澳律师与内地律所合作。以政策扶持导向，促进优质、高端法律服务产品的提供，为加快横琴自贸片区法治建设、服务国家"一带一路"建设，推动内地企业"走出去"和"引进来"，提供更具专业性、更面向国际化的法律服务。

（五）推动供给主体多元

珠海全市司法所仅有政法专项编制五十多名，平均每个司法所一度仅2.25 人，远不能适应司法行政日益繁重的职责任务，也更难承担起公共法律服务的重任。在公共法律服务体系建设之初，不少司法所有较强的畏难情绪，提出司法所能做到分内事已属不易，搞公共法律服务难上加难。对此，珠海市积极拓展法律服务供给渠道，推动公共法律服务供给主体的多元化。珠海着力调动专职人民调解员、村（居）法律顾问、社区矫正专干的积极性，成为公共法律服务提供的主体力量。其做法主要如下。其一，发挥"四支队伍"主体作用。整合资源，以基层司法行政干警、专职人民调解员、社区矫正专干、律师为主体，发挥好这四支队伍的主体作用。发展至今，各镇街中心除购买值班的律师、志愿者服务之外，平均拥有 13 名专职工作人员。其二，以政府购买服务为依托。政府出资，购买大学院校法律专业、律师事务所提供法律服务。充分调动律师积极性，为重点难点问题的攻

克提供专业支撑。公共法律服务的提供，已从以往的司法行政单一供给模式，升级为政府购买为主、司法行政为辅、社会志愿力量补充的"三个支柱"模式。其三，组建律师法律服务专业团队。从全国看，不少地方往往以律师、专家个人身份担任法律顾问、提供服务，这种做法难免受制于个人的法律素养和专业方向，与公共法律服务的情形复杂、领域广泛未必适应。对此，珠海从起步就探索团队模式，以发挥人力资源团队优势、形成专长互补合力。通过政府购买服务，在珠海市律师协会成立征地拆迁、建筑工程、股份公司、林地转让等九个专业化法律服务小组，为各级公共法律服务实体平台提供专业法律知识支撑，为各级党委政府、村社区经济组织、小微企业、公益组织提供差异化、专业化、集团化的法律服务。其四，加强对公共法律服务队伍的培训。将担任村居法律顾问的 160 余名律师纳入年度培训计划，提供每年不少于 2 次的专项培训；对于司法所干警、专职人民调解员、社区矫正专干，确保每年至少轮训 3 次。由此，公共法律服务的服务能力、服务质量都得到显著提升。

（六）重视法治宣传教育

法治宣传对于营造良好的法治氛围、树立法治思维具有重要作用。珠海将普法宣传教育作为公共法律服务的重要组成部分，广泛深入宣传与经济社会发展紧密相关、与保障和改善民生息息相关、与促进社会管理创新高度相关的一系列法律法规，取得明显成效。其主要做法如下。其一，成立普法守法专责小组，将普法与法治社会纳入全市依法治市工作统筹谋划实施。将公共法律服务作为普法宣传的重点，深入企业、学校、乡镇、街道等开展公共法律服务内容的宣传。其二，宣传方式多元化。除了印制普法材料、宣传手册之外，还借助珠海干训网、《珠海特区报》、珠海电视台等主流媒体以及微博微信等新兴媒体，加强宣传力度，增加宣传内容的曝光度。其三，提高普法针对性。以往普法宣传内容和形式较为单一，未针对不同受众作出相应改变。珠海针对不同群体，改进了宣传形式，提高宣传内容的接受程度。例如，珠海针对青少年的特点，完成了《画说法律》口袋书两个系列读本，制作、传播一批普法动漫、H5 微电影等；针对中老年人组织社区表演小品、话剧等进行宣传。其四，将法律咨询与普法相结合。将法律咨询作为公共法律服务实体平台三大基本职能之一。从 2018 年 4 月 9 日广东法律服务网启动运行至 2019 年 2 月 20 日，珠海的市、区、镇（街）、村（社区）四级公共法律服务实体平台共提供法律咨询、法律服务 72595 宗/次（部分未进驻的公证处和司法鉴定机构除外），各公共法律服务中心、公证处、司法鉴定机构等法律服务机构通过法网平台平均每日为办事群众提供预约号源 20 个。群众在法律咨询的同时不仅熟知相关法律法规的内容，并掌握了运用法律手段和法治思维维护自身合法权益的能力。

（七）巧用绩效考核机制

为增强公共法律服务工作的实效，从软工作成为硬指标，珠海市将"公共法律服务工作覆盖率"纳入各级党政领导班子考核指标体系，成为基层领导班子的"紧箍咒"和指挥棒，工作推进更加顺畅。具体做法如下。其一，制定公共法律服务评价指标体系。市委组织部《关于制定 2015 年各区党政领导班子考核指标体系各指标评分办法的通知》（珠组通〔2016〕11号），对于公共法律服务实体平台建设、法律顾问进村居、人民调解、法治宣传、社区矫正和安置帮教、法律援助等 6 项内容，均设定了详细的评分标准。例如，在公共法律服务平台方面，从基础设施是否齐备、服务事项是否齐全、服务资源是否充足、服务成效是否明显等方面，制定量化的考评指标及奖罚标准。再如，在服务质量评价制度方面，由服务对象对工作人员的服务态度、办事效率、政策和业务水平等作出评价。同时珠海探索第三方评价机制，将评价结果作为对部门和服务人员考核评价的依据，促进优质服务和高效服务。其二，编制"公共法律服务实体平台外观标识内务规范进展情况表"，按照"已经完成""正在施工""已出设计方案""已制定计划""还没研究"，由各区根据自身进度填报，并定期不定期予以督促。其三，建立领导分片督导机制，每个季度通过实地走访、查阅台账档案材料、听取汇报等方式，加强对各区公共法律服务体系建设的督导检查。比如，珠海市司法局调研时发现，香洲区大部分镇（街道）公共法律服务中心服务窗口分散、办公场所狭小或没有相对独立的办公场所，标牌、标识不清，不符合省、市公共法律服务实体平台建设的标准要求，与其他区的镇（街道）公共法律服务中心建设差距较远。据此，珠海市司法局向香洲区作出《关于认真做好公共法律服务实体平台建设工作的督办函》，对香洲区的公共法律服务实体平台建设工作进行跟踪督办，要求香洲区根据省、市公共法律服务实体平台建设的标准要求，自设时限并整改完成。通过"红红脸"的方式，改进效果突出。其四，建立律师、律所参与村居基层治理试行激励机制。强化奖惩激励，增强积极性，改进服务质量，包括对平台的公务人员进行年度考评，落实奖惩机制。每年对表现突出的律师事务所和律师进行通报表彰。对于额外完成法律顾问工作事项或参与处置和解决重大矛盾纠纷的村居法律顾问、法律服务专业小组，采取以案定补的方式进行额外补贴。另外，在其他考核评先评优中，也将担任过村居法律顾问或提供过公共法律服务及其质量情况，作为重要考虑因素乃至必要条件。比如，市、区、镇（街）三级政府法律顾问的产生及各类律师评先评优，均设置担任过村居法律顾问或参与过公共法律服务的必要条件。既让优秀的村居法律顾问参加更多更重要的公共法律服务工作，也增强专业队伍的长效性。其五，建立村居法律顾问服务情况评估机制。每半年对村居法律顾问的服务情况进行量化评估，对评估不合格的律师，要求律师事务所重新指派、更换律师，仍不能达到要求的，解除与该律师事务所的服务协议，扣除购买服务费用，并取消该律师事务所下一年度投标资格。早在2014年，中标担任斗门区井岸、斗门镇16条村法律顾问的某律师事务所未按协议要求定期到村里值班，区司法局发现后，及时中止合同，重新选定律师事务所订立服务协议。

（八）完善财政津贴保障

公共法律服务的落地离不开财政津贴的保障与支持，珠海争取财政支持，将公共法律服务纳入基本公共服务均等化保障体系。其一，积极争取政府购买服务资金，强化经费保障。珠海市将法律服务列入政府购买服务名

录。名录包括人民调解、社区矫正、安置帮教、法治宣传、律师服务、村
（社区）法律顾问等，并积极争取区、镇街公共法律服务中心政府购买服务
资金。制定政府购买公共法律服务指导性目录，确定政府购买公共法律服务
的种类、性质和内容，落实有关政策保障措施。这为公共法律服务体系建设
解了燃眉之急，避免其他地方常见的"巧妇难为无米之炊"困境。其二，
强化激励机制。珠海市在全面提高基本经济补贴的基础上还建立激励机
制。自 2016 年起，珠海市财政每年额外划拨 20 万元作为市律协专业小
组、村（社区）法律顾问的案件补贴；各区财政均按照每年不高于村
（社区）法律顾问工作补贴经费全额的 20% 配套村（社区）法律顾问的案
件补贴；被确定为全市重点村居的还另外给予 2 万~5 万元不等的额外法
律顾问服务补贴，以充分调动全市村（社区）法律顾问为基层服务的积
极性。对于市律协组建的法律服务专业小组所提供的高质量服务，市司法
局通过购买服务予以额外补贴。其三，专项经费保障设备建设。斗门区、
金湾区、高新区等拨付专项经费用于村居的公共法律服务站建设，并统一
配备电脑、档案柜、电子显示屏、宣传栏等。在村居公共法律服务站的建
设方面，斗门区依托村居人民调解工作室，在村居办事窗口设置公共法律
服务的受理、咨询窗口。2014 年即下拨经费 108 万元用于添置设备，确
保全区 125 个村居均实现一台电脑、一个档案柜、一个电子显示屏、一个
法治宣传栏、一整套规范制度上墙。

三 公共法律服务展望

珠海公共法律服务经过多年的实践与探索，积累了大量有益的工作经
验，同时仍然面临如下挑战。首先，基层司法行政工作仍然处于边缘地带，
基层"两所一庭"中，无论是人员配备、政治待遇，还是经费保障、办公
条件，司法所都与公安局派出所、法院派出法庭相距甚远，不可同日而语。
其次，随着经济社会发展，利益格局分化复杂化，社会各界对法律服务的需
求，对于通过法律渠道表达诉求，经由法治思维维护权益，在总量规模、质

量标准要求上都空前提升。特别是基层人民群众日益增长的法律服务需求和法律服务资源不足之间的矛盾依然突出，甚至有增无减。最后，在公共法律服务提供多元化且越来越注重市场化、社会化的大趋势下，如何对社会主体、市场主体形成更为有效的奖惩激励机制，对于公共法律服务的质量持续提升，具有重要支撑作用。但从当下看，志愿者、律师、专家等专业人士的付出与报偿严重不成比例。一些偏远地区的村居法律顾问存在"贴钱出力"的现象。虽然以服务珠海、服务法治建设的崇高责任感和献身精神为支撑，但从长远看，要建立长效机制仍需兼顾物质报偿与精神激励而不可偏废。对此，珠海公共法律服务未来将从以下方面努力。

（一）进一步完善全局谋划

公共法律服务经过多年累积发展，面临的最大瓶颈乃是立法缺失、法律不健全、法规不完整。一方面，公共法律服务缺少全国统一的法律、行政法规。公共法律服务是实现社会公平正义和保障人民安居乐业必不可少的一环，是政府公共服务体系的重要内容。近年来，司法部虽然出台了《关于推进公共法律服务体系建设的意见》《关于推进公共法律服务平台建设的意见》等规范性文件，但缺少法律、行政法规的规范，导致政府部分部门依然不够重视、缺乏协调配合。另一方面，由于社会发展进步，原有的法律法规需要进一步修改，以适应不断变化的外部环境。例如，依据《法律援助条例》等规范，法律援助的对象限于自然人，如将小微企业纳入，还需要在法律、政策层面予以修订拓展，否则出台具体措施、预算编制和资金支付都面临诸多困难。应当承认，在珠海全面探索发展中，在从中央到地方的广泛实践基础之上，立法时机已然成熟。公共法律服务下一步的工作，应当进一步完善全局谋划，加强顶层设计，完善相关法律、行政法规以及规范性文件。在顶层设计的理念层面，应当强调的是公共法律服务工作，绝不能仅就公共法律服务而论公共法律服务，陷入"本位主义"。相反，必须与中心工作相结合，与重点工作相结合，以公共法律服务促进社会治理法治化，促进营商环境改善，提升人民群众获得感、安全感。

（二）进一步明确职责分工

保障体系对于公共法律服务的制度化、常态化和健康可持续发展，具有重要意义。在试点阶段，通过"东拼西凑"解决经费、服务尚可迁就；到了制度普遍推开，经费、编制、购买服务的需求将持续而强烈。对此，有必要完善保障体系建设。必须清醒地意识到，免费模式、低收费模式自有其局限，且不可持续。因此，应当拓展来源渠道，加强公共法律服务的经费保障。对此，公共法律服务的长远发展，需要多个部门形成合力。公共法律服务绝不能沦为司法行政部门一家的"自娱自乐"。有关职能部门明确公共法律体系建设的职责，建立有效的部门联动对接机制。比如，法律援助的实施，需要民政部门的配合；对企业的法律支持，需要工商、税务等机关的协同；对劳动者工资、加班费、五险一金等方面纠纷，需要人社等部门的支撑。公共法律服务体系的建立和良好运行，需要司法行政部门、法院以及上述行政部门建立健全信息共享互通平台，提升公共法律服务的专业性、可及性和便利性。对此，应当从以下方面着手，进一步明确职责分工。首先，加强编制管理，充实人员编制配备。通过科学配备各个职能部门的职位编数，保障相关部门能够有足够的人力提升公共法律服务质效。其次，财政部门进一步明确经费保障和购买服务机制。政府购买服务需要进一步完善后续机制，将购买服务后期评价常规化、规范化，保证政府购买服务达到目的和效果；经费保障需要长效化、制度化，保障公共法律服务无后顾之忧。再次，推动标准化建设。规范实体平台的标准化建设，服务提供、服务方式的标准化。最后，形成多方参与、共同推进的工作格局。

（三）进一步优化服务方式

有必要继续整合优化和无缝链接服务流程，在开展重点村居法律顾问试点服务成功经验的基础上，继续发挥法律服务提供者参与公共法律服务体系建设的积极性，依托行业协会和第三方专业机构对法律服务市场进行调研和产品研发，通过对市场法律服务需求的详细调研，明确服务对象、服务内容和服务者，制订符合实际、易于推广、便于操作的公共法律服务产品目录，实现"订单式"服务、"菜单式"供给，确保公共法律服务"适销对路"。其一，以公共法律服务营造法治化国际化营商环境。以港澳中小企业法律服务中心为起点，不断推进"一带一路"建设法律服务交流合作，以优质的法律服务促进横琴自贸片区建设与港澳或跨国企业合作发展的新模式。其二，打造高端法律服务孵化器。在公益性法律服务基础上，政府引导促进高端法律服务发展，形成良性互动。加快涉外法律服务领军人才的引进，促成更多的优秀港澳律师、律所与内地律师事务所合作，更好地为内地客户提供优质的法律服务，为加快自贸片区法治建设、服务国家"一带一路"建设，推动内地企业"走出去"和"引进来"提供更专业、更高质量的法律服务。

（四）进一步完善激励机制

良好的激励保障机制有助于提升公共法律服务质效，提高基层工作积极性。应当承认，干不干差不多、干多干少差不多的现象尚未根除。对此，应当进一步完善激励机制。其一，探索以奖代补机制。奖励经费不应仅限于金钱鼓励一种形态，适当的名誉表彰同样可以起到类似的效果。例如，评选年度十佳优秀法律顾问、年度十佳优秀调解员等。同时利用好诚信体系建设的红利，将入选的优秀法律顾问、调解员列为重点表彰人员，重点宣传。其二，探索以案定补的奖励机制，对参与处置和解决重大矛盾纠纷的村（居）法律顾问，采取以案定补方式进行补贴。这就要求对基层矛盾化解进行精准分类并予以分级，按照村（居）法律顾问处理的难度、数量发放补贴，对其工作量予以区别评价。其三，探索引入和建立第三方评估机制。法律顾问工作的质量，直接影响到法律服务的质效，建议探索引入和建立第三方评估机制，对法律顾问工作进行科学客观的评价，及时发现工作中存在的问题，提出改正意见和建议。

（五）进一步区分法律服务层次

法律服务并非均为公共产品。一些地方为企业提供"法律体检"，也纳入公共法律服务由财政买单，其做法有待进一步完善；针对普通市民的法律服务，则未基于民众家庭状况和需求类型予以区分，使得一般性法律咨询和应当得到支持援助的法律需求被混同。对此，国家应加强顶层设计，推动公共法律服务层次化、类型化，有效保障基本公共法律服务，引导非基本公共法律服务，促进市场性法律服务的发展，处理好政府、市场、社会的关联，其关键如下。

其一，对于辖区内一般企业的法律体检，其成本应当由企业负担；而对于"大众创业、万众创新"，以及当地扶持或重点行业，财政给予适度补贴则未尝不可。珠海市在已有无偿、公益、有偿的"三层次"基础上，形成层次化、类型化、体系化的公共法律服务体系。其二，对于基本公共法律服务，强调政府的财政保障责任，予以全额保障；对于公益性的，政府购买服务或予以适度补贴等方式予以满足；对于市场性的，需明确其有偿性，通过引导群众增强法律服务消费意识，政府提供渠道、指引即可，其成本由公民或市场主体自行负担。由此，三层次有效衔接，推进公共法律服务体系的完善，实现机制耦合与功能最大化。

B.16
新时代"枫桥经验"在执行工作中的创新与发展

—— "社会化协同执行机制"的探索与研究

江西高院执行局"社会化协助执行机制的探索与研究"课题组*

摘　要： 本报告从"枫桥经验"的本质内涵切入，分析"枫桥经验"与执行工作结合的紧密性，提出社会化协同执行机制的可行性；并从社会化协同执行机制的概念及主要内容、社会化协同执行机制运行的流程及操作方法、社会化协同执行机制运行以来取得的成效、各地社会化协同执行机制运行中存在的困难与问题及社会化协同执行机制的完善等方面来探索研究社会化协同执行机制建设情况，把新时代"枫桥经验"在执行工作中的发展创新与丰富完善"社会化协同执行机制"内涵外延相结合，以期更好地服务于执行工作。

关键词： "枫桥经验"　社会化协同执行　执行难

引　言

1963 年，浙江诸暨干部群众创造了"发动和依靠群众，坚持矛盾不上

---

* 课题组负责人：赵九重，江西省高级人民法院党组成员、副院长。成员：罗志坚，江西省高级人民法院执行局副局长；龙广华，江西省高级人民法院执行局法官助理。执笔人：龙广华。

交,就地解决,实现捕人少、治安好"的"枫桥经验"。50多年来,"枫桥经验"在实践中不断创新与发展,展现出其历久弥新的生命力,成为中国社会治理的重要典范。近年来,江西法院坚持以习近平新时代中国特色社会主义思想为指导,把"枫桥经验"与人民法院执行工作紧密结合,提出"社会化协同执行机制",在推进社会治理与解决执行难等方面取得新成效。

一 新时代"枫桥经验"的发展内涵

党的十八大以来,"枫桥经验"在新时代中国特色社会主义思想的指引下不断传承发展,赋予了其新的内涵。

(一)坚持党的领导,这是新时代"枫桥经验"发展的根本保证

党的领导是做好党和国家各项工作的根本保证,是战胜一切困难和风险的"定海神针"。"枫桥经验"在新时代发展与创新,至关重要的一条,就是紧紧依靠党的领导,协调各方,实现党委领导下的政府治理和社会调节、居民自治良性互动,把矛盾化解在基层[1]。

(二)坚持以人民为中心,这是新时代"枫桥经验"发展的不变初心

不忘初心,方得始终。为人民谋幸福,是中国共产党人的初心。纵观历史,人民才是历史的创造者,离开了人民,我们就会一事无成。50年来"枫桥经验"的发展实践表明,坚持人民主体地位,充分调动人民参与社会治理的积极性和主动性,依靠人民群众解决基层问题是"枫桥经验"的灵魂,是党的群众观点和群众路线在现实工作中的生动体现。人民群众有无尽的智慧和力量,始终以人民为中心,"枫桥经验"才会继续发挥光和热。

---

[1] 王昌荣:《新时代枫桥经验的深刻意蕴——赴诸暨蹲点调研报告》,《浙江日报》2018年6月11日。

（三）坚持"三治"融合，这是新时代"枫桥经验"发展的基本要求

习近平总书记指出：社会治理是一门科学，必须正确处理好维稳与维权、活力与秩序的关系，充分调动一切积极因素，确保社会既充满生机活力又保持安定有序①。治理理念强调系统治理，从源头抓起，"截""堵""控"的传统思维模式和管理手段，已经远远不能适应"网络化""全球化"带来的人民群众对社会治理的新要求。坚持自治、德治、法治相结合，以自治为基础，德治为引领，法治为保障，"三治融合"是枫桥经验在社会治理中发展与创新的必然要求。

（四）坚持共建共治共享，这是新时代"枫桥经验"发展的必由路径

习近平总书记"打造共建共治共享社会治理格局"的新时代治国理政思路，强调在党的领导下，形成多元主体协同共治、让社会充满活力的新局面。弘扬和发展枫桥经验，必须树立"共建共治共享"理念，通过完善党委领导、政府负责、社会协同、公众参与、法治保障的社会体制，提高基层社会治理水平，为"枫桥经验"注入新时代的新元素。

二 新时代"枫桥经验"对执行工作的启示

（一）新时代"枫桥经验"与法治建设密切联系

枫桥经验是化解矛盾的经验，法治建设也是通过调节各种社会利益关系来化解矛盾，两者的目标都是服务大局、维护稳定、促进和谐。当前，国家正处在经济转轨、社会转型的关键时期，新情况和新问题层出

---

① 《习近平新时代中国特色社会主义思想学习纲要》，学习出版社、人民出版社，第164页。

不穷，新类型矛盾不断出现。"枫桥经验"恰恰是化解矛盾的有效手段，通过自治、德治、法治相结合，从根本上减少矛盾。"枫桥经验"丰富和完善了法治建设的内容，通过法治来引导群众合理表达自己的诉求，维护自身的合法权益，法治建设是新形势下落实"枫桥经验"的有力保障。

（二）新时代"枫桥经验"与执行工作相辅相成

两者的基本原则是一致的，"枫桥经验"与执行工作都强调坚持党的领导，"枫桥经验"本身也是在党的领导和倡导下得以发展的，党的领导是执行工作顺利开展的根本保证。"枫桥经验"与执行工作的本质内涵都是以人为本，"枫桥经验"是以人为本的经验，执行工作最大的特点是社会实践性很强，要坚持群众路线，与人民群众打交道。"枫桥经验"与执行工作都重视基层基础，"枫桥经验"是强化基层基础的经验。"枫桥经验"始终坚持走群众路线，注重发挥基层组织的作用，预防和及时化解矛盾。搞好执行工作，离不开全社会各方面的帮助和支持，仅靠法院单打独斗、孤军奋战是行不通的，依靠基层组织综合治理，强化执行联动，凝聚全社会的力量齐抓共治。

（三）新时代"枫桥经验"对执行工作的有益启示

执行是法院依靠国家强制力，按照法定条件和程序，采取相关措施，强制义务人履行生效法律文书所确定义务的一种司法活动①。由于执行工作的强制性、对抗性，难免会出现矛盾冲突。同时，相较于"坐堂办案"式的审判活动，执行活动较为突出的特点是社会实践性很强，为实现申请人债权，执行人员需要深入社会各个领域和层面，开展查人找物、查封冻结扣押被执行人财产、强制腾房等一系列活动，这些活动离不开相关部门的协助和个人的配合。三年的"基本解决执行难"攻坚实践表明，解决好执行难问

---

① 江伟主编《民事诉讼法学原理》，中国人民大学出版社，1999，第 785 页。

题，"枫桥经验"在执行工作中创新与发展大有可为，给人民法院执行工作带来了有益启示。

一是执行工作必须坚持党的领导。"基本解决执行难"之所以能取得重大成果，最根本的就是始终坚持党对执行工作的绝对领导。因此，向党委及其政法委常态化报告工作，最大限度地争取党委政府对执行工作的支持，是需坚持的首要原则。

二是执行工作必须坚持多元主体综合治理。近年来，在公安、发展改革委、住建、国土、金融机构、宣传等部门单位的支持下，法院在打击拒执犯罪、联合惩戒失信被执行人、查找被执行人财产等多方面取得突破，有力地促进了案件的执行。实践证明，解决执行难问题，仅靠法院一家单打独斗，执行工作是无法开展的，必须内外合力，进行综合治理。

三是执行工作必须贯彻群众路线。执行工作直接接触广大人民群众，工作做得好不好，人民群众最有发言权。要把工作重心放在涉及民生权益的案件和问题上，积极回应人民群众对执行工作的新期待、新需求，把人民群众满不满意作为评判执行工作成效的重要标准。

四是执行工作必须依靠基层组织与群众力量。执行工作必须注意工作方式方法，刚柔并济，既要维护法律的"刚性"，又要体现协调各方利益的"柔性"。因此，必须依靠乡镇（街道）、村（社区）等基层组织，最大限度地发动广大人民群众，着力解决矛盾纠纷化解中的人际和谐问题。

三　社会化协同执行机制的提出

江西经济欠发达，10万元以下小标的、涉民生案件占全省案件过半。为解决该类案件的执行难题，受"枫桥经验"启发，江西探索建立了"社会化协助执行机制"（具体称为"执行三推送"），即人民法院在充分履行执行查控、惩戒、调查等职责后，未发现易于执行的财产，将被执行人涉案信息向有关部门推送的机制。现主要包括3个方面的内容：一是根据被执行人居住地，向乡镇（街道办）推送小标的、涉民生案件信息机制；二是综治网格员协助执行机制;三是向民政部门推送"执行不能"案件困难申请人信息机制。

(一)向乡镇(街道办)推送小标的、涉民生案件信息机制

其做法是,在当地党委政法委牵头组织下,以司法建议书的形式向乡镇党委政府、街道办事处推送所辖区域失信被执行人信息,借助乡镇、街道办以及村委会(社区)等基层组织的管理职能,督促或协调辖区被执行人尽快履行法律义务。要求限制被执行人申报办理农村宅基地、旧房改造、房屋翻新的审批。对于已纳入失信名单的被执行人,要求其所在的相关社区、村集体组织在办理其本人、配偶及子女的入伍、升学、就业、提干、公务员招录、提拔等方面的政审时,如实签注上述被执行人的失信情况。

(二)综治网格员协助执行机制

其做法是,依托各地综治网格化服务管理系统及综合治理考核责任机制,发动网格员向人民法院反馈辖区内被执行人的行踪、财产等信息,实现基层社区治理与执行工作信息互通、工作互动的良好工作格局。各地法院发挥主观能动性,把此项工作的开展与执行悬赏机制充分结合,在网格员反馈的被执行人行踪、财产等执行线索得到有效实际执行后,法院按照推送时确定的奖励金额,对网格员予以奖励。有的基层法院执行干警分片建立街道(乡镇)社区主任、网格长、物业管理人员、楼栋长、居民(村民)组长、治保人员以及热心群众的微信群,实现"点对点"有效联络和对接。

(三)向民政部门推送"执行不能"案件困难申请人信息机制

其做法是,对于已穷尽执行措施但被执行人确无财产可供执行,且申请执行人生活特别困难需要救助的执行实施案件,在法院实施司法救助不能的情况下,由法院向申请执行人住所地或经常居住地县级民政部门及时推送执

行案件信息，发出给予社会救助的司法建议，以有效缓解"执行不能"案件矛盾。

四　社会化协同执行机制的可行性

（一）社会化协同执行的政策及法律依据

2016年9月，中央政法委提出，要建立"党委领导、政法委协调、人大监督、政府支持、法院主办、部门配合、社会各界参与"的综合治理执行难工作格局。综合治理执行难是中央政法委支持人民法院基本解决执行难问题作出的重大部署，而社会化协同执行机制是深化综合治理执行难工作格局的落脚点和切入点，是连接法院执行工作和各单位政法综治工作的桥梁和纽带。相关政策及法律依据主要如下。

《民事诉讼法》第67条、第242条及《最高人民法院关于执行工作若干问题的规定（试行）》第28条规定，人民法院在办理案件过程中，有权向有关单位调查被执行人财产及其他信息情况，有关单位必须协助办理。案件推送给乡镇后，要求乡镇的协助事项具有可行性。

中共中央办公厅、国务院办公厅《关于加快推进失信被执行人信用监督、警示和惩戒机制建设的意见》第二部分第11条提出：鼓励各级党政机关、人民团体、社会组织、企事业单位使用失信被执行人名单信息，结合各自主管领域、业务范围、经营活动，实施对失信被执行人的信用监督、警示和惩戒。第四部分第3条提出，各地区各部门要按照建立和完善执行联动机制的有关要求，进一步做好协助执行工作。

《中央政法委关于切实解决人民法院执行难问题的通知》第一部分第四点要求：建立基层协助工作网络，配合人民法院完成执行工作。第二部分第一点要求：建立执行财产线索举报悬赏制度，以动员社会力量及时发现被执行人的财产。

综治网格员协助执行机制和民政部门社会救助与司法救助衔接机制，省法院分别与省综治办和省民政厅联合发文予以明确。

（二）社会化协同执行机制的现实需要

社会化协同执行机制在全国没有可借鉴的经验，江西根据案件特点推行了这项创新性、探索性工作。江西地处中部地区，经济欠发达，执行案件有自身的特点，10万元以下的小标的额、涉民生案件占案件总数的60%以上，这类案件主要集中在基层和广大农村地区，被执行人大都是生活水平低、经济往来少、消费能力弱的低收入人群，针对这类案件，网络查控、失信惩戒、限制高消费等信息化的执行措施效果不明显，有的案件甚至在法院穷尽调查措施后发现确无财产可供执行，只能归于"执行不能"的范畴。这类案件的复杂性在于：一方面是财产调查很困难，仅靠法院自身的力量执行难度非常大；另一方面是案件本身关乎群众的切身权益，矛盾对抗较为激烈，稍有不慎便会引发信访等问题，影响社会稳定。因此，相比其他类型的执行案件，涉民生案件无论是从执行措施的采取上，还是配套机制的完善上，都需要更高的社会参与度，党委政府、人民法院、社会公众协同推进才能真正实现"案结事了"。

这类案件主要集中在基层和广大农村地区，一些常规的执行举措不管用。因此，在法院尽职履责完成财产调查措施后，将这些案件信息推送给基层政府和组织、推送给综治网格员，发挥其优势协助执行，这是依靠群众解决群众身边问题的好方法，是江西法院在全国的创新。执行工作社会化机制建设是在党委领导、政法委牵头下组织实施，主要是针对小标的、涉民生案件，是在法院依职权查控、惩戒、调查后开展。这项机制建设与运用与法院采取强制措施不对立、不矛盾。案件的执行权仍然由法院行使，该查控的查控，该处罚的处罚，该拘留的拘留，该推送的推送，二者并行不悖并行运用，重要的是根据案件特点、时间节点等具体情况灵活运用。

实践中，江西法院对外推送的案件是有严格限制的，必须是经过法院查控、惩戒、调查，穷尽一切执行措施后仍不能执行到位的案件，而且仅限于小标的、涉民生案件。对外推送的案件总量少，且是关乎老百姓利益的案件。据统计，平均每个乡镇不到 10 件。经济发达一些的乡镇，诉讼案件可能有数十件，有的乡镇可能没有。加上对外推送的案件实行严格审批，而且是以司法建议书的形式，有非常明确的协助内容，增加了工作的针对性。协助执行工作大多是在乡镇基层履行日常管理职责中进行，顺带协助执行，不会增加乡镇（街办）、村（居）委会基层工作负担。

（三）社会化协同执行机制的意义

社会化协同执行机制建设是"枫桥经验"在法院执行工作中的生动实践，有利于化解涉民生案件，有利于维护社会和谐稳定，有利于促进执行难问题的解决，提升广大人民群众的司法获得感。

1. 夯实执政党的群众基础

法院执行工作是司法工作的重要组成部分，兼具司法权和行政权双重属性，必须牢记司法为民宗旨，做好执行工作归根到底还是要做好群众工作，通过向乡镇集中推送执行实施案件信息，发挥乡镇、社区对辖区居民教育、管理、监督和服务职能，坚持走群众路线，有利于厚植群众基础，维护社会和谐稳定。

2. 减缓被执行人对司法现状的冲击

在被执行人家庭经济本身不宽裕、履行能力欠缺的前提下，大规模采取拘传、拘留等强制措施，容易给群众留下法院"以罚代执"的不良印象，引发当事人对法院工作的不满。因此，对绝大部分涉民生、小标的案件来说，采取司法建议形式，充分发挥基层党组织的教育引导作用，以非接触非对抗性的执行手段化解矛盾，从而最大限度获得被执行人及其家属对法院执行工作的理解和支持，能够取得更好的政治、法律和社会效果。

3. 缓和双方当事人之间的矛盾

涉民生执行案件双方当事人经济本身不富裕，通过网络财产查控不足以执结案件，通过被执行人所在基层党组织（社区、村委会干部）出面教育感化，更容易取得当事人认可并有效化解双方当事人之间的矛盾，也避免了当事人之间社会矛盾的激化和社会矛盾性质的转化。

4. 缓解人民法院"案多人少"的矛盾

以司法建议书的形式发动基层党组织协助教育、感化、监督和管理被执行人，敦促其主动履行法律义务，可以减少执行干警逐案逐户上门查找被执行人的时间，节约办案时间，提升案件办理质效。

五　社会化协同执行机制的成效

根据课题组统计，2017 年 5 月省法院下发《关于向乡镇、街办等单位集中推送执行案件的紧急通知》以来，全省各级法院共向乡镇（街道办）、网格员推送执行案件 62330 余件，反馈 23600 余件，反馈案件占比 37.86%；实际化解案件 5300 余件，化解案件占比 8.5%，向民政部门发出司法建议 319 份，推荐救助对象 853 人，实际批准救助对象 159 人，民政救助率达 18.6%。

（一）执行大格局已形成，执行外部环境不断优化

解决执行难是一项系统工程，必须依靠党委领导、政法委协调、人大监督和社会各界支持，调动全社会力量，进行综合治理。各调研对象（法院）在县（区）委县（区）政府的支持下，均发文执行人民法院解决"执行难"问题，建立政法委牵头召开的联席会议制度，都在省法院的指导下开展了集中推送工作。需要注意的是，这些法院都是在当地政法委的支持下开展集中推送工作。2016 年 10 月份，上高县"两办"在全省率先联合出台了《上高县关于加强失信被执行人联合惩戒　全面支持人民法院执行工作的实施意见》，加强了与综治办等相关单位部门的沟通协作，向乡镇、街办、村组集中推送案件信息。遂川县、安义县、芦溪县县委政法委专门下发文件，要求县法院不定期梳理重大疑难执行案件并上报，由县政法委员会领导成员分工实行包案化解。这些文件和规定，开创了江西省各地法院执行工作的新局面，为深化综合治理执行难提供了扎实的组织保

障和文件依据，并有实质性的支持措施。此外，高安市人民法院还争取到高安市政府拨付 20 万元专项资金作为举报奖励，奖励那些积极协助法院解决执行疑案、难案的有功人员，这在全省法院也是第一家。全省法院解决执行难工作的外部环境已形成良好态势，一个组织严密的执行联动大格局已然成形。案件执行集中推送工作的大网越来越大，执行"最好的春天"已经来临。

（二）集中推送初见成效，打通执行的"最后一公里"

2018 年 7 月"攻坚执行难规范执行行为"专项活动开展以来，全省各地法院加大了司法建议的推送工作力度。高安市法院向乡镇街道推送案件 1132 件，化解 290 件，有效化解率 25.62%；安义县法院向乡镇街道推送案件 614 件，有效化解 292 件，化解率 47.56%；遂川县法院向乡镇街道推送案件 94 件，有效化解 62 件，化解率 65.96%；芦溪县法院向乡镇街道推送案件 76 件，有效化解 50 件，化解率 65.79%；鄱阳、广丰、广昌等法院根据被执行人所属辖区，每月定期向乡镇街道综治办推送失信被执行人名单及相应执行案件基本情况、悬赏公告等信息，定期走访各乡镇街道，将失信名单、悬赏公告张贴到全区乡镇村各级单位。上高县人民法院依法制作司法建议书，向相关乡镇、街道办、村组集中推送未结执行案件，并附上该辖区的失信被执行人名单。遂川县政法委经常督促检查各联动单位综合治理执行难工作任务落实情况，对工作落实不到位的，予以通报批评，强化问责。对涉及企业破产、职工安置、征地拆迁及矛盾激烈、对立情绪大、影响社会稳定等重大、复杂、敏感的执行案件，往往主要领导亲自包案，督办化解。对于县法院集中推送的执行案件，要求相关乡镇和单位高度重视，指定分管政法综治的领导专门负责落实协助执行事宜。与此同时，有一部分被执行人由于交通事故致残等原因无能力履行，对于此类案件中特别困难的申请执行人，通过向民政部门发出司法建议函并附名单的方式给予申请执行人在低保、医疗等方面的救助，有效化解社会矛盾，使其息诉罢访，维护地方稳定。青原区法院向民政部门集中推送 30 名困难申请人案件信息，经当地民政部门审核，顺利为 22 名申请人办理了低保；德兴市法院向民政部门推送 4 名困难申请人信息，其中 3 名申请人获得一次性救助金。

（三）网格员协助执行全覆盖，编织惩戒失信"一张网"

各地法院按照省综治办、省法院联合下发的赣综治办（2017）5 号文件的规定，快速将执行工作纳入基层网格化服务管理工作，积极依靠基层组织综治网格，发挥执行联络员贴近群众的优势，借助社会力量协同解决执行难。青原区法院通过将执行案件推送给网格员，网格员向法院举报被执行人的下落，提供其财产和高消费的线索，形成法院、乡镇街道办共同施压的氛围；高安市法院重点限制失信被执行人申报办理农村宅基地的拆迁补偿、旧房改造、房屋翻新的审批；芦溪县法院在协助法院冻结、提取被执行人的拆迁补偿款方面取得拆迁办的大力支持；会昌县法院将被执行人的信息通过微信、公告栏等媒体发布，倒逼被执行人履行义务；上高县敖阳社区采取激励机制，网格员有 500 元每月的固定"工资"，每提供一条线索并成功执结一件案件就多奖励 200 元不等，提供的线索越多得到的奖励就越多，大大激发了网格员的积极性。该办法实施以来，上高县网格员越来越多，如今全县建立落实网格员共 1575 人，网格员成为助阵法院破解执行难的"千里眼""顺风耳"。此外，各地通过文明考核、综治考核等手段，压实基层组织教育、督促、惩戒"老赖"的力度，签订将法院执行工作纳入社会管理综治管理责任状，落实到单位部门领导人作为第一责任人，发挥第一责任人的政治优势，在综治考核中支持法院执行工作靠后的，对其综治工作考核实行"一票否决"。对涉党政机关及公职人员案件，如若拒不执行，一律取消单位的综治考核资格，利用综治考评的引导和示范效应，推动形成褒奖诚信、惩戒失信的社会共识。

六　社会化协同执行机制运行中存在的问题

2019 年 7 月，课题组一行分别赴赣州于都、会昌开展社会化协同执行工作调研。同时，向各中院及部分基层法院进行书面调研，掌握了解了全省整体情况。

本次调研主要采取召开座谈会、查阅文件、深入乡镇社区实地了解等方式进行。在每个调研法院召开由当地政法委牵头组织、相关乡镇参加的专项工作座谈会，了解各地法院集中推送工作具体做法、工作流程及工作成效；听取政法委书记（综治办主任）、乡镇街道领导、网格员群体等对此项工作制度适用的意见建议；加强与当地党委政法委沟通联系，取得当地政法委对法院执行工作的支持。

调研中也发现：有的地方基层组织思想认识不到位，重视程度不够；案件集中推送的组织体系不够完善，信息交换工作衔接配合有疏漏，法院的后续跟进不完全到位，受推送的单位具体如何协助配合亟待总结和规范；在推送工作中如何有效地开展法治宣传，如何发动群众、调动基层干部的工作主动性、积极性存在困难，等等。结合实地调研和书面调研及相关数据分析，当前江西省社会化协助执行机制（执行"三推送"）还存在以下问题。

1. 对推送工作存在畏难情绪，主动性和积极性有待提高

自执行"三推送"工作开展以来，虽然省解决执行难工作领导小组办公室印发《关于进一步加强执行案件信息推送工作的通知》，以及省综治办、省法院《关于把协助人民法院解决"执行难"问题纳入网格化服务管理工作重要内容的通知》、省法院《关于印发推送执行实施案件信息的指导意见（试行）的通知》和省法院、省民政厅《关于建立向民政部门推送生活特别困难申请人信息制度的通知》等文件相继出台，建立了执行"三推送"工作长效机制，但是，大部分法院学习不够，认识不深，落实不到位，对于执行"三推送"工作存在畏难情绪，认为该项工作增加工作量和工作负担，主动性和积极性不高。各地推送工作进展极不平衡，2019 年 1~6 月向乡镇、街道办共推送 6148 件，仅占 10 万元以下小标的执行实施案件的 5.8%，其中，赣州推送最多（3688 件），南昌 528 件、吉安 129 件、宜春 246 件、上饶 998 件、九江 245 件、萍乡 231 件、抚州 67 件、新余 10 件、

鹰潭 6 件、景德镇 0 件，部分法院工作积极性不高，推送明显偏少。

2. 对推送工作的监督考核不到位

根据 2019 年上半年督导巡查情况，全省大部分法院未将执行"三推送"工作明确纳入本地综治考评范围，未积极主动争取党委政法委对该项工作的支持，通过运用综治等考核手段推动"三推送"工作落实，尤其是督促乡镇、街道办和网格员按要求及时反馈信息。例如，赣州市委政法委将"三推送"工作列入考核，推送给乡镇 3688 件，反馈 3552 件，反馈率较高。而其他地区差距较大，如南昌推送 528 件，反馈 23 件；上饶推送 998 件，反馈 137 件；萍乡推送 231 件，反馈 17 件。除赣州外，反馈率偏低。全省向"网格员"推送 2556 件，反馈 194 件，仅占推送案件数量的 7.6%，反馈量整体偏低。

3. 推送工作管理缺位

一是为推而推，推送较为随意。例如，上级法院督促才推送、领导要求才推送，平时不推送，有些法院未能将执行"三推送"作为一项执行措施来适用。南昌、萍乡、抚州、新余、鹰潭、景德镇等辖区 2019 年 1～6 月向民政部门推送量均为 0 件；二是一推了之，推送的案件选择较为随意。有些法院为了完成任务随意选择一些案件一推了之，未能完全落实省高级人民法院《关于印发推送执行实施案件信息的指导意见（试行）的通知》对 10 万元以下小标的等案件推送的要求，选择性、随意性较大。三是推送案件后续管理不到位，未及时跟踪反馈情况。有些法院对推送的案件未能建立完善的台账，实行销账式管理；有些法院推送案件的司法建议书上未明确反馈时限，对逾期未落实或未反馈的，未明确应当承担的责任；有些法院统计上报省法院的执行"三推送"数据不准确，前后数据不一致，佐证材料不齐全，甚至存在虚假。四是中级法院对下督促管理不到位。部分中级法院未能有效统筹管理本辖区执行"三推送"工作，对工作滞后或落实不到位的法院未能采取通报、执行约谈、督办等方式加以推动。上述推送或反馈数量为 0 的辖区虽定期统计上报数据，但仅作为"二传手"而未分析原因加以督促落实。

4. 推送工作的创新激励不到位

一是除传统推送方式外，部分法院对执行"三推送"工作创新意识缺乏，在推送方式、推送管理、推送反馈、拓宽推送对象等方面未能深入研究、创新推动方式；二是对于网格员、乡镇、村（居）组织等推送对象的激励不够，未能有效运用悬赏执行、执行悬赏保险等予以激励促进积极反馈。

七　社会化协同执行机制完善的方向与思路

课题组提出，下一步全省法院要以弘扬发展新时代"枫桥经验"为指导，坚持问题导向，补齐短板，从以下方面予以完善。

1. 进一步紧紧依靠政法委的统一领导，推动集中推送工作顺利开展

综合治理执行难是省委、省政府支持人民法院基本解决执行难问题作出的重大部署，而执行案件集中推送工作又是深化综合治理执行难大格局的有益尝试和切入点，是连接法院执行工作和各单位政法综治工作的桥梁和纽带。人民法院必须在党委政法委的统一领导下开展工作，加强请示汇报，增强政治意识、大局意识、责任意识和担当意识，与政法综治其他各项工作有机结合，落实人员，明确责任，合力化解执行案件矛盾纠纷，确保集中推送工作不断取得实效。

2. 进一步强化社会化协同执行机制考核，落实工作责任

推动各级党委政法委（综治办）将执行案件信息推送工作纳入社会治安综合治理考核（人民法院执行工作部分）。人民法院在工作中应如实记录乡镇（街道）、村（居）委会、民政部门等单位协助执行、反馈情况，建立相关台账。每季度末及年终要汇总成效数据、存在问题、典型案例等情况，报告当地政法委及中级人民法院，层报至省委政法委及省高院。各级党委政法委（综治办）根据人民法院提出的考核意见，对执行综治考评工作计分。对不接收、不反馈、不协助、组织不力的单位，在综治考评中予以扣分处理；对相关部门协助执行工作成效突出的，予以加分奖励，并视情况予以表彰。

3. 进一步加强执行案件推送工作跟踪管理，调动基层组织及网格员工作积极性

人民法院要加强对已推送执行案件的监督管理，及时跟踪，将推送工作情况及成效纳入执行人员工作考核的重要内容，对不按要求推送、不及时处置反馈信息的执行人员予以相应处理。对提供线索的网格员或其他人员，应按照悬赏公告的承诺予以奖励，并对举报情况进行保密。有条件的地方可探索设立执行悬赏基金，用于奖励工作成绩突出、提供线索的综治网格员及群众，推动执行案件推送工作可持续发展。

4. 进一步加强沟通协调，实现信息共享

法院执行部门与受推送的乡镇和单位应建立"专线"联络，采取电子化、网络化手段传输信息，做到"互联互通"，实现法院执行案件推送和相关信息反馈的全面、实时、准确。有关单位和部门要加强沟通对接，不定期召开联席会议，总结经验做法，提出困难和问题，研究解决问题的办法。各级法院要结合工作实际，逐步扩大集中推送的范围，实现与全部联动单位的良性互动。

5. 进一步加强法治宣传，共同做好失信被执行人的教育转化工作

首先，要加强基层乡村干部特别是政法综治干部、网格员的培训，提高他们协助配合执行的能力水平。其次，要通过多种形式和渠道，结合发生在群众身边的相关案例，加强对辖区群众的诚信守法宣传教育，让"一次失信，处处受限""诚信为荣，失信可耻"的观念深入人心。

结　语

为妥善解决小标的、涉民生案件执行难问题，江西法院在全国率先探索执行案件"三推送"机制，通过一年多的运行，该项工作取得了一些成效，也得到了各界的支持与好评。实践证明，社会化协同执行机制是一项富有生命力的工作，是值得推广的创新举措。将这些案件信息推送给基层组织、推送给综治网格员，帮助查人找物，协助执行，这是依靠群众解决群众身边问

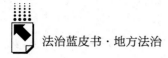

题的好方法，是"枫桥经验"在法院执行工作中的生动实践。有利于化解涉民生案件，有利于维护社会和谐稳定，有利于促进执行难问题的解决，提升广大人民群众的司法获得感，密切党和人民群众的联系。江西法院将进一步探索、延伸、扩展"社会化协同执行机制"的内涵，丰富其工作内容。通过这项制度的不断完善，对各地法院的案件执行，尤其是涉民生、小标的案件的执行将起到巨大的推动作用，彻底打通基本解决执行难的"最后一公里"。

B.17
社会转型及立案登记制改革背景下的"无讼镇村"建设

——以浙江省平湖市新埭镇为样本

"无讼镇村"建设研究课题组[*]

摘　要： 在社会转型及法院立案登记制改革背景下，诉讼案件居高不下，法院"案多人少"矛盾突出。"将非诉讼纠纷解决机制挺在前面"的矛盾纠纷解决理念，能让更多纠纷化解在基层、消除在萌芽状态，改善法院的现实问题。平湖市新埭镇聚焦诉讼案件成因，通过深挖文化根基，设立专门机构和团队，开展"无讼镇村"创建，推动构建富有活力和效率的新型基层社会治理体系，切实形成矛盾纠纷源头化解强大合力，使"小事不出村、大事不出镇、矛盾不上交"成为现实，实现诉讼增量明显下降、社会和谐明显提升。

关键词： 非诉讼纠纷解决机制　"枫桥经验"　"三治"融合

随着经济社会不断转型升级，基层社会结构深入变迁带来了观念意识转变、利益格局深刻调整和利益纠纷复杂化、尖锐化，基层社会治理普遍面临从"熟人社会"到"陌生人社会"的转变、纠纷主体的复杂化和多元治理

---

* 课题组负责人：王道平，浙江省平湖市委副书记、政法委书记；徐立，平湖市委办副主任。成员：孙凤、朱健。执笔人：孙凤，平湖市委政法委务公议成员；朱健，平湖市委政法委干部。

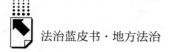
主体的缺失、"村落共同体"式微等新问题，随之而来的是社会纠纷与冲突的加剧和诉讼数量的激增，基层治理体系特别是矛盾纠纷的预防化解体系亟待完善。

浙江省平湖市新埭镇位于平湖市境北端，距市区15公里，与上海市金山区交界，现有常住人口9.18万，流动人口4.24万，村社区11个，该镇地处浙沪边界，人员流动频繁，公共复杂场所聚集，矛盾纠纷较多，刑事警情数、民事诉讼案件、信访总量一直在高位徘徊。为进一步提升人民群众的安全感、满意度，新埭镇坚持创新发展新时代"枫桥经验"，深挖新埭先贤陆稼书"无讼"理念，以宣传"无讼"引领社会风尚、以议事协商寻求社会共治、以人民调解化解矛盾纠纷，基层社会治理活力进一步释放，邻里关系进一步和睦，干群关系进一步融洽。2019年，新埭镇人民调解委员会更是被司法部评为"坚持发展'枫桥经验'实现矛盾不上交试点工作表现突出集体"。

一 社会转型及立案登记制改革带来的挑战及问题

随着经济社会的不断发展，社会矛盾纠纷呈现多发高发态势。近年来，平湖市法院收结案数居高不下。对大量案件信息和相关司法统计数据的分析显示，镇街道诉讼增量增长的主要原因如下。

（一）经济社会持续发展影响案件类型

实践表明，平湖市人民法院的案件数量与经济社会发展、社会综合治理有密切关系，分析法院诉讼案由，经济发展、社会转型的影响是主要的。据统计，2015年以来平湖市法院大部分刑事案件类型集中在盗窃罪、诈骗罪、危险驾驶罪等；大部分民商事案件类型集中在民间借贷纠纷、买卖合同纠纷、交通事故纠纷、婚姻家庭纠纷等。随着市场的活跃、企业的转型、私企的增多以及经贸交易量的增长，相应市场风险加大，除传统婚姻家庭、侵权纠纷外，合同纠纷、新类型案件不断出现，各类民商事纠纷持续增加；群体性、矛盾易激化的案件时有发生，如房地产开发商因逾期交房等引发的房屋买卖合同纠纷、企业因拖欠工人工资引发的劳动争议纠纷、企业资金链断裂引发的合同纠纷等，当事人矛盾对立加剧，利益诉求表达方式趋于激烈，案件调解难度和工作量越来越大，且社会关注度高，处理中稍有不慎就可能激化矛盾。

（二）部分当事人思想观念影响诉讼增量

部分当事人对法院立案登记制存在片面理解，法院实施立案登记制改革后，推行快速、及时立案，提高案件受理工作效率，减少当事人的奔波，但不少当事人错误地认为只要能立案就能胜诉、就能解决纠纷，部分原本起诉意愿不强的当事人就此提起诉讼。部分当事人诚信意识缺失，对法律缺乏敬畏之心，在社会经济生活交往中诚信意识差，违约现象严重，失信成本低，规避法律、恶意逃债、虚假诉讼、伪造证据等问题不同程度存在。

（三）非诉讼纠纷解决机制不完善影响诉讼增量

平湖市在完善多元化纠纷解决机制方面进行了大量的探索和推进，在诉讼外解决了部分矛盾纠纷，但制度不配套、衔接不顺畅、调解人员素质不够高、作用发挥不够好等问题不同程度存在，矛盾纠纷"过滤器"的功能尚未充分发挥，许多纠纷未经基层组织调解直接诉讼至法院。法院是化解矛盾纠纷、维护社会公平正义的"最后一道防线"，但仅凭现有的司法资源、有限的审判力量，已经难以满足人民群众日益增长的纠纷解决需求，依靠诉讼途径化解矛盾纠纷所具有的对抗性强、诉讼成本高、诉讼周期长等局限性日益凸显。

二　以平湖市新埭镇为代表的探索和做法

中国古代的"无讼"思想源远流长，从先秦至清朝，一直是中国传统法律文化的基本价值取向。儒家的典型代表人物孔子说："听讼，吾犹人也，必也使无讼乎。"中国古代儒家的"无讼"思想重视法律文化道德教化作用，推崇非讼纠纷解决方式，在一定程度上弥补法律刚性判决、惩罚的不足，同时也可以节约司法资源。"无讼"，不是指没有诉讼，而是指综合运用自治、法治、德治"三治"融合方法，通过调和息讼、就地化解矛盾，将非诉讼纠纷解决机制挺在前，减少普通民事诉讼案件数量，形成矛盾纠纷的多元化解机制。

对"无讼"的理解分为两层。一是"无讼"并不排斥诉讼，有别于"非讼""耻讼"等观念，而是通过诉讼之外的手段解决纠纷，调解便是一个很好的"无讼"式解决纠纷的方式。这不仅充分体现了法院、司法等部门的专业优势，而且有效发挥了基层组织的群众工作优势、乡贤和民间力量的引领优势、群众的自治自律优势。二是"无讼"并非完全没有诉讼，而是善用情、理、法等道德教化手段使大家都能心平气和、和睦相处，达到以和为贵、止争"无讼"的效果，把矛盾化解在萌芽状态，做到禁之于未然。"无讼"建设是一项复杂的社会系统工程。在迈向少讼、止讼乃至局部无讼的进程中，"息事无讼"不是不让讼，也不是不敢讼，而是不必讼。正如西方一句法谚所言："差一点的和解，胜过完美的诉讼。"平湖市新埭镇深挖陆稼书"无讼"文化中"以和为贵"、反省内求、调和息讼的文化内涵，着力推进"无讼镇村"建设。

（一）主要做法

1. 建立"息事无讼"组织框架

成立"息事无讼"基层社会治理工作领导小组，制定无讼工作配套制度，并整合乡贤礼士、法官律师、能人专家、镇村干部、人大代表、政协委员和村（居）民代表等，全面构建"息事无讼"品牌组织队伍框架，确保矛盾纠纷有处调解、有人答疑、有人愿评、有人能调。设立了"1＋3＋11"息事无讼工作团队，即新埭镇"息事无讼"工作室，"息事无讼"百事服务团、法律服务团、道德评议团3个配套服务团，11个村（社区）无讼站；组建了"2＋11＋110"息事无讼工作队伍，即2名专职无讼调解员、11名兼职无讼调解员、110 名无讼志愿者。同时深度结合全科网格建设，在建成的 65 个全科网格配备的 182 名专兼职网格员中，积极倡导以"无讼"理念优化网格功能，提升网格员服务管理专业化水平。2018 年，镇村"息事无讼"组织全年共调处矛盾纠纷 136 起，以"息事无讼"为核心理念的调解品牌逐渐成形。

2. 发挥党建引领治理作用

坚持"无讼"工作推进到哪里，党的建设就推进到哪里，推动共建（辖区）单位、物业公司、业委会、社会组织与村社区党组织五方联动，打造"四方红色联盟"服务平台，吸纳党员、热心人士和驻区单位参与社区治理。坚持把基层组织建设与平安建设、法治建设结合起来，开展"三官一师"选聘，共有 11 名优秀的"三官一师"党员到村社区担任平安书记。建立健全社区党组织领导下的居民自治机制，建立乡贤参事会、党群议事会等协调组织，统筹居委会、居务监督委员会、调解委员会、群团等组织，参与村社区建设，化解基层社会矛盾。

3. 突出"网格带动"作用

注重在常态下发现非常态的问题，利用基层社会治理"一张网"的组织架构，突出全科网格发现社会矛盾的功能，发挥 65 名网格长、204 名专兼职网格员第一时间发现报告、65 名网格指导员第一时间下沉指导的优势，努力让"网格员沉下去，信息情报浮上来"，使全科网格成为一个个流动传感器，将矛盾纠纷和各类安全隐患发现在萌芽、处置在基层。深化组团式服务，从需求侧健全机制，及时发现群众需求；从供给侧完善线上线下一体化服务队伍，及时化解矛盾纠纷。平湖法院下派 6 名"无讼指导员"，结对新埭镇的 11 个村社区，另有 5 名律师担任各村社区法律顾问，实现法律服务全覆盖，降低矛盾纠纷成讼率。

4. 创设"四级化讼"制度

实行矛盾纠纷诉前登记制度。对村（居）民之间的民事纠纷，当事人欲起诉至法院的，告知其先行向村（社区）申请人民调解；当事人坚持起诉的，法院编立"引调"字号，并组织开展诉前调解或委派人民调解组织、律师进行调解。实行诉前分级化解制度。对可以调解的民事纠纷，经所在村（社区）提出或经当事人申请，实行四级化讼制度。第一级，由村（社区）引导民事纠纷双方当事人进行调解；第二级，以镇街道、行业为主进行调解，辖区法庭参与指导等；第三级，由市级层面设立调解中心进行调解，法院参与指导等。第四级，诉讼调解。

5. 创新"五步工作法"

在无讼品牌创建和推广中，创新提出"发现问题—协商讨论—调解处置—监督指导—评议评价"无讼工作路径，凝练提出"提议调督评"无讼五步工作法，以一张清晰路径图、一套完善工作法不断优化适用问题处置全流程（见图1、图2）。"提"即问题经村居民反映，部门转交，无讼调解员、无讼志愿者排查发现，将问题信息收集提交至无讼站。"议"即无讼站分类梳理收集的问题信息，事实清楚的直接进入下一环节；疑难复杂的由无讼站组织评议讨论，商量解决方案。"调"即矛盾纠纷由无讼站或镇"息事无讼"工作室负责调解；村居事务由无讼站搭建平台，召集人员经讨论、征求意见后，形成方案报村居委员。"督"即在问题解决过程中，组织"息事无讼"百事服务团、法律服务团对涉及的政策、法律的适用情况进行监督；组织"息事无讼"道德评议团对"息事无讼"工作室和无讼站工作开展情况进行监督评议，三个团队适时介入问题处置。"评"即对矛盾纠纷、村居事务处置个案进行分析评议，总结经验、寻找不足，形成个案处置案例库，继续完善无讼工作法、工作路径；对未成功解决的问题进行评议讨论，形成新的解决方案。

6. 引入专业力量

以人民调解参与信访矛盾化解为"牛鼻子"，在新埭镇街道司法所设立"信访联系点"，向11个村社区延伸并建立"访调受理点"，实现镇（街道）、村（社区）访调工作室三级全覆盖。在新埭镇综治中心设立劳动争议调委会、婚姻家庭调委会、警调对接工作室、律师调解室，充分发挥专业调解组织及民警、律师等专业力量作用，把大量矛盾纠纷在源头化解、诉前化解。积极探索"互联网＋社会治理"模式，大力推广运用在线矛盾纠纷多

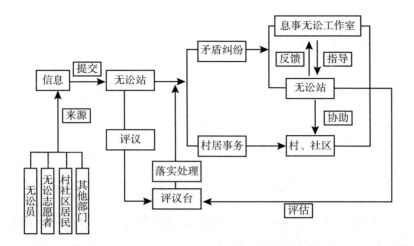

图 1　无讼工作路径

图 2　无讼五步工作法示意

元化解平台，健全特邀调解组织及特邀调解员名册，目前共吸纳服务机构
28 个、线上调解员 84 名，最大限度满足群众的调解需求。

7. 打造"无讼"文化阵地

坚持以"硬件提升"和"软件升级"双管齐下的理念不断弘扬和推广
"息事无讼"品牌。深挖陆稼书"无讼"文化中"以和为贵"、反省内求、
调和息讼的文化内涵，形成以新埭镇"无讼源"为中心，各村社区无讼文
化阵地为辐射带的"息事无讼"文化传播矩阵，着力营造"息事无讼"文
化氛围，在全镇打造"无讼"文化阵地 30 余个，其中新埭"无讼源"主题
公园被确定为浙江省法治宣传教育基地。弘扬"仁义孝德"德治风尚，充

分汲取"息事无讼"法治智慧，举办乡村法治讲堂 200 余场，引导人民群众形成理性的纠纷解决观念。编制"无讼"工作纪实手册，汇编"无讼"工作典型范例 20 个，用真实范例编排小品《叔娌和谐维亲情》、音乐快报《无讼村风代代传》、童谣《息讼歌》、三句半《无讼就是传家宝》等文艺作品，通过文化走亲、毗邻党建等活动演出 120 余场，逐步扩大"息事无讼"文化影响力。

（二）"无讼"创建的现实价值

"枫桥经验"产生于 1963 年，在改造"四类分子"过程中，诸暨市枫桥镇创造了"发动和依靠群众，坚持矛盾不上交，就地解决。实现捕人少，治安好"的"枫桥经验"，毛泽东对此作了肯定，批示要各地效仿"矛盾不上交，就地解决"。"枫桥经验"特别是其中的人民调解，代表着政府预防和化解社会矛盾的一个基调。"无讼"是中国古代法律文化的价值目标之一，在这一思想的影响下，中国古代非常注重民间调解的作用，形成了以乡治、家族、村社为单位的较为完整的民间调解网格体系。应该说，在当前经济社会转型的关键时期，再次提出"无讼镇村"创建与"枫桥经验"是一脉相承的。总的来说，"无讼镇村"创建有三方面的现实价值。

1. 是对矛盾纠纷多元化解机制的探索与启发

当前，"无讼镇村"创建中所提倡的"无讼"思想并不排斥诉讼，而是通过诉讼之外的手段解决纠纷。调解便是一个"无讼"式解决纠纷的好方案。有纠纷就要化解，是历代执政者的共同认识。在此背景下，调解制度应运而生，成为执政者和人民群众乐于接受的一种纠纷解决方式。这种在"无讼"思想主导下建立的温和式的纠纷解决机制，不仅大大缓和了社会矛盾、维护了社会的正常秩序。适应了当代社会转型期对安定和秩序的需求，既节省了诉讼成本，也缓和了社会矛盾和对抗，减轻了法院审判压力，还在一定程度上消除了滥讼现象。调解组织网络的不断完善，进一步推动了社区、企业、行业等调解组织建设，而整合调解组织的力量，建立健全诉讼与非诉讼矛盾纠纷处理的衔接机制，又能有效开展诉前调解、委派调解、委托调解、协助调解、司法确认等工作，满足人民群众对多元化解矛盾纠纷的需求，将矛盾纠纷化解在基层，营造和谐稳定的社会环境。

2. 体现了诉源治理的理念

推进"天平行动"，在每个村社区都指定对接法官，法官通过定期驻点办公，参与社会治理，预防排查矛盾纠纷，加强调解指导，推进诉调衔接机制完善，开展诉前调解、委托调解、协助调解、调解确认，以及巡回审判工作，就地立案、就地开庭、就地调解、就地宣判。通过举办法制讲座、法律咨询、以案释法，设置法律宣传栏、发放法律宣传手册等，弘扬社会主义法治精神，提高群众法治意识和法律素质，逐步打造止讼、化讼、少讼乃至局部区域"无讼"的社会环境。开展"无讼镇村"建设，实施风险评估，指导平安创建；走访服务群众，帮助排忧解难；排查矛盾纠纷，实施就地化解；携手开展共建，创造社会和谐；了解社情民意，发现敏感问题；制定防范措施，进行有效司法应对；破解突出难题，消除纠纷根源；平衡各方利益，调节社会关系；开展法律宣传，增加群众法律意识。针对群众多样化需求，把脉开方、对症下药、主动服务，帮助解决实际困难，及时将不稳定因素消除在萌芽状态。

3. 丰富了"三治融合"的实践载体

"三治"融合作为乡村治理体系的一部分，能推动乡村振兴有效治理。但乡村振兴必须重视乡土文化和风俗习惯，从文化寻根。通过把传统优秀法治文化以及历史风俗融入乡村治理，遵循法律所规定的程序、方法，最大限度地发挥"一约两会三团"作用，这样不仅完满地解决了矛盾纠纷，也充分发挥了群众的自治作用。从法治的角度，推动"息事无讼"法律服务团和天平指导员发挥作用，用法治手段参与基层社会治理，是推进基层社会治理法治化、现代化的创新实践；也是面对面解决群众困难、回应群众期待、化解社会矛盾的有效手段；更有助于村社区依法决策、依法办事、依法化解纠纷，实现矛盾就地化解、基层稳定和谐。从自治的角度看，"无讼镇村"创建，吸取了先贤陆稼书法律文化的精华，重视道德教化，强调道德和法律的相互配合，相辅相成。法律只是事后惩罚犯罪，而道德教育却能防犯罪于未然，有效预防了各种矛盾纠纷的产生。"无讼镇村"创建倡导涉事主体在发生纠纷后，不必然采用紧张激烈的对抗模式，而是以面对面商谈的方式，尽可能在双方都理智平静的状态下解决纠纷，从而实现双方长远的和谐。

（三）存在的不足

1. 群众参与不充分

在"无讼镇村"创建的过程中，群众的参与性不够充分。在长期的社会治理中，政府扮演的是一个强势角色，这样的强势角色背景在很大程度上影响了村社区自治，导致群众对基层自治的参与度不高。

2. 业务指导不深入

主要是司法机关与基层组织的互动还不够深入，包括村社区层面的沟通联系、结对联系、"无讼"志愿者队伍等建设还很不充分。同时，对人民调解组织的业务指导还不够深入，相关业务培训也没有形成机制。

3. 覆盖领域不广

目前，平湖市的"无讼"创建，涉足的领域仅仅集中在镇村组织，对村社区内部的工业园区、商业集中区、中学、规模以上企业等不同社区单位，还没有实施单项的无讼创建，如"无讼企业""无讼校园""无讼园区""无讼商贸区"等。同时这也表明，目前参与的部门还不够多，仅仅是法院、检察院、信访、公安、司法、民政等部门参与，其他政府部门力量并未充分调动到"无讼镇村"创建中来。

三　目标与路径

应充分认识到，"无讼"建设是一项复杂的社会系统工程。在迈向少讼、止讼乃至局部无讼的进程中，息事无讼不是不让讼，也不是不敢讼，而是不必讼。推进"无讼镇村"建设，就是要以习近平新时代中国特色社会主义思想为指导，深化发展新时代"枫桥经验"，传承弘扬平湖百姓"平和报本"的文化特质，倡导平湖先贤陆稼书"息事无讼、调和息讼"的"无讼"文化精髓,增强人民群众的获得感、幸福感、安全感,打造共建共治共享的基层社会治理格局。

(一)主要目标

通过开展"无讼"镇街道、村社区创建活动,不断创新发展"枫桥经验",优化配置纠纷解决的专业资源与社会资源,畅通纠纷解决渠道,有效化解各类纠纷,使辖区内诉讼案件和纠纷类警情数量明显下降,形成少讼化访、息事无讼的社会环境,努力实现"小事不出村(社区)、大事不出镇、矛盾不上交"的目标。

(二)基本要求

一是取信于民,挖掘无讼文化软实力。激发群众自治活力的关键在文化的认同和乡风文明的培育。坚持产业技能培训会、村(居)民点评会、道德评议会、红黑榜等举措,培育以社会主义核心价值观为主要内容的新民风,用"道德评议"激发群众自力更生的内生动力,通过"群众说、乡贤论、榜上亮",建构道德约束体系。

二是服务于民,注入党建引领新动力。要把党建引领作为基层工作的固本之源。创新基层党组织设置方式和活动方式,推动党建根基延伸到最基层,实现基层党组织覆盖无死角。结合村"两委"换届工作,以"作风硬、善作为、敢担当"为标准,培养优秀的农村基层党组织书记,配齐配强村社区平安书记,发挥"三官一师"作用,并不断强化基层党组织"大脑神经网络"作用。由基层党组织全程对生产发展、政策引导、自治管理等工作进行"把脉纠偏",确保政策不走样、措施不偏激、任务能落实。同时,发挥组织优势,按照"党员带头、集体参与"的思路,引领群众合力攻坚。

三是集智于民,提升基层社会凝聚力。新乡贤是基层治理重要的人力、社会、文化资源。新乡贤参与乡村治理,既实现了多元主体协同治理,又提高了农民自治能力,真正实现了基层民主自治。新乡贤文化蕴含着村民认同的精神力量,村民内化于心、外化于效仿新乡贤的嘉言懿行,规范自己的言行举止，树立法治、民主、参与意识，凝心聚力协同治理。以新乡贤文化促进农村经济发展，吸引新乡贤回乡，为基层提供智力、资金、技术等多方面的支持，促进经济发展，实现共同富裕。

四是还权于民，涵养基层社会包容度。村（居）民自治制度是基层群众自治制度建设的重要内容，其核心要义是还权于民。一要依法科学制定基层权责清单，明确基层政权的职责权力边界，并严格执行。二要结合全国开展扫黑除恶专项斗争，净化基层政权组织，保障村民自治的有效运行。三要村（居）干部带头遵纪守法，自觉接受村民监督。

五是赋权于民，激发基层社会新活力。发挥村（居）民委员会的自治主导作用。村（社区）要培育和发展各类基层社会组织，重点发挥行业协会商会类、科技类、文体类、公益慈善类、环境保护类、城乡社区服务类等基层社会组织的协同作用。主动承接政府购买的公共服务事项，开展居家养老、环境保护、慈善帮困等方面服务性、公益性、互助性的活动。

四　关键举措

第一，树立"306090"和"三下降一上升"推进大目标。出台《关于开展"无讼镇村"创建的指导意见》，建设一个平台、完善四个机制，即建设基层法律服务平台，完善基层社会矛盾预防机制、矛盾纠纷多元化解机制、诉调对接机制、工作保障机制。明确树立两个目标，一个是数量目标，即"306090"，到2019年12月底，"无讼村（社区）"达到全市村（社区）的30%以上；到2020年底达到60%以上；到2021年底达到90%以上。另一个是效果目标，即"三下降一上升"，全市民事案件、刑事发案、信访总量下降和人民群众满意率上升。一是明确责任。把"无讼村（社区）"创建摆上重要议事日程，成立由政法委书记任组长，法院、公安、司法行政等机关共同参与的工作领导小组，制定具体的创建实施方案和考核方案，把创建工作与目标责任制、平安考核挂钩，及时研究解决影响创建工作推进的机制性、体制性、保障性问题。二是加强保障。探索建立财政保障和市场机制相结合的保障机制，加大对人民调解、特邀调解、律师调解、行业调解的经费投入，为创建工作顺利开展营造良好环境。三是整合力量。各有关部门结合自身职能，加强工作指导，帮助解决基层创建工作中的难点问题，确保创建工作扎实有序开展。巩固提升先行先试地区的创建成果，促进点上创新与整体推进相结合。四是提升素质。重视"无讼镇村"创建中"人"的决定性作用，充实和培养一支正规化、专业化、职业化的高素质队伍，做到人人有真心、有能力、有办法、守廉洁。

第二，打造"横向到边、纵向到底"的联动大体系。"横向到边"，坚持"党委领导、政府负责、社会协同、公众参与、法治保障"，列出明确的责任清单，形成高效的多部门责任链。一是抓好统筹。强化组织领导，把"无讼镇村"创建纳入平安建设，将"万人成讼率"纳入平安综治考核大格局，借助平湖市社会治理综合指挥中心进行统一领导，从制度机制上最大限度地整合基层各种力量资源，推动矛盾纠纷化解工作由自发性、偶发性向制度化、长效化转变。二是负好主责。市级层面抗起主体责任，作为矛盾纠纷由小到大、由大到"炸"的关键环节，确保99.9%的矛盾纠纷在市里解决。坚持以人民为中心的思想，积极整合资源，全面贯彻"最多跑一次"理念，推进信访矛盾联调中心（信访超市）建设，信访反映的矛盾、群众反映的问题只要到一地、一个窗口，就能一窗受理、一地通办。推动人民调解、行政调解、司法调解协调联动，逐步整合诉调、检调、警调、交调、访调、仲调等"多调对接"，推进交通、医患、劳动、教育、物业、拆迁等专业性调解组织整体入驻，联合预防、调解、化解等平台和机制，形成一站式、一条龙、一体化的矛盾快速联动机制，使群众的矛盾问题到中心都能得到调解服务、妥善处理，实现"最多跑一次""最多跑一地"。推进诉前矛盾纠纷化解。镇村加强基础。积极探索建立以解答法律咨询、引导法律服务、提供法律援助、调解矛盾纠纷等为主要功能的镇村综合调解平台，鼓励和吸收社会力量参与，推进重大疑难矛盾纠纷、信访积案等"项目化"运作。在镇（街道）成立"息事无讼"工作室，村（社区）成立"无讼"工作站，组建息事无讼工作队伍。

第三，建立"条块结合、全面覆盖"的预防大网格。坚持"预防为先、防治结合、综合治理"的工作思路，完善社会矛盾纠纷排查机制，从源头预防和化解矛盾纠纷。一是突出网格带动。注重在常态下发现非常态的问题，突出全科网格发现社会矛盾的功能，努力让"网格员沉下去，信息情报浮上来"，使全科网格成为一个个流动传感器。深化组团式服务，从需求侧健全机制，及时发现群众需求；从供给侧完善线上线下一体化服务队伍，及时化解矛盾纠纷。融合"无讼"建设和"三服务"活动开展"天平行动"，建立"无讼指导员"队伍，结对村（社区），实现法律服务全覆盖，降低矛盾纠纷成讼率。二是突出党建引领。基层党组织充分发挥引领核心作用，既要能站在前面，引领多元主体化解矛盾，也要能站在后面，推动多元主体化解矛盾。在党建引领的前提下，各方力量广泛参与、齐头并进。三是突出群众参与。创新组织群众、发动群众的工作机制，引导基层群众全面参与进来，形成人人报信息、人人出把力、人人明是非的工作氛围，让人民群众成为"无讼镇村"创建的最大受益者、最广参与者、最终评判者。推广运用"无讼""提议调督评"五步工作法，纵深拓展"发现问题—协商讨论—调解处置—监督指导—评议评价"工作路径。

第四，构建"调解优先、诉讼断后"的解纷大格局。下沉服务、前移关口，建立递进式的矛盾纠纷分层过滤体系，引导老百姓形成"遇事找调解、化解矛盾靠法"的良好习惯。第一层，对于大量属地性强、涉民生的纠纷，要依靠基层人民调解组织发挥矛盾化解的基础作用，将大量琐细矛盾解决在基层、消灭在萌芽阶段。第二层，对于专业性、类型化纠纷，要充分利用行业性、专业性调解组织的专业优势化解纠纷。第三层，对于重大敏感、群体性等矛盾纠纷，要借助基层党政机关的力量，通过协调和解、行政调解等方式化解。第四层，对于确实无法通过上述手段化解的纠纷，经法院诉讼调解或裁判化解，形成社会规范和行为指引。

第五，用好"互联互通、共治共享"的智能大数据。推动基层社会治理与大数据、云计算、人工智能等信息技术深度融合，突出智能撬动，实现"智慧治理"。一是加强大数据分析研判。按照"拆烟囱、破壁垒、合底座"

的思路，推动法院、公安、司法等部门矛盾纠纷信息互联互通、共治共享，并统筹建立信息化大数据网络平台，从源头上破解相互兼容难、内网整合难、上下对接难等突出问题，实现矛盾纠纷第一时间分析、第一时间预判、第一时间化解。例如，将民商事案件"万人成讼率"纳入全市平安综治考核，深度运用司法大数据统计"万人成讼率"，助力党委政府及时发现矛盾纠纷的"易燃易爆"点。二是加强在线多元化解平台建设。按照"普惠均等、便捷高效、智能精准"的要求，加强在线矛盾纠纷多元化解平台、移动微法院、互联网公证等平台建设，把调解资源和调解阵地搬到线上，达到成本降下来、效率提上去的效果，让矛盾纠纷化解"最多跑一次"。三是加强智安镇村建设。积极发展以大安防和大数据应用为支撑的安防体系，全面推动视频监控提档升级，重点推动人脸识别视频建设，进一步加强对人、车、物、环境等要素的多维感知及智能管控，提升基层社会治安的物防技防水平。

第六，营造"'三治'融合、息事无讼"的文化大氛围。"无讼"并非完全没有诉讼，而是第一时间把矛盾纠纷化解在萌芽、在基层；"无讼"不是通过"压讼"掩盖矛盾，而是通过"解讼"化解纠纷，体现的是一种案结事了人和的工作理念和社会和谐安宁的目标追求。一是打造文化阵地。在全域绽放"无讼之花"，建造主题公园、文化小镇等有形阵地，凝聚无形力量。二是坚持文化引导。以具有地方特色的名人事迹、古今案例、名言警句等为载体，挖掘"无讼"文化，传递"无讼"理念，凝聚"以和为贵"的中华优秀传统价值观，唤起全社会关心、支持、理解、参与"无讼镇村"创建工作，从民间与官方两个视角深度挖掘提炼"无讼"文化。三是坚持典型引路。结合各地工作实际，绘制一张通俗易懂的"无讼解纷路线图"，编制一套具有代表意义的"无讼"典型案例，把"无讼"解纷的特点、优势、方法、程序向老百姓说明白、讲清楚，让无讼解纷成为老百姓面对矛盾纠纷时的首要选择和基本方式。四是坚持品牌引领。及时总结各地"无讼镇村"创建工作中的好方法、好经验、好路子，增点扩面、提炼升华，打造一批本地特色鲜明的"无讼"品牌，带动社会治理实现新突破、新提高。

B.18
矛盾纠纷多元化解机制从线下二元管理到线上多元治理

北明软件有限公司课题组 *

摘　要： 随着中央科学决策的推进、社会的治理转型、技术的发展进步等，在线矛盾纠纷多元化解机制应运而生。在线矛盾纠纷多元化解机制具有解纷资源聚集、在线调解减负、诉调对接赋能、咨询评估预判、智能技术支撑等多项功能。在线矛盾纠纷多元化解机制减轻了有关法院的办案压力、减少了有关领域的法治盲区、增强了中小企业的应诉能力、增加了社会治理的有效途径。未来，为更好地发挥在线矛盾纠纷多元化解机制的价值，在制度上要同诉讼形成科学合理的分工合作机制；在内容上要拓展在线谈判功能和国外解纷资源；在技术上要实现机器的认知推理功能，不断提高人工智能水平；在运作上要实现商业化运营，吸引优质解纷资源加入调解队伍。

关键词： ODR　社会治理　多元解纷　人工智能

---

* 课题组主持人：郭文利，北明软件有限公司社会治理理论与业务创新研究院院长、法学博士。
课题组成员：郭文利、魏军、王丽慧、王蔼雯、徐亚兰、裴滢珠。执笔人：郭文利、王丽慧、王蔼雯、裴滢珠、徐亚兰、魏军。

近年来，中国在线矛盾纠纷多元化解机制（ODR）[①] 呈蓬勃发展之势。早期仅有中国国际经济贸易仲裁委员会网上争议解决中心一个"国字号"平台[②]，目前在地域上，以浙江省"在线矛盾纠纷多元化解平台"、成都市"和合智解 e 调解平台"、郑州市中原区"和顺中原线上调解平台"为代表，全国各地各级的 ODR 平台正在如雨后春笋般建设发展；在建设主体上，除党政机关外，还有淘宝大众评审网等电商企业自建的平台；在内容上，除地域性综合平台外，还有专门解决医疗纠纷、环境资源纠纷、金融纠纷等类型化的 ODR 平台；从载体看，除早期仅有的 PC 端，现已扩展至 App、微信小程序等常见便捷的网络应用端。可见，ODR 已不仅逐渐成为国内民众化解矛盾纠纷的一种重要途径，也正在成为国家进行社会治理的新型方式。

一　应运而生：在线矛盾纠纷多元化解机制的背景

（一）中央科学决策是直接动力

最高人民法院在 2005 年 10 月发布的"二五改革纲要"首次提出"多元化纠纷解决机制"，并于 2009 年 7 月公布《关于建立健全诉讼与非诉讼

[①] 关于何为 ODR，根据美国联邦贸易委员会、欧盟 OECD 以及全球电子商务论坛（GBDE）所下的定义，ODR 是指涵盖所有网络上由非法庭但公正的第三方解决企业与消费者因电子商务契约所产生争执的所有方式（见百度百科：https://baike.baidu.com/item/ODR/931047？fr = aladdin）。目前国内学界通说认为，主要包含在线谈判、在线调解和在线仲裁等形式（参见刘哲玮《国家介入：我国 ODR 建设的新思路》，载《网络法律评论》第 10 卷，北京大学出版社，2009，第 127 页）。但有些最新研究认为，目前有些 ODR 只是在线的 ADR（替代性纠纷解决方式），而非真正的 ODR（参见〔美〕伊森·凯什、〔以色列〕奥娜·拉比诺维奇·艾尼著《数字正义：当纠纷解决遇见互联网科技》，赵蕾、赵精武、曹建峰译，法律出版社，2019，第 45～52 页）。鉴于本文主题及中国发展实际情况，此处不就 ODR 的概念作讨论分析，仅在国内学界通说范畴内使用 ODR 之表述。

[②] 成立于 2000 年 12 月，网址：http://www.odr.org.cn，系经中国国际商会/中国国际贸易促进委员会批准，由中国国际经济贸易仲裁委员会（CIETAC）建设。

相衔接的矛盾纠纷解决机制的若干意见》，正式确立多元化解纠纷解决机制，但其主要适用于诉讼阶段，旨在化解人民法院的"案多人少"矛盾。党的十八届四中全会通过的《中共中央关于全面推进依法治国若干重大问题的决定》将多元化纠纷解决机制确定为一项重要的改革任务和战略安排，至此，此项改革性质从部门业务改革上升为国家层面的社会治理模式改革。2015 年 12 月 6 日，中共中央办公厅、国务院办公厅联合印发《关于完善矛盾纠纷多元化解机制的意见》（中办发〔2015〕60 号），对多元化纠纷解决机制建设作出顶层设计。之后，有关中央机关单位和许多地方出台了细化规定，如人力资源和社会保障部、中央综治办、最高人民法院、司法部、财政部、中华全国总工会、中华全国工商业联合会、中国企业联合会/中国企业家协会等联合制定了《关于进一步加强劳动人事争议调解仲裁　完善多元处理机制的意见》，最高人民法院制定了《关于人民法院进一步深化多元化纠纷解决机制改革的意见》，山东省、福建省分别制定了《山东省多元化解纠纷促进条例》《福建省多元化解纠纷条例》，等等。此外，2015年 7 月，国务院印发《关于积极推进"互联网＋"行动的指导意见》，ODR 作为矛盾纠纷多元化解机制的在线实现方式以及"互联网＋"模式的典型应用，自然而然地受到各级党委政府的重视和认可，进入了加速发展的快车道。

（二）社会治理转型是根本原因

新中国成立后，中国长期处于管理模式时代，典型特征为系统内主体表现为二元对应关系，即"管理者—被管理者"，本质上政府主导单一主体，操作上管制色彩鲜明，意识上维稳高于维权[①]。换言之，在管理模式下，国家有关机关如家长般管理着整个社会，公民有任何问题或诉求都可以找到相关公权力部门，最直观的表现为"有困难找民警"等口号，以及人民法院

---

① 江必新、王红霞：《国家治理现代化与社会治理》，中国法制出版社，2016，第 5 页、第 19页。

的立案登记制等改革①。但事实证明，此类改革往往空有美好初衷却事与愿违，公权力的管理能力并不足以妥善处理人民群众的各项诉求和矛盾，导致维稳工作的高额经费支出与社会矛盾化解率不成正比，有关公职人员的大量付出与人民群众的获得感不成正比。例如，网络上曾盛传的一张照片显示，2018 年 1 月 19 日，合肥市瑶海区人民法院排号单写着："本院已收案 5000 余件，尚有未结案件 2500 余件，预计排期开庭将在 4 个月后，如需尽快解决，可在立案窗口申请免费诉前调解。"② 基于此，中央作出了国家治理体系和治理能力现代化的决策，推进从社会管理到社会治理的转型。社会治理的核心要素之一就是主体多元性与关系多向度性③，ODR 的多元性同社会治理模式具有天然的契合性。

（三）技术的发展进步是基本条件

开发建设 ODR 平台，仅靠简单的网络技术是不够的，调解的隐私性需要密码保护技术，视频调解需要在线会议系统和远程信息传送技术，海量数据存储和调用需要云存储和云计算技术，智能评估功能需要自然语言识别、算法优化等技术，笔录自动生成、情绪识别等需要人工智能技术，类案推送和评估预测需要运动大数据的相关技术。运用 ODR 平台，还需要网络终端，特别是移动智能终端的普及。当前，中国的上述相关技术均已能够成熟运用，智能手机价格低廉，且无线网络覆盖率高，流量资费便宜，这些因素都促使社会公众互联网思维观念的养成，互联网的运用不再局限于简单生活场景，在线政务服务等场景也被社会公众广泛接受，为 ODR 平台的开发建设提供了良好的技术条件和民意基础。今后，随着 5G 技术的商业化普及，ODR 平台的运用会更加方便快捷。

---

① 2015 年 5 月 1 日，《关于人民法院推行立案登记制改革的意见》正式实施，核心内容为变立案审查制为立案登记制，对人民法院依法应该受理的案件，做到有案必立、有诉必理，保障当事人诉权。

② 《法官哭完当事人哭！2018 年有法院开庭已排期到 4 个月后了!》，新浪网，http：//k. sina. com. cn/article_ 6420076137_ 17eaa966900100568v. html，最后访问时间：2019 年 9 月 2 日。

③ 参见方涛《国家统治·国家管理·国家治理》，载《福建理论学习》2014 年第 5 期。

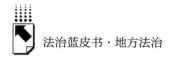

二 何以可能：在线矛盾纠纷多元化解机制的功能分析

从目前全国各地 ODR 平台运行情况来看，浙江省的在线矛盾纠纷多元化解平台起步较早，功能齐全，覆盖面大，且运行状态好，目前处理矛盾纠纷已超 50 万件，具有一定的标杆示范性。本报告以该平台作为 ODR 平台功能的分析对象，为其他地区开发建设或完善升级此类平台提供参考借鉴。

（一）解纷资源聚集

调解机构、调解员等解纷资源作为矛盾纠纷化解的"中转器"，按照法定的原则及程序，理清争议焦点、明晰利益纠葛、提供解决方案、促进达成协议，是化解纠纷的关键性要素。浙江 ODR 最突出的功能是可以将各类解纷资源特别是优质资源汇聚在同一个平台。浙江省在政法委统筹协调下，各部门协同合作，ODR 平台建立了统一的组织和管理体系，统筹多元化解工作，促使各解纷主体有效衔接，信息共享，通过协调各部门落实各自主管调解机构的上线人员信息并进行统一监督管理，汇集了浙江省行业调解、商事调解、人民调解、司法调解、公证调解、律师调解、仲裁调解、行政调解等各体系调解服务资源。目前浙江 ODR 平台已注册上线 4311 家调解机构，调解员 43317 人，咨询师 1445 人，办案法官 756 人，法院 109 家，仲裁机构 11 家。传统线下调解案件人民调解类型数量最高，而在线调解集上述各类调解类型于一体，可以实现专业问题专业解，当事人可以根据自己的实际解纷需求进行充分选择。

（二）在线调解减负

ODR 将传统调解所处的物理空间从现实世界转移到了网络空间，借助互联网信息技术，当事人足不出户即可实现在线解纷，不用多次往返调解机构或者法院去递交调解申请，在家或者工作场所动动手指就可以与调解员进行案件沟通。在线调解已实现"异步调解"，纠纷双方可以根据自己的时间合理安排调解时间，同时留给当事人充分的时间准备。同时，由于在线调解的远程性，打破了地域范围限制，跨地域纠纷解决不再困难重重，现实中很多当事人遇到此类纠纷往往因为语言不通、解纷规则不明晰、解纷成本高等问题而放弃维权，在线调解的出现极大地减轻了当事人的负担。在线调解不仅让当事人从传统调解模式复杂的流程中解放出来，而且让调解员实现了远程解纷，并可以在线邀请其他调解员协助共同解纷。传统调解中，调解员跑完一方当事人，还需要跑去跟另一方当事人沟通协商，从而有调解员"为纠纷跑断腿"的说法。在线调解既节省了调解员的体力，又让调解员有更多的时间学习调解专业知识，将更多的精力放在当事人合法权益的维护上，从而提高调解纠纷效果。

（三）诉调对接赋能

普通的民间纠纷经过人民调解委员会调解达成的调解协议没有强制执行力，完全依靠双方当事人自觉履行，任何一方反悔，都会导致调解协议不能履行到位。法院调解书有强制执行效力，但是未进入诉讼程序的矛盾纠纷，法院又不能主动介入进行调解[①]。浙江 ODR 平台具有引调案件双向联通和司法确认双向联通的功能，法院立案系统可以将引调案件自动导入 ODR 平台，平台调解成功的案件，通过点击"申请司法确认"按钮，即可自动导入法院立案系统，实现了一键司法确认目标，确保人民调解协议的效力，让多元解纷工作有了更强的矛盾吸附能力和纠纷化解能力。这些机制和功能让司法审判与社会专业力量优势互补，形成合力，在矛盾纠纷的调处中实现了"1 + 1 > 2"的目标[②]。

[①] 孟俊涛：《基层矛盾纠纷的多元化解》，载《中共珠海市委党校珠海市行政学院学报》2016年第 6 期。

[②] 余建华、周凌云：《夯筑多元解纷的"重重防线"——浙江法院创新发展"枫桥经验"纪实》，《人民法院报》2018 年 11 月 12 日，第 1 版。

（四）咨询评估预判

浙江 ODR 平台具有在线咨询和评估功能，当事人可以通过咨询和评估对纠纷处理结果进行预判。其中，在线咨询包括智能咨询和人工咨询。智能咨询提供 7×24 小时全天候智能咨询服务，随时随地为用户解答法律问题，还能根据用户的提问自动推荐相关法律法规、相关案例、解纷流程和法律文书范本。人工咨询由专业的律师团队解答用户问题，用户填写矛盾纠纷的基本信息后即可申请人工咨询，用户可根据纠纷类型选择适合的咨询师。针对当事人咨询的法律问题，平台已实现工作时间 1 分钟内客服及时响应，问题涉及专业内容的，咨询师于 5 分钟内予以答复，线上及时解答当事人的法律疑问；同时提供纠纷相关法律知识，推荐合适的解纷方式及相关案例，当事人可查看同类案件的争议焦点、裁判文书等信息；另外，平台提供法律小工具方便当事人完成相关费用计算，包括诉讼费用、赔偿费用等，为当事人提供便利的法律服务。在线评估以全国 1800 多万份裁判文书的大数据分析为支撑，以"大数据自动分析＋人工审核"模式，客观评判诉讼风险，为当事人提供法律评估报告，针对案由为民间/金融借贷、交通事故、婚姻家庭纠纷的评估申请，平台已实现 30 分钟内生成评估报告；属于其他案由范围的，平台会在 24 小时内完成。这样便于当事人提前预判纠纷处理结果，理性权衡不同解纷方式的利弊，从而选择适合的纠纷解决方式。

（五）智能技术支撑

平台运用了多项先进的人工智能技术，可以对调解工作进行全方位支撑。在调解具体个案时，解纷辅助机器人可以提供解纷策略、解纷知识和解纷技巧的辅助指导，多维度帮助调解员提升调解效率。解纷辅助机器人通过自建庞大的调解话术，接入全面的法律法规，并收录大量的指导案例，利用大数据的优势，精准定位并辅助调解，大大提升调解的专业性，降低调解员的学习成本，增强了用户对平台专业解纷能力的信任，在调解过程中，能享受法规、案例库的快速检索和推荐服务，让调解员能实时获得有用参考，使调解有据可依，调解结果更具说服力。此外，平台结合大数据技术，搭建了调解员群体工作交流学习中心和法规、案例库，方便调解员交流学习，提升工作效能。通过浙江 ODR 平台，调解员日常可以享受专业咨询、评估、工作交流、案例和法规库参考等服务，从而提升调解能力，更新知识体系，做到与时俱进。解纷辅助机器人还提供了各类自动化功能，如调解笔录和日志的自动记录、调解协议的自动生成、简式文书的自动导出功能等，有效提升了调解员的工作效率。此外，平台还为调解员和当事人提供了许多小而美的效能服务。语音识别功能，通过识别用户声音将其转换为文本形式，可以减轻用户输入文字的工作量，将调解员从烦琐的记录工作中解放出来，使调解员能更好地专注于调解工作；OCR[①] 识别功能让调解员只需手机拍下需要识别的文件，即可自动查询相关法规、案例等信息，大大减轻调解员检索信息的工作量。IVR[②] 情绪识别和话术推荐等功能，其中 IVR 功能将自动在调解活动开始前，通过机器人自动打电话帮助调解员确认一些案件相关的基础信息，进而有效减轻调解员工作负担；情绪识别功能通过对当事人的面部表情、语音等进行辨别，分析当事人的心理活动和情绪，给调解员以提示，并进行相关话术推荐，以提高调解成功率。

三　两减两增：在线矛盾纠纷多元化解机制的实效考察

（一）减轻了有关法院的办案压力

司法是维护社会公平正义的最后一道防线，面对矛盾纠纷，法院不应"挺在前面"，但过去由于其他解纷方式运行不畅、效力有限，导致大量案

---

① OCR（Optical Character Recognition）即光学字符识别，指通过扫描等光学输入方式将各种印刷品文字转化为图像信息，再利用文字识别技术将图像信息转化为可以使用的计算机输入技术。

② IVR（Interactive Voice Response）即互动式语音应答，系一种电话自助服务系统。

件直接涌入法院，使法院和法官不堪重负。浙江 ODR 平台目前已处理各类纠纷 50 余万件，这些纠纷中，即使十分之一进入法院，案件量也多达 5 万件，换言之，该平台运行以来，为法院减少了数万件案件量，效果是显而易见的。成都地区"和合智解"e 调解平台的开发建设初衷之一，就是要构建全天候普惠式诉源治理综合服务平台，致力将群众"家门口"解决不了的纠纷引入网上专业平台化解，目前该平台的调解成功率为 60% 左右，成效明显，平台也因此入选国家"砥砺奋进的五年"大型成就展，受到中央网信办、最高人民法院、四川省高级人民法院的充分肯定①。

（二）减少了有关领域的法治盲区

虽然法院施行了立案登记制，但并非所有的纠纷都能在法院立案，并非法院不执行规定，而是法院不具备这样的能力。例如，互联网图片侵权案件广泛存在，法院审理此类案件以一张侵权图片为一个案件。课题组在走访调研中得知，按照该标准，中国排名前三的图片公司的案件总数将多达上千万件，数量与全国所有法院一年受理的民商事案件量总和大体相当，法院显然不可能对三家公司的所有案件都作出裁判，因此这些公司在起诉时，法院都会告知其所能接受的案件数，公司再综合各种因素选择极少数案件进行起诉。这样导致的直接结果就是，绝大多数侵权者存在侥幸心理，博弈图片公司不会起诉；有些经济实力雄厚且侵权数量极大的公司，宁肯专门预算侵权赔偿费用，也不购买图片版权，就是因为其绝大部分图片侵权不会被法院立案。类似的情形还有各个银行的小额信用卡欠款、热力公司的居民供暖费拖欠等等。此外，互联网电商平台的纠纷量也很大，但由于往往标的较小，诉讼成本高，当事人通常不会选择起诉。如若对此状况放任不管，最终受损的不仅是各个公司的利益，更为严重的是社会法治信仰的淡漠和缺失②。在线

① 《推进诉源治理改革实现"线上+线下"共治》，成都法院网，http://cdfy.chinacourt.gov.cn/article/detail/2018/03/id/3222693.shtml，最后访问日期：2019 年 6 月 25 日。
② 图片公司视觉中国因"黑洞事件"进入公众视野后，类似于"天下苦视觉中国久已"的观点广为流传，且接受度较高，也表明社会公众版权意识的淡薄。

矛盾纠纷多元化解机制则可以在很大程度上弥补司法功能的不足，淘宝网的大众评审平台 16 年共有 83 万余人次参与消费者维权判定，成功处理 154 余万宗维权纠纷[①]。已有互联网法院通过 ODR 平台批量处理互联网图片侵权案件，有银行将小额金融借贷纠纷一键提交 ODR 平台。这样在线矛盾纠纷多元化解机制与司法裁判形成了相互衔接的法治之网，极大地扩展了法治覆盖面，减少了法治盲区，提高了社会公众的法治意识。

（三）增强了涉外中小企业的应诉能力

课题组在东南沿海地区走访调研时发现，过去绝大多数涉外中小企业在遭遇境外诉讼时，由于不熟悉对方诉讼规则、诉讼周期长、律师费用高等各种因素，通常会选择放弃该地区市场，一走了之，这样不仅影响了企业的利润，而且有损中国企业的市场形象。广州互联网法院在线纠纷多元化解平台上线后，充分发挥平台可以在线跨地域调解的优势，初期已引入港澳台三地调解员 20 余名[②]。涉外纠纷通常涉及境内境外的事项和法律规定，通过与香港和解中心、澳门和解中心等机构合作，对方熟悉国外规则，特别是香港和解中心，在国际上具有较大的影响力，与很多国家的调解机构具有合作关系，可以帮助企业有效解决纠纷中涉境外部分的有关问题，境内调解机构可以解决境内部分事项，形成合力，帮助企业快速高效解决有关纠纷。同时，基于 ODR 大数据的天然优势，平台通过分析涉外纠纷，可以总结纠纷原因和特征，提炼有关规则，并通过商会、行业协会等机构对广大企业进行培训，提前预防纠纷发生，提升企业的国际竞争力。

（四）增加了社会治理的有效途径

依托海量数据，ODR 平台利用数据可视化技术，可以提供丰富的动态

---

① 参见淘宝大众评审网：https://pan.taobao.com/？spm = a21bo.2017.754904965.10.5af911d9m
XYOsz#n2，2009 年 6 月 29 日访问。

② 《为粤港澳大湾区建设提供高质司法服务 广州互联网法院打造线上多元解纷平台》，中国法院网，https://www.chinacourt.org/article/detail/2019/03/id/3749177.shtml，最后访问时间：2019 年 6 月 26 日。

数据视图，其中包括区域内的纠纷数量、纠纷类型、分布状况、解纷资源、解纷方式、解纷时长、解纷成效、当事人满意度等综合状况，从多个角度观察解纷数据全貌，成功地把海量"沉睡"数据变"活"；基于实时数据处理和消息队列技术，对各类纠纷信息进行分解和导流，由规则器决定该类纠纷最合适的解纷单位，实现全社会解纷资源的实时分配和调度。此外，基于数据统计和挖掘技术，ODR 平台可以从基础数据入手，提炼、总结、分析区域内矛盾纠纷的现状以及规律所在，这些数据背后的信息有利于在将来的矛盾纠纷化解工作中提前做好资源部署，有利于对矛盾纠纷进行动态聚类分析、自动特征提取，对特殊异常进行预警。同时，动态、定期、实时地结合大数据资源，对矛盾纠纷进行分析，建立动态模型，来评估区域内矛盾纠纷未来发生数量、发生类型、发生概率、所需配置资源等系列关键性指标，为相关决策提供有价值信息和分析参考，充分发挥数据的定位与预测价值。通过运用大数据技术，ODR 平台不仅可以实现各行政司法机关统计渠道的确定性和清晰性，做到底数清晰、类型明了，而且可以针对不同纠纷对症下药，制定相应预防机制，促进纠纷解决机制的生态平衡，更是形成对矛盾纠纷数据的深度分析、自助研判，为社会的稳定和谐提供有力的数据支撑与服务，更好地维护社会秩序，促进国家治理体系和治理能力现代化水平提升。

四　向往何处：在线矛盾纠纷多元化解机制的趋势研判

（一）在制度上要同诉讼形成科学合理的分工合作机制

关于多元解纷机制与诉讼的关系，日本学界存在中心说、并列配置说和法的支配说等学说，中国学者提出应当坚持并发展"防线说"[①]，理论界的

_____

① 　江伟、谢俊：《诉讼与诉讼外纠纷解决机制关系新论》，载《江苏行政学院学报》2009 年第 1 期。

争论说明两者关系是非常重要的问题。实践中，中国目前的突出问题是诉讼在纠纷解决机制中所占比重过大，多元化解机制所处地位较为边缘，"防线"位置过于靠前。此外，还要防止矫枉过正，即片面强调多元解纷机制的功能，忽视了诉讼在纠纷解决体系中的地位，诉讼"最后一道防线"的作用必须坚守。多元解纷与诉讼形成有机合作机制后，还会在一定程度上改变法院的裁判思维，从现在的输出个案裁判结果转变为输出类案裁判规则，多元解纷机制可根据法院提供的裁判规则更有效地开展调解工作。

（二）在内容上要拓展在线谈判功能和国外解纷资源

其一，目前主流 ODR 平台的方式是在线调解，基本不涉及在线谈判的内容，而根据 ODR 的通说定义，在线谈判应是其重要内容之一。目前，加拿大伊坎公司（iCan Systems Inc.）引入机器人调解员而开发创建的平台 Smartsettle 是世界上第一个安全电子谈判系统，具有优化算法、多变量视觉盲投标方法和谈判支持系统的专利。在该系统中，当事人可以输入自己的策略以及价格底限，但不会被直接透露给对方，而是由系统采用人工智能算法并参考各方的竞标策略和优先事项推动双方进行谈判，提高谈判成功率。用智能算法以及电子谈判技术的机器人代替人工调解，不仅可以缩短纠纷的解决时间，提升效率，而且还可以通过抓取纠纷要素，运用智能算法实现最佳策略选择，在一定程度上促进协议达成[1]。将来中国应当借鉴 Smartsettle 模式，实现调解过程的智能化，不需要第三方人工介入，这样可以更好地满足商业调解中的保密需求。此外，该模式还可以拓展至商业谈判领域，降低商业谈判成本，对于地方政府而言，这将是改善城市营商环境的重要举措。其二，联合国贸易法委员会于 2018 年 6 月 27 日通过了《联合国关于调解所产生的国际和解协议公约》（又称《新加坡调解公约》），并于 2019 年 8 月 7 日在新加坡举行开放签字仪式。《新加坡调解公约》最核心内容是方便调解

---

[1] 郭文利、阎智洪：《加拿大智能调解电子谈判系统透视》，《人民法院报》2019 年 6 月 7 日，第 8 版。

书在各公约当事国法院申请强制执行，解决长期困扰调解书域外执行的短板问题，意义重大。虽然中国是否会加入该公约尚不明确，但中国正在逐步树立起相互依存的国际权力观、共同利益观和全球治理观，以"命运共同体"的新视角，寻求人类共同利益和共同价值的新内涵，因此加入该公约的可能性极大①。中国加入《新加坡调解公约》后，国内 ODR 平台应当积极引入国外解纷资源，积极参与解决全球领域的国际商业争端问题。

（三）技术上要实现机器的认知推理功能

在解决纠纷领域，目前的人工智能水平还较低，主要功能实质是实现了机器的识别功能，而纠纷解决机制中最核心和关键的是对纠纷作出判断，智能化解决方案要求机器能够执行认知推理任务，而这方面正是目前人工智能的短板，需要攻克信息识别上的技术障碍与逻辑推理中的方法障碍②。在现有技术条件下，ODR 的部分功能也有提升完善的空间。例如，目前的笔录自动生成功能是基于语音识别技术，虽然减轻了调解员的工作负担，也能够全面如实记录，但可能存在信息遗漏问题。由于该项技术缺乏自动归纳总结功能，所有调解过程的语音信息均被记录在案，存在笔录冗长、重点内容不突出等问题。对此，依靠深度神经网络结构可以实现对笔录文本的归纳整理，在此基础上，结合证据链自动生成知识服务、语义逻辑树判定知识服务等功能，平台将可以自动生成调解书初稿，进一步减轻调解员的工作负担。随着技术的发展进步，诸如此类的智能化功能将被不断开发出来，平台的智能化水平会逐步提升。

（四）运作上要通过商业化运营不断吸引优质解纷资源加入

虽然中国的多元纠纷化解机制发展较快，并取得一定成效，但与发达国家相比还有较大差距。重要原因之一就是现有机制无法吸引高素质的专业调

---

① 温先涛：《〈新加坡公约〉与中国商事调解——与〈纽约公约〉〈选择法院协议公约〉相比较》，载《中国法律评论》2019 年第 1 期。
② 龙飞：《人工智能在纠纷解决领域的应用与发展》，载《法律科学》2019 年第 1 期。

解人才，缺乏资金组建职业调解员队伍，调解员岗前尤其是在岗职业培训不足，有效开展业务推广不足，也无法为执业中的损害承担责任。目前数量最多的调解力量是人民调解组织，但人民调解员绝大多数为兼职人员，缺乏专业的调解知识①。事实上，调解方案因更接近专业性的判断使其更具有法律的权威，而人们对法律权威的崇尚恰恰给律师在诉讼外纠纷解决机制中的作为提供了广阔的空间。从一定意义上说，律师调解更符合调解法治化这一现代调解的本质要求②。2017 年 9 月，最高人民法院和司法部联合出台《关于开展律师调解试点工作的意见》，律师加入调解队伍无疑可以极大地提高调解的专业化水平和调解质量，但实际效果不尽如人意。主要原因在于律师作为提供法律服务的市场主体，必然具有逐利性，前述意见第 14 条虽然规定律师及其律师事务所可以向调解双方当事人收取调解费，但需按照有偿和低价的原则，且没有明确的数额标准。某律师事务所反映，其调解中心曾接受当事人委托案件并最终调解成功，因为没有物价部门核定的收费标准和收费名目，最终只按咨询费和代书费标准收取了较低费用③。律师若参与调解得不到自己心目中的"价位"，就无法充分调动其积极性④。课题组在调研走访中得知，有些地方政府已经意识到这一问题，并采取购买社会服务的方式，由第三方对调解员进行管理、培训和考核，有所进步。从国外经验来看，调解的公司化运作是一种可供选择的有效模式。该模式首先产生于美国，20 世纪 80 年代以后开始传播至英国、加拿大、澳大利亚等普通法国家，众多私立机构为当事人提供收费的调解服务⑤，其中最为成功的是美国司法仲裁和调解服务有限公司。随着社会经济的飞速发

---

① 笔者在此强调，商业调解模式并非对人民调解的否定，调解应当具有一定的公益性，人民调解有广泛的基础和存在的必要，只是应当针对不同纠纷属性，配置不同类型的调解资源，而中国的商业调解资源仍然明显供给不足。

② 熊跃敏、张润：《律师调解：多元解纷机制的制度创新》，载《中国司法》2017 年第 11 期。

③ 丁洁、詹昀刚：《律师调解的现实困境与解决路径探讨——以浙江省杭州市试点实践为视角》，载《中国司法》2018 年第 12 期。

④ 陈团结：《律师调解：现实困境与应对之道——兼评〈关于开展律师调解试点工作的意见〉》，载《中国司法》2018 年第 8 期。

⑤ 林广化：《澳大利亚调解制度的经验与启示》，载《中国发展观察》2010 年第 12 期。

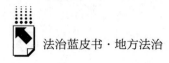

展，很多大型商事纠纷要求解纷程序具有很高的保密性、灵活性、高效性，甚至要求实现维护当事人之间长久契约之目的，这也就意味着公司化运作的收费制调解模式存在巨大的潜在客户。因此，将调解这一公共服务领域向社会开放，并引入市场机制，允许和鼓励调解机构公司化运作，国家权力不再垄断纠纷管理权，将会吸引更多优质解纷资源进入调解领域，最终带动多元解纷机制发挥更大的作用。

网 络 法 治

The Cyber Rule of Law

B.19

网络传销犯罪现状及相关思考

——基于四川网络传销案件办理情况的分析

张荣洪　廖春艳*

摘　要： 近年来，网络传销犯罪全面侵入社会公众生活，深度渗入经济金融领域，与违法违规金融活动交织，并逐步取代传统聚集型传销成为传销的主流形式，已经成为影响决胜全面建成小康社会的重大风险点。本报告以四川网络传销犯罪数据为切入点，结合相关数据，提出当前网络传销犯罪形势有越发严峻之势，具有虚拟性强、专业性欺骗性强、跨地域特征明显、蔓延速度快、参与群体广等特征，其侦办仍存在协作打击机制不健全、法律适用意见不统一、调查取证难度大、虚拟空间身份认定难、管辖争议大等问题，

---

* 张荣洪，四川省公安厅经侦总队副总队长；廖春艳，四川省公安厅经侦总队案件侦查处干部。

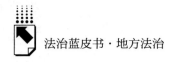

需要从建立多部门协作的长效防控体系、全面准确适用法律、破解取证难题、完善相关立法等方面予以综合系统治理。

关键词： 网络传销　犯罪　大数据

随着国家打击传销、规范直销的力度不断增强，法治宣传有序跟进，公众对传销的识别抵制能力逐渐提升，传统聚集型传销得到一定控制。然而，随着互联网尤其是移动互联网以及智能移动终端的快速发展，传销"插上'互联网＋'的翅膀"得以迅猛发展，并呈现向社会稳定和政治安全领域传导的趋势。

一　网络传销犯罪的现状

本报告以四川省2013～2018年来组织、领导传销活动案件数据及2017年、2018年立案侦办的网络传销犯罪案件为切入点梳理分析网络传销犯罪形势，具体情况如下。

（一）四川省组织、领导传销活动案件整体情况

从2013年到2017年，全省组织、领导传销活动案件立案数和打击处理人数大致呈现逐年上升趋势，2018年数据较2017年稍有回落，具体情况详见图1。

（二）四川省网络传销犯罪案件侦办情况

2018年全省共立网络传销犯罪案件127起，移送起诉307人，与2017年相比立案数略有下降，移送起诉人数增加。总体来说变化不大，具体情况详见图2。但从网络传销犯罪占整个组织、领导传销活动案件的比重来

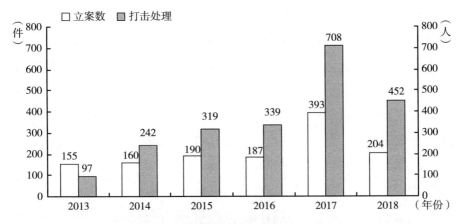

图1　四川省组织、领导传销活动案件情况（2013～2018）

看，2018年度全省网络传销犯罪案件在整个传销犯罪案件中占比近63%，2017年度该比例为39%。网络传销案件在整个传销犯罪案件中所占比重加大。

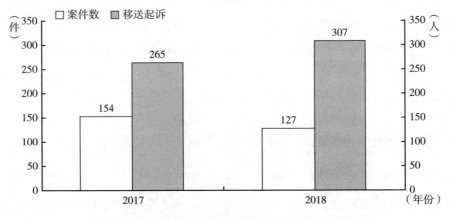

图2　四川省网络传销案件侦办情况（2017～2018）

（三）网络传销犯罪形势越发严峻

关于四川地区传销数据的分析显示，网络传销在传销犯罪中所占比重显著增加，正逐步取代传统聚集型传销成为传销的主流形式。腾讯2017年度传销态势感知白皮书显示，截至 2018 年 2 月 28 日，全国已累计发现涉嫌传销组织、平台 3534 家，活跃参与人数 3176 万，并且每天新增识别涉嫌传销平台 30 个左右，从传销组织出现时间分布来看，近年来新型网络传销呈现愈演愈烈趋势[①]。随着网络传销组织、平台的爆发式增长，加之实体经济增速放缓、投资渠道有限等因素叠加，未来较长一段时间，网络传销之患将愈演愈烈，打击网络传销犯罪是摆在各级公安机关面前的一大挑战。

二 网络传销犯罪的特点

顾名思义，网络传销即"互联网 + 传销"，通常具有以下特点：一是全程借助网络实施，主体身份及传销标的物虚拟性强；二是打着投资理财、爱心互助等当下经济社会流行概念行骗且善于自我包装，欺骗性强；三是传销组织参与人往往来自全国各地甚至是国外、境外，跨地域特征明显；四是传销组织利用网络可以在短期内（一年、几个月甚至更短时间）发展大量下线，聚集巨额资金，蔓延速度快。对于上述网络传销一般特征在此不再赘述，本报告主要基于 2018 年四川省公安机关侦办的 127 起网络传销犯罪案件进行梳理分析，并提炼案件数据本身所呈现的特征。

（一）网络传销组织专业性特征明显

对四川省侦办的网络传销案件进行梳理分析发现，犯罪团伙的构成日益智能化、专业化，传销组织筹备之初，一般都需要购买现成的或者聘请专业人员自行设计传销网站源代码，租借网络服务器，搭建好开展传销活动所需网络服务环境，并普遍流行设计专属的 App 应用软件进行传销活动。据统计，四川省立案的 127 起网络传销案件中只有 39 起案件

---

① 腾讯 2017 年度传销态势感知白皮书，http://slab.qq.com/news/authority/1745.html，最近访问日期：2019 年 9 月 2 日。

没有设计专门的 App，通过 App 发展下线的比例达 70%。由于网络传销的运营活动主要通过网络进行，网络环境的搭建及后期运营维护都极具专业性，计算机专业人员在网络传销组织中必不可少，甚至存在专业软件设计开发公司为传销组织提供专业技术服务的情况。通过网站、App 开展传销，需要凭借用户名、密码进行登录，尤其是通过 App 传销，程序封闭性强，不经登录便无法知晓平台相关具体内容，这对公安机关侦查办案提出了更高要求。

（二）特殊身份群体、职业传销人员参与网络传销

网络传销的参与群体范围越来越广，教师、医生、政府公职人员等特殊身份群体参与传销不再罕见。近年来四川省甘孜、阿坝等少数民族地区也出现不少参与网络传销人群，以云××专案为例，根据主办地广东省推送数据，四川省发展下线 3 层 30 人以上的人员共计 6000 余人，其中甘孜、阿坝、凉山三个少数民族自治地方涉及 300 余人，涉藏群体的参与将给维稳工作带来更大隐患。此外，通过对不同传销平台参与人员进行分析，职业传销参与人员逐渐凸显，如四川省 D 市侦办的众×××传销案骨干人员绝大多数来自 M 市已查处的另一起传销案件，且 D 市众×××传销案中有 73% 的参与人员来自 M 市。职业传销人员往往在平台成立初期参与并积极发展下线，这类人群熟知网络传销的生命周期及发展规律，在平台崩盘前全身而退，通过辗转于不同传销组织获取大量非法所得，腾讯 2017 年传销态势感知白皮书显示，"参与 2 个及以上传销组织的人数占比为 25%，参与 3 个及以上传销组织的人数占比为 10%，参与 4 个及以上传销组织的人数占比为 5%"。职业传销参与人员对传销的违法性有清醒认识，在传销组织的发展壮大过程中起到重要作用，且往往取得大量非法收益，理应加大打击力度。

（三）外地输入性特征明显

通过梳理分析发现，2018 年全省立案查处的 127 起网络传销犯罪中，

只有29起案件原发地（涉及公司总部及网站登记备案地）在四川，来自四川省外的网络传销立案数占比达77%，其中还有6起案件的网络传销源自国外、境外。从地域分布上看，来自外省的网络传销数量较多的省份分别是广东、浙江、山东、重庆。而省内立案的网络传销犯罪案件中源自成都的有21起，占据绝大部分，绵阳3起，位居第二，反映了互联网行业发展程度越高的省份和城市，受网络传销的影响也相应更加广泛。正是由于网络传销打破了时空地域限制，打击网络传销如果还只顾盯着本地区的"一亩三分地"显然不可能取得良好成效。

（四）传销资金热衷于通过第三方支付

通过对全省2018年立案的127起网络传销犯罪案件"支付媒介选择"进行分析，了解网络传销支付媒介选择偏好情况（见图3）。

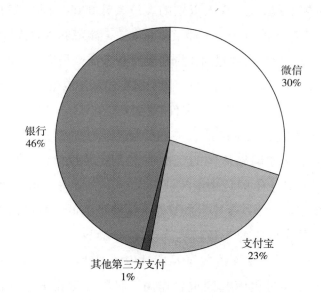

图3 网络传销支付媒介选择偏好

数据显示，通过银行系统进行资金转移仍占不小比例，但微信、支付宝等第三方网络支付平台开始受到更多人青睐，占比54%。根据第42次《中国互联网络发展状况统计报告》：截至 2018 年 6 月 30 日，中国手机网民中使用移动支付的比例达到 71.9%。近年来，银行系统通过反洗钱、大额交易监管等手段，有效挤压了违法犯罪分子通过银行系统转账的资金通道；随着绝大多数支付机构接入网联平台，第三方支付便捷性大大提高，相应的监管手段没有及时有效跟上，因此通过第三方支付平台进行传销资金转移的现象较为明显，给监管部门带来一定困难。

（五）消费返利类网络传销占比最高

根据网络传销运行模式，本报告对 2018 年全省网络传销犯罪案件进行了不同分类，其中消费返利类立案 86 件、投资理财类立案 21 件、虚拟货币类 11 件、资金互助类 8 件、网络游戏类 1 件（见图 4）。

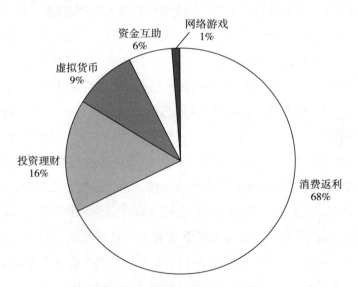

图 4　四川省网络传销种类分布

2018 年四川省消费返利类网络传销立案数在整个网络传销版图中占比 68%，远高于其他种类的网络传销。消费返利型网络传销往往打着电子商务的口号，宣称"消费多少返多少""消费就是存钱"，销售的产品根本就不存在或者显著高于市场正常价格，成为掩盖其传销本质的道具商

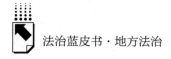

品，企图以此作为辩解其属合法电商平台的说辞，给公安机关甄别此类犯罪带来一定困难。

三　网络传销犯罪案件侦办存在的问题

近年来，公安机关打击网络传销犯罪取得了一定成绩，积累了不少宝贵经验，但在协助打击机制建立、案件具体侦办及思维理念等方面，仍然存在一些问题。

（一）部门协作机制没有全面建成

根据《禁止传销条例》规定，县级以上地方人民政府对查处传销工作承担领导责任；市场监管部门、公安机关分别依照职责范围对传销行为进行查处；商务、教育、民政、财政、劳动保障、电信、税务等有关部门和单位，农村村民委员会、城市居民委员会等基层组织，应当依照各自职责和有关法律、行政法规的规定配合市场监管部门、公安机关查处传销行为。显然，打击传销不单是公安或市场监管部门的责任，但由于《禁止传销条例》关于部门间的协作配合职责规定过于笼统，操作性不强，各成员单位在联合整治行动中的重视程度往往取决于其是否为牵头单位。2018 年全省公安机关和市场监管部门联合开展了网络传销专项整治，根据省市场监督管理局工作报告："2018 年全省工商机关查处传销案件 31 件，其中网络传销案件 17 件。"对比前文提及全省公安机关刑事立案 127 件的数据，刑事立案远高于行政处罚，本应作为"兜底性"的刑罚手段成了"常态化"措施，然而当网络传销发展到刑事立案阶段，往往已对经济社会造成巨大危害。

（二）网络传销案件的法律适用意见不统一

1. 对组织、领导传销活动罪的理解存在误区

不少地方反映，"3 层 30 人"的下线笔录是检察机关审核案件的基本要求，即使已有司法鉴定对传销组织规模及线下人数等情况进行阐述，部分检

察院仍然认为至少30名下线人员笔录为印证组织、领导作用之必要。关于"3层30人"究竟是对组织规模的量化，还是对组织者、领导者地位的印证存在认识误区。

2. 与其他违法犯罪交织，准确定性难

经济活动本身极具复杂性，且经济犯罪嫌疑人规避法律意识高，加之部分法律条文间本就存在内容交叉的情形，使得司法机关在具体个案中适用法律条文时面临准确定性的问题。例如，四川省 M 市公安机关在处置"福××"公司案件时，对于该公司经营模式是否涉嫌犯罪以及涉嫌何种犯罪迟迟无法形成统一定论，经省厅多次组织分析研讨，全省公检法及专业律师召开座谈，才最终确定案件性质。又如，2018 年的网络传销违法犯罪专项整治中，四川省共下发65 条涉嫌网络传销违法犯罪线索，经排查后全省公安机关对下发线索立案查处 12 起，其中就有 3 起案件最终定性为非法吸收公众存款，2 起线索先是以非法吸收公众存款立案侦查，后变更罪名为组织、领导传销活动案。传销犯罪与其他经济犯罪交织，一方面对司法机关全面准确打击犯罪提出了考验；另一方面性质认定不同，涉案财物处置方式则大相径庭，直接影响参与人员的切身利益，及时准确作出性质认定往往关乎社会稳定。

（三）调查取证难度较大

网络传销犯罪调查取证难度大主要体现在两个方面。一是电子数据取证经验不足。网络传销相对于传统传销最大的改变就是其载体为网络，活动痕迹及犯罪证据往往体现为大量的电子数据，主要存储于各网络平台服务器、网盘、移动存储设备及移动终端，电子数据极易毁损灭失，一旦网站管理人员发现犯罪行为败露，可以瞬间将其销毁，对案件侦查工作极为不利。电子证据难以通过传统侦查手段获取，实践中主要采取调取涉案网络服务器数据方式，但对于存储在境外服务器的数据目前还没有操作的范例，此外公安机关还普遍存在对电子数据勘察取证法律法规认识不清、重视不够、操作应用能力不足的问题，且就电子数据进行法庭可视化呈现等方面问题与检察院法院的沟通交流不够。二是传销参与人员逃避调查取证。由于网络传销不受地域限制，下线通常跨越多个省市，且参与传销人员逃避公安机关调查取证，加之办案警力有限，极大制约了办案效果。

（四）虚拟空间向真实空间身份转化的同一认定难

网络传销利用互联网这一平台，组织发展人员均通过网站、App 操作，参与人员凭用户名、密码登录，成员之间沟通交流主要利用微信、QQ 等网络账号建立微信群、QQ 群等方式进行，很少在固定场所聚集，而网络账号本身既有真实身份也有虚假身份，大部分成员现实生活中互相并不认识，而且存在部分人员身份信息被自己家人、亲友注册平台操作使用，本人毫不知情的情况。此外，近年来网络黑灰产业日益兴风作浪，根据公安部 2018 年 8 月公布的 9 起打击整治网络乱象典型案例，排在第二位的"长沙线尚网络科技有限公司"破坏计算机信息系统案中，涉案公司与多省运营商"内鬼"勾结，利用未投入市场未激活的"空号"，注册百万虚假账号。根据前述案件的网络公开信息，一个微信账号售价 1.5 元/个，绑定银行卡的微信账号也仅售价 30 元/个。通过虚假网络账号隐匿真实身份实施网络犯罪日益经济便捷，给公安机关循线追踪、落地打击提高了难度。

（五）案件管辖容易产生争议

网络传销犯罪案件的管辖争议往往呈现两种极端：要么推诿扯皮、要么相互争抢。这种局面由网络传销犯罪自身特点所决定，此类案件往往涉及多个地区数百万参与人员，公安机关一旦立案侦办，参与群体极易被煽动聚集滋事，而主办地政府及公安机关往往是聚集目的地首选，如"善心汇"被查处后，该传销组织通过微信群煽动上千名会员前往主办地湖南省政府非法聚集，提出"释放人员、解冻账户"等要求①。这给办案部门带来极大维稳压力，这也导致公安机关侦办此类案件的积极性不高。另外，由于组织、领

---

① 倪戈：《"善心汇"，遍布骗局的"丧心汇"——对"善心汇"特大传销案的调查》，《人民日报》2017 年 7 月 29 日，第 6 版。

导传销活动案件中涉案财物属于违法所得，按照法律规定应一律没收并上缴国库，鉴于网络传销组织往往吸纳大量资金，在"逐利执法"的心态驱使下，不同公安机关之间争夺管辖权的现象也不罕见。根据最高人民检察院、公安部发布的《关于公安机关办理经济犯罪案件的若干规定》（公通字〔2017〕25号）第11条之规定："主要利用通讯工具、互联网等技术手段实施的经济犯罪案件，由最初发现、受理的公安机关或者主要犯罪地的公安机关管辖。"法律赋权的案件管辖地较为宽泛，加之各地受立案信息事先无沟通渠道，管辖争议也就因此产生。

（六）办案部门思维理念亟待转变

当前经济社会快速转型，新型犯罪方法层出不穷，但部分办案人员思维理念没能紧跟时代发展，主要体现在两个方面。一是全局意识不强。网络传销犯罪案件往往涉及全国多个省份，部分地区公安机关侦办案件依然沿袭传统模式，只顾着查处本辖区涉及的犯罪分支，殊不知网络时代"牵一发而动全身"，盲目行动可能打草惊蛇，造成整体工作被动。此外，由于缺乏统一组织指挥，还可能出现对同一组织的犯罪性质认定大相径庭等情况。二是数据思维理念不够。例如，四川省Y市公安机关在立案查处"民×××"及"烟××××"网络传销案件时，案件侦查思路仍然停留在依靠讯问查找下线的传统方法上，缺乏调取网站后台数据意识，无法对整个传销组织打深打透，办案效果有限。

四　侦防网络传销犯罪的对策

鉴于网络传销犯罪案件侦办存在上述问题，本报告认为可以针对性地从以下六个方面进行改进。

（一）建立多部门协作的长效防控体系

俗语有言："上医治未病，中医治欲病，下医治已病。"打击网络传销要想取得最佳成效，尤其要重视事前的预测、预防、预警。建立"党委政府统一领导、有关部门各负其责、社会主体共同参与"的防范打击新体系。

一是细化分工、压实责任。2005年颁布的《禁止传销条例》关于各部门职责的规定过于笼统，容易造成都管却都不管的局面。要借该条例修订的契机，将各部门具体职责及法律义务予以细化。市场监管在查处传销违法行为的同时，要和广电等部门协同加强对虚假广告的查处，避免网络传销信息通过电视、广播、短视频、微信公众号等各种媒介扩散；网信部门要加大对网络信息安全的监管，重视对网络服务提供者不作为行为的打击；银保监部门要加大对银行及第三方支付平台的监管，堵塞犯罪分子资金转移通道。最为关键的是，地方党委政府要把各部门打击传销工作成效纳入社会管理综合治理及绩效考评范围，通过从严考核倒逼工作落实。

二是构建打击传销常态机制。可借鉴反电信诈骗中心运行的成功经验，由市场监管、公安、银行、通信运营商等联合组建人员相对稳定的常设机构，与110指挥调度中心联通，机构内人员联合办公，并根据各自职责及时研判处置网络传销警情。

三是全方位加大抵制传销法治宣传。坚持警示宣传与打击整治同步推进。公安机关、市场监管等部门要结合本系统职能特色，充分利用各类媒体，创新宣传模式，组织开展多层次、多角度、多渠道的宣传教育，特别是对重大案件的侦破，以及网络传销欺骗群众、聚敛钱财的手法，要开展形式多样、发人深省的报道，提升人民群众的风险防范意识，引导群众自觉拒绝、抵制和远离网络传销。

（二）全面准确适用法律

全面准确适用法律是侦办网络传销犯罪必须坚守的基本原则，也是有效打击此类犯罪的必要条件。

第一，消除对本罪的法律认识误区。从罪名可以得知，此罪的打击对象是"组织、领导者"。2010年《最高人民检察院公安部关于公安机关管辖的刑事案件立案追诉标准的规定（二）》规定，"涉嫌组织、领导的传销活动人员在三十人以上且层级在三级以上的，对组织者、领导者，应予立案追诉"，并对组织、领导者的具体含义进行了阐述。2013 年底最高人民法院、最高人民检察院、公安部发布《关于办理组织领导传销活动刑事案件适用法律若干问题的意见》，对 2010 年追诉标准规定的内容进一步补充完善："组织内部参与传销活动人员在三十人以上且层级在三级以上的，应当对组织者、领导者追究刑事责任。"结合上述规定，本罪立案打击需同时满足三点：①确系传销活动；②组织规模达到 3 级 30 人；③在组织中起组织者、领导者作用。因此"3 层 30 人"是对传销组织规模的入罪门槛量化，而不是对具体某个犯罪嫌疑人组织、领导作用的印证。

第二，厘清与交叉罪名的界限。司法实践中，网络传销犯罪时常与其他经济犯罪交织，其中最易产生分歧的是与非法吸收公众存款、集资诈骗犯罪的区分。根据最高人民法院《关于审理非法集资刑事案件具体应用法律若干问题的解释》及实践做法，《刑法》中涉及非法集资犯罪的罪名包括非法吸收工作存款罪、集资诈骗罪及组织、领导传销活动罪等共计 7 个。其中非法吸收公众存款罪具有基础性意义，属于非法集资犯罪的一般法规定，组织、领导传销活动罪属特别法规定，集资诈骗罪是非法集资犯罪的加重罪名①。根据这一观点，一方面，对于通过传销方式进行集资的犯罪行为宜以组织、领导传销活动罪追究刑事责任，而对于传销组织底层部分分支机构，如其只是单纯以高利为诱饵向不特定多数人吸纳资金，则应以非法吸收公众存款论处；另一方面，虽然组织、领导传销活动罪有"骗取财物"的表述，但此处的骗取财物主观恶性还达不到集资诈骗罪的"非法占有目的"。在具体甄别案件性质的时候，要结合传销组织是否有正常生产经营活动，经营活动与筹集资金规模是否成比例，行为人是否有肆意挥霍、携带集资款逃匿及将集资款用于违法犯罪活动等情形，综合认定其是否具有"非法占有目的"。对于同时构成组织、领导传销活动罪和集资诈骗罪的，依照处罚较重的规定定罪处罚。

---

① 刘为波：《〈最高人民法院关于审理非法集资刑事案件具体应用法律若干问题的解释〉的理解与适用》，载《人民司法》2011 年第 5 期。

第三，全面查清组织涉嫌所有罪名。对于组织、领导传销活动，并实施故意伤害、非法拘禁、敲诈勒索、妨害公务、聚众扰乱社会秩序、聚众冲击国家机关、聚众扰乱公共场所秩序、交通秩序等行为，构成犯罪的，依照数罪并罚的规定处罚，防止遗漏犯罪事实。此外，对于广告经营者、广告发布者违反国家规定，利用广告为传销组织相关商品或服务作虚假宣传，及明知他人利用信息网络实施犯罪，为其犯罪提供互联网接入、服务器托管、网络存储、通信传输等技术支持，或者提供广告推广、支付结算等帮助不构成共同犯罪的情况，要分别以虚假广告、帮助信息网络犯罪活动等罪名追究刑事责任。

（三）多种措施破解取证难题

加强队伍专业培训，加强区域协作。网络传销犯罪案件取证工作专业性强，涉及大量电子数据且极易毁损灭失。一方面，要加大对经侦民警就犯罪现场保护、简单的计算机及网络证据固定等方面的知识培训，防止一味依赖外聘技术公司、网安等部门。另一方面，要继续发挥云端主战模式在跨区域案件侦办中的作用，加强区域办案协作，建立公检法电子证据传输和共享平台，联通刑事侦查、起诉、庭审环节，使电子证据无缝衔接，随时共享，以提升司法自动化、智能化水平①。

熟练运用电子数据取证规则。2019 年 1 月 2 日，公安部发布《公安机关刑事案件电子数据取证规则》，对扣押、封存原始存储介质，现场提取、网络在线提取电子数据，冻结、调取电子数据，电子数据的检查、侦查实验以及电子数据的委托检验、鉴定等方面内容进行了详尽规定，对于规范公安机关办理刑事案件电子数据取证工作、确保电子数据取证质量、提高电子数据取证效率意义重大。

联合市场监管部门加大对逃避取证人员的处罚。根据《禁止传销条

---

① 陈贤木、虞纯纯：《网络刑事案件远程视频取证初探——以温州市瓯海区人民检察院办理网络传销刑事案件为样本》，载《中国检察官》2018 年第 3 期。

例》第 24 条规定："参加传销的，由工商行政管理部门责令停止违法行为，可以处 2000 元以下的罚款。"参与传销活动本身属违法行为，介绍、诱骗、胁迫他人参加传销的行为除违法以外还可能上升至犯罪程度。对于逃避调查取证的传销参与人员，可联合市场监管部门对其传销违法行为进行处罚，并纳入全国统一的信用信息共享交流平台，督促其主动履行作证义务。

（四）全面推进实名制、完善相关法律规定

要实现网络身份与现实身份的准确对应，关键是要堵塞身份冒用的漏洞，强化互联网及通信号卡的实名制，并完善相关法律规定，加大对破坏实名制行为的惩处力度。

加强互联网服务及通信号卡等实名制管理。国家网信办发布的《互联网用户账号名称管理规定》提到，互联网信息服务提供者应当按照"后台实名、前台自愿"的原则，要求互联网信息服务使用者通过真实身份信息认证后注册账号。互联网企业要不断创新强化实名制认证方式，一方面注重网络账号注册所使用身份信息的真实性，另一方面要确保账号注册成功后的实际使用人和注册人的同一。除互联网服务的实名制外，更重要的是从注册流程源头，即手机号码、银行卡等实名制入手，加强对各类通信卡号的管控，切断恶意注册的上游源头，杜绝各类非实名"黑卡"的泛滥。

完善相关法律规定。根据现有法律法规，关于网络及电信安全保护的规定主要集中在信息安全方面的保护，而对于实名制的规制力度还不够，《互联网用户账号名称管理规定》也仅规定了互联网信息服务提供者应当要求使用者实名制注册账号，互联网信息服务使用者应当保证信息的真实性，但一方面该规定作为部门规范性文件本身效力有限，另一方面该规定没有对不履行实名制义务的行为作何处罚。古希腊索福克勒斯有言："如果法律没有恐惧支撑，它决不能生效。"建议制定效力层级更高的法律规范，分别明确规定互联网平台、电信运营商及相关账号注册人员的义务及惩戒措施。

（五）加强统一指挥，减少管辖异议

互联网使得传销犯罪突破了地域，这就要求公安机关在侦办此类犯罪时要打破地域屏障，加强信息交流，建立全国范围的传销犯罪案件侦办平台，对于跨地域的传销犯罪案件侦办，严格按照《国务院关于进一步做好防范和处置非法集资工作的意见》以及《关于公安机关办理经济犯罪案件的若干规定》确定的工作原则办理，统一指挥协调、统一办案要求、统一资产处置、分别侦查诉讼、分别落实维稳工作。各地在案件立案之前要通过侦办平台报共同的上级公安机关备案，对于多个公安机关都有权立案侦查的，共同的上级机关要按照最高人民法院、最高人民检察院、公安部《关于办理非法集资刑事案件若干问题的意见》，一般由主要犯罪地公安机关作为案件主办者，对主要犯罪嫌疑人立案侦查和移送审查起诉，其他犯罪地公安机关作为案件分办者根据案件具体情况，对本地区犯罪嫌疑人立案侦查。同时平台提供全部传销犯罪案件简要目录可供查询，输入传销项目名称等关键字可查询得知相关网络传销组织是否已被异地公安机关立案侦办，避免重复办案，造成警务资源浪费。

（六）树立大数据思维和情报导侦理念

思维理念引领行为模式，对于案件侦办来说，侦查人员尤其是办案部门负责人的思维理念对案件侦办工作成败的影响尤为明显。面对大数据时代，一切经济活动都可以通过经济数据来记录描述，公安机关可获取海量数据，然而由于数据自身存在价值密度低、真伪难以确定等一系列特征，网络传销犯罪案件侦查往往需要侦查员从海量数据筛选关键信息，传统侦查模式的被动反应、个案打击、划域为战等已经无法有效应对大数据时代经济犯罪的急剧变化，严重影响打击成效，要把大数据作为公安工作创新发展的大引擎、培育战斗力生成的新增长点，全力打造一个适应大数据时代特征和信息化条件，具有全新思维理念、全新手段能力的全新警种。同时，又要避免数据万能倾向，不能忽视对传统侦查手段的应用。

五 结语

当前和今后一个时期，网络传销犯罪形势十分严峻，扰乱经济金融秩序的同时严重破坏社会和谐稳定，打击网络传销犯罪刻不容缓，需要全社会共同努力，构建党委领导、政府负责、社会协同、公众参与、法治保障的社会治理格局。同时要采取多种措施破解取证难题，全面、准确适用法律，加强统一指挥，减少管辖异议。坚定不移地走"信息化建设、数据化实战"道路，着力推动工作理念、警务机制、侦查模式的转型升级。

B.20
网络购物合同纠纷审理的实践与思考

—— 以广州互联网法院为例

田 绘 麦应华*

摘 要： 广州互联网法院根据成立以来受理网络购物合同纠纷案件的基本情况，针对社交平台功能拓展带来的法律适用问题、消费者电子取证存证意识薄弱、司法裁判尺度不统一、诚信缺失导致规则滥用等突出问题，以全流程在线新型审理机制建构为基础，确立了在平等保护网络交易各方市场主体的前提下，突出保护消费者合法权益及尊重平台治理规则的审判原则和思路。同时，注重对职业打假行为认定与规制、"炒信""刷单"等虚假交易纠纷定性、"七天无理由退货"规则适用与限制等方面进行司法规则提炼，并对抖音、微信小程序销售行为的平台责任承担、"大数据杀熟"行为的性质认定等网络购物合同纠纷中的司法前沿问题提出了裁判导向意见。

关键词： 职业打假 "刷单" "炒信" "大数据杀熟" "七天无理由退货"

2018年7月6日，习近平总书记主持召开中央全面深化改革委员会第三次会议，审议通过了《关于增设北京互联网法院、广州互联网法院的方

---

* 田绘，广州互联网法院党组成员、副院长；麦应华，广州互联网法院综合审判一庭法官助理。

案》。2018 年 9 月 28 日，广州互联网法院正式挂牌成立。广州互联网法院的设立，是司法主动适应互联网发展大趋势的一项重要举措。

2018 年 9 月 6 日，最高人民法院公布《关于互联网法院审理案件若干问题的规定》，将"通过电子商务平台签订或者履行网络购物合同而产生的纠纷"纳入互联网法院受理的第一审案件范围。2018 年 9 月 25 日，广东省高级人民法院公布了《关于广州互联网法院案件管辖的规定》，根据该规定，广州互联网法院集中管辖广州市辖区内应当由基层人民法院受理的通过电子商务平台签订或者履行网络购物合同而产生纠纷的第一审案件。

截至 2018 年 12 月，中国网络购物用户规模达 6.10 亿，年增长率为 14.4%，网民使用率为 73.6%[1]。据最高人民法院司法大数据分析反映[2]，2015 年以来，全国网络购物合同纠纷呈逐年上升趋势[3]。广东是全国经济大省，亦是改革开放的前沿阵地，近年来，随着粤港澳大湾区互联网经济的蓬勃发展，广东的互联网普及率日益增高，广东的网络购物合同纠纷数量居全国之首[4]。广州是广东省的省会，亦是粤港澳大湾区"九市"之一，网络购物合同纠纷占全省近一成。

一 网络购物合同纠纷的基本情况

2018 年 9 月 28 日至 2019 年 7 月 31 日，广州互联网法院共受理一审网络购物合同纠纷 484 件，总标的额 6598576.61 元。审结 305 件，其中调解、撤诉 229 件，占比 75%；判决 72 件，占比 24%；裁定驳回起诉 4 件，占比 1%。从审判数据来看，案件呈现以下特点。

---

[1] 中国互联网络信息中心（CNNIC）发布第 43 次《中国互联网络发展状况统计报告》，2019 年 2 月。
[2] 2011 年 2 月 18 日，最高人民法院发布《关于修改〈民事案件案由规定〉的决定》，在第三级案由"买卖合同纠纷"项下增加"网络购物合同纠纷"。自此，网络购物合同纠纷开始作为一项独立的民事案件案由存在。
[3] 中国司法大数据研究院 2018 年 6 月 26 日发布《司法大数据专题报告之网络购物合同纠纷》。
[4] 《民主与法制时报》2018 年 4 月 3 日报道，记者赵春艳。

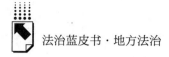
（一）案件上升趋势明显

2018 年 10 月至 2019 年 7 月，广州互联网法院月均新收网络购物合同纠纷 48 件，月均涨幅 9.71%（见图 1）。

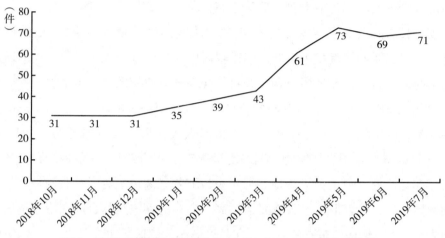

图 1　广州互联网法院 2018 年 10 月~2019 年 7 月收案趋势

（二）九成以上案件标的额在50000元以下，逾七成适用小额诉讼程序审理

484 件网络购物合同纠纷中，标的额在 0~9999 元的有 337 件，占比 69.63%；10000~49999 元的有 122 件，占比 25.21%；50000~99999 元的有 14 件，占比 2.89%；100000 元以上的有 11 件，占比 2.27%。

因网络购物合同纠纷案件标的额普遍较低，故以简易程序审理为主（446 件，占比 92.14%），其中适用小额诉讼程序审理 363 件，占全部网络购物合同纠纷的 75%（见图 2）。

（三）标的类型多样化特征明显，涉食品、日用品案件占比最高，虚拟商品等新类型案件显现

从纠纷所涉商品类型来看，主要为食品、各类日用品、电子产品等日常

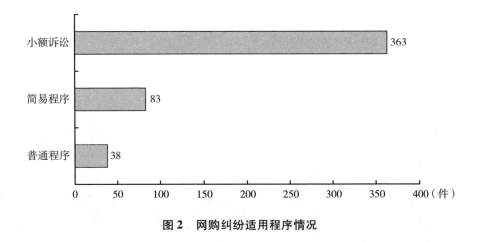

图 2 网购纠纷适用程序情况

消费品。其中，涉日用品 206 件，占比 42.56%；涉食品 157 件，占比 32.44%；涉电子产品 63 件，占比 13.02%。值得注意的是，在受理的 484 件网络购物合同纠纷中，涉虚拟商品的案件有 11 件，占比 2.27%。

（四）网络购物合同纠纷被诉方遍布全国各地，被诉平台企业集中在互联网产业发达的广东、浙江、北京、上海等地

从被告地域分布情况来看，几乎涵盖全国各地，广东、浙江和上海位列前三。此外，被诉电子商务平台企业主要是阿里巴巴（淘宝、天猫合计 221 件）、京东（93 件）、拼多多（47 件）、唯品会（30 件）等大型电子商务平台经营者（见图 3）。

（五）"以欺诈为由退一赔三"及"以不符合食品安全标准为由退一赔十"仍是主要诉求

484 件网络购物合同纠纷中，以欺诈为由主张退一赔三的有 242 件，占比 50.00%；以不符合食品安全标准为由主张退一赔十的有 125 件，占比 25.83%（见图 4）。其中，虚假宣传案件 167 件、物流纠纷 60 件、产品标签 107 件（包括标签瑕疵、三无产品等）。进口商品类网络购物合同纠纷集中在未添加中文标识、非法食品添加等问题，共 28 件。

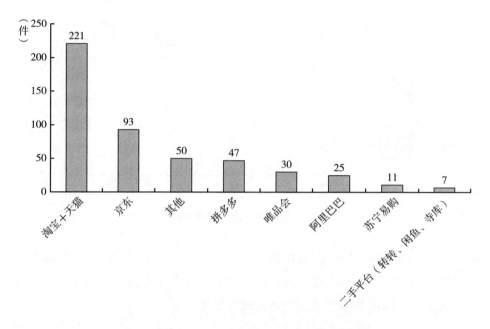

图3　网购纠纷被诉电子商务平台数量分布情况

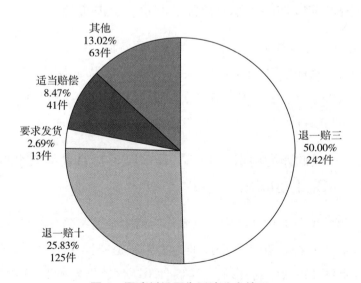

图4　网购纠纷原告诉请分布情况

（六）支持或部分支持惩罚性赔偿与全部驳回的比例基本持平

判决的网络购物合同纠纷有 72 件，其中：原告起诉主张退一赔三的共
31 件，判决驳回全部诉讼请求的 17 件，支持三倍赔偿的有 11 件（见图 5）；
原告起诉主张退一赔十的 14 件，判决驳回全部诉讼请求的 6 件，支持退一
赔三的 2 件，其他为部分支持（见图 6）。

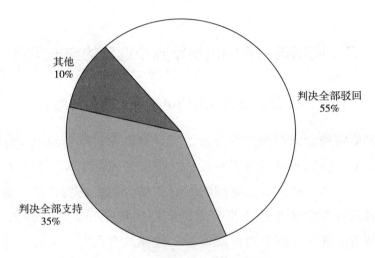

图 5 "退一赔三"法院判决情况

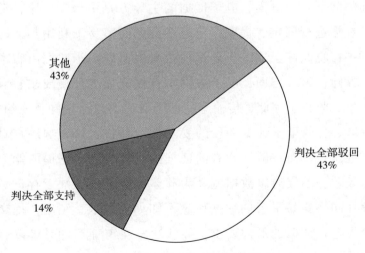

图 6 "退一赔十"法院判决情况

支持或部分支持惩罚性赔偿的理由主要如下：①被告的行为确实构成欺诈；②被告无法证明原告不是为了生活需要而购买商品，即无法证明原告不是消费者。不支持惩罚性赔偿的理由主要如下：①原告知假买假，主观上并没有陷入错误的认识，也没有因此作出错误的意思表示，被告不构成欺诈；②知假买假不影响维权的只限于食品药品领域，其他的商品不适用。

二 网络购物合同纠纷审判中遇到的突出问题

（一）取证存证意识薄弱带来的电子证据采信问题

在网络购物合同纠纷中，普通消费者与商家、平台对电子证据的主导能力、取证能力明显具有不对称性，消费者对商家和平台证据的依赖性较强。在广州互联网法院审理的网络购物合同纠纷案件中，逾九成案件消费者的证据完全来源于平台上的商品展示及交易信息截图。另外，普通消费者的存证时间节点严重滞后，往往是在纠纷产生之后才意识到要存证，存证意识薄弱，对证据的提取具有滞后性和被动性。这就带来两个方面的问题：一方面，电子证据的主导方是平台和商家，消费者怠于对电子数据进行固定、提取，使得平台和商家易于利用存证时间差对电子数据进行篡改甚至删除，导致消费者提取的电子数据内容本身的原始性难以保障；另一方面，电子数据对存储介质的环境要求较高。电子证据的产生、收集、存储、传输等过程所依赖的硬件软件环境的安全性，固定、提取、保管电子证据手段的妥当性，都将直接影响法官对电子证据的真实性认定。而一般消费者的证据固定能力、证据提取能力及诉讼参与能力较差，不仅对以数据电文为载体的交易信息缺乏存证意识，而且对保存在网络交易平台的数据信息不知如何提取、利用，提交的证据材料又多不符合证据的形式要求，导致法官在审理案件时难以有效地查明案件事实。

（二）社交平台功能拓展带来的法律适用问题

随着互联网产业日新月异的发展，新型互联网模式层出不穷，网络购物不再局限于传统的淘宝、天猫、唯品会等网络购物平台，社交平台也开始利用其聚集的商业资源将经营范围延伸至网络购物。北京、广东作为互联网产业发达、被诉平台企业集中地区，其区域内的部分互联网社交平台企业也率先转型，开始将经营范围延伸至销售领域。比较典型的如北京字节跳动科技有限公司推出的抖音短视频平台、深圳市腾讯计算机系统有限公司推出的微信平台，均由传统意义的社交平台逐渐转变为包括网络销售功能的混合型平台。由于监管难度较大，消费者在抖音等短视频平台买到"三无"产品的情况层出不穷。该种销售模式中平台对销售者的控制程度、平台与销售者的利益分成模式均不同于传统的网络购物平台销售模式，相关销售监管及售后服务均不完善，发生纠纷时，消费者甚至找不到退货途径，引发大量维权诉讼。微信小程序在为商家尤其是自然人个体销售者带来新一轮销售便利的同时，其销售模式本身也因监管问题成为网络购物合同纠纷滋生的土壤。新型互联网模式使网络购物纠纷趋向复杂，其中涉及平台责任等法律适用问题成为审理的一大难点。

（三）裁判尺度不统一带来的类案司法引导力问题

1. 产品瑕疵与产品质量问题的认定标准不统一

从广州互联网法院受理的网络购物合同纠纷涉案商品类型分布可以看出，虽然食品、日用品仍是主要的商品类型，但电子产品、虚拟产品等商品占比也达到15.29%。网络购物合同纠纷涉及的商品类型逐渐呈现广泛化、多样化趋势，该类案件对法官知识面的要求也比较高，要求法官在判案时，应对涉案产品执行产品标准、产品质量要求、相关法律法规有一定了解。在这类案件中，法官对于产品瑕疵与质量问题区分的认定、行政违规行为与欺诈之间关系的认定往往难以把握，自由裁量尺度较大，造成裁判标准难以统一。

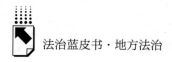

2. 惩罚性赔偿的适用标准不统一

从广州互联网法院网络购物合同纠纷案件的裁判理由可以看出，对购买者身份、欺诈构成的认定是惩罚性赔偿适用的关键。纵观全国法院的裁判案例，不同法院对购买者身份、欺诈构成的认定存在较大差别，影响了惩罚性赔偿适用的司法稳定性。部分法院对类案甚至对同一款产品是否构成侵权、是否适用惩罚性赔偿的认定大相径庭，出现消费者对同一款商品在不同法院起诉，部分法院判决认定无质量问题商家无过错、部分法院判决认定产品存在瑕疵、部分法院则判决认定存在欺诈的怪象。

3. 用户协议中的部分格式条款合法性认定存在争议

多数网络购物平台包括唯品会、天猫商城、淘宝等作为平台的经营者、管理者，一般要求在该平台实施法律行为的主体注册成为用户，并同意与平台签订用户协议。实践中，用户协议一般是由平台提供的格式合同，条款涵盖注册及解除会员关系的途径、在平台内的行为准则、与平台之间、平台内其他用户之间的权利义务关系、个人信息保护、争议解决途径等细则。用户协议作为平台治理的重要规则，对平台内经营者、消费者权利义务具有重大影响，各地法院对用户协议中的部分格式条款的合法性认定不一致，也成为网络购物合同纠纷裁判尺度不统一的一个重要因素。

（四）社会诚信缺失带来网络购物规则的滥用问题

1. 职业打假泛滥以及"职业打假人"身份难以查明

随着《消费者权益保护法》《食品安全法》等法律法规的出台实施，部分有心人士盯上惩罚性赔偿的高额"利润"，成为以专门购买涉违规产品并以此诉讼获利的"职业打假人"。在广州互联网法院审理的网络购物合同纠纷案件中，近九成的被告以购买者是"职业打假人"为由要求排除惩罚性赔偿适用，但仅有一两成的案件判决认定购买者是"职业打假人"。由于被告一般无法举证证明购买者身份，仅从购买数量、投诉手段方面主张其非善意购买，在无充分证据显示的情况下，法官往往难以对购买者的身份进行定性。在司法实践中，是否认可"职业打假人"的消费者身份，如何认定

"职业打假人",如何判定"职业打假人"作为普通消费者与牟利性"打假人"之间的身份转换,成为审理的一大难点。

2. "炒信""刷单"等网络虚假交易纠纷泛滥

网络购物由于其虚拟性、远程性特点,商家交易数量及交易评价信息成为影响消费者选择权的重要因素。为获得更多的消费者,大量商家通过雇用"水军"进行"炒信""刷单",以获得虚假交易成交量及虚假"好评",提升店铺的市场影响力。对"炒信""刷单"等虚假交易行为的定性,虚假交易商家对消费者、平台是否构成侵权的定性,以及虚假交易的买卖双方之间发生争议时,"刷单者"要求卖方返还已付钱款及支付酬劳的纠纷的合法性认定,都成为司法审理的难点问题。

3. 滥用"七天无理由退货"规则的纠纷频发

《消费者权益保护法》确立了"七天无理由退货"规则,该规则作为网络购物方式下消费者行使"后悔权"的依据,本是针对网络购物虚拟性特点对消费者退货权的制度性保障,但在司法实践中,该规则却有被滥用的趋势。例如,网上引起热议的"试穿"18件衣服旅行拍照后退货事件,引发了公众对"七天无理由退货"规则的思考。一起消费者因退货率畸高被网络购物平台冻结账号而提起诉讼的案件,也是"七天无理由退货"规则被滥用的典型案件①。诚信缺失引发商家及消费者滥用网络购物规则,给法官查明真实的交易目的带来难题。

三　审理网络购物合同纠纷的举措和成效

(一)确立网络购物案件审理原则和思路,重点保障消费者合法权益

第一,确立对网络交易市场各主体提供平等保护原则,实现线上线下审

---

① 见广州互联网法院(2019)粤0192民初939号民事判决书。

理规则的衔接。平等原则是民法的一项基本原则，也是核心原则。在网络购物合同纠纷中，生产者、销售者、电子商务平台经营者、消费者作为社会主义市场经济的主体，具有平等地位，自然应受平等保护。与传统的线下交易模式相比，网络购物合同纠纷虽有其线上特殊性，但究其实质，仍是买卖合同纠纷的一种，传统买卖合同纠纷中各主体的权利义务关系、案件审理规则一样适用于网络购物合同纠纷。同时也应看到，与传统的买卖合同纠纷相比，网络购物合同纠纷因其虚拟性、不在场性、跨地域性、账户交易性、信息不对称性等属性，亦产生了一些特殊问题。对网络交易市场各主体提供平等保护，需要在明确电子商务平台经营者的经营模式、对平台内经营者的控制管理能力、对消费者的披露义务及安全保障义务的基础上，确立电子商务平台经营者、平台内经营者、消费者之间的权利义务关系。

第二，突出消费者权益保护，逐步限制网络购物领域的职业打假行为。由于网络购物的虚拟性、远程性、线上交易性，消费者对商品实物情况、交易相对方等信息的掌握较传统线下购物方式大为弱化，更由于对电子证据存证的被动性以及固证、取证能力的薄弱，消费者在网络购物环境中处于绝对的弱势地位。因此，消费者权益保护及电子商务相关法律法规均将消费者的权益保护放在重要地位，在法律制度的设计方面，将网络购物过程中可能产生的风险从各个层次、环节设定了较为完备的保障规则。在司法实践中，应在理解立法目的的基础上，严格贯彻对消费者权益保护法律法规的适用，突出对消费者合法权益的保护，保障消费者对所购商品在一定期限内的无理由退货权、对商品信息及交易相对方的知情权等合法权益。同时，在审理中应通过对购买者身份、购买目的的审查，对不符合民法中欺诈构成要件的知假买假行为予以排除适用惩罚性赔偿，逐步限制职业打假行为。

第三，对合同相关条款的效力认定，着重考量电子商务平台自治规则在网络空间治理的积极作用。网络购物合同中，电子商务平台经营者作为网络购物经营场所、交易撮合、信息发布等服务的提供者，基于其对平台内用户的管理权力和能力，事实上成为其所架构的整个网络平台空间秩序的主导者和管理者。平台经营者通过与平台内所有用户签订用户协议的方式，向用户输出其治理规则。用户协议作为平台内所有用户均须签订的同一合同，其效力不仅及于平台与用户之间，也及于平台内进行交易的用户之间，成为解决平台内各主体争议的普适规则。当前，电子商务市场的规模正在不断扩大，虽然《电子商务法》已出台，但立法的滞后性难以避免，而各大电商平台通过与用户签订协议的方式制定自治规则，使之成为有效的、低成本的非法律替代措施。因此，在司法实践中，应充分尊重平台的自治权，对平台根据其自治规则对平台内用户作出的不违反法律法规的管理性措施，依法应予以支持。

第四，积极培育"精品庭审、精品文书、精品案例"，适时输出规则指引。现代信息科技方兴未艾，互联网新模式新业态蓬勃发展。新型网络购物模式的产生与网络购物纠纷原有法律桎梏交织，使网络购物合同纠纷主体间的权利义务关系向复杂化、多样化延伸，迫切需要裁判者准确理解立法原意，以个案不断累积裁判规则，点滴渐进地厘清法律条文灰色的模糊地带、空白的真空地带，从而使得法律规范的体系能在现实中不断保持融通自恰和生命力。对此，根据新情况新问题，广州互联网法院通过培育"精品庭审、精品文书、精品案例"积极探索构建司法裁判规则，充分发挥裁判规则对网络购物电子商务活动的规范和引导作用，激发和保护创新，为新产业、新业态、新模式持续健康发展营造更好的法治环境、提供更有力的法治保障。

（二）构建全网络化新型审理机制，多维度保障当事人合法权益

创建"网通法链智慧信用生态系统"的可信电子证据平台，解决取证和存证难题。为实现"诉源治理"，实现矛盾纠纷多元化解，广州互联网法院构建了由司法区块链、可信电子证据平台及司法信用共治平台共同组成的"网通法链智慧信用生态系统"。其中，可信电子证据平台通过对接各大互联网企业平台，实现涉讼电子数据的按需"一键调取"，从而解决当事人举证难问题。网络购物合同纠纷中，当事人在本院智慧审理平台起诉或应诉时，通过输入交易时电子商务平台生成的"证据编码"，系统即可自动从该电子商务平台调取证据。目前，可信电子证据平台共存证超过1200万条，

电子合同存证超过 500 万条①。

构建从立案到判决的全流程在线审判模式，提高审判效率。2018 年 10 月 25 日，广州互联网法院公开开庭审理原告郑某与被告浙江某公司网络购物合同纠纷案，该案实现从立案、送达、举证质证、庭审全诉讼流程线上完成。与传统法院不同，该案判决书是法官及法官助理在线依托文书智能生成平台的案件要素自动抓取功能，在线完成撰写。审核完毕后，法官线上点击签发，平台随案生成电子签章，并自动送达当事人。2018 年 11 月 2 日，审判员仅用 15 分钟便顺利调解了一起网络购物合同纠纷。该案原告位于广州，被告位于江苏苏州，被告在线收到诉讼材料后，主动通过线上诉讼服务平台提出调解需求，双方在线上异地异时交叉提出各自调解意见，最终，该案在审判员的有效引导下，实现原被告双方在线调解，调解由智能语音系统全程实时、准确记录，原被告在线点击确认笔录后，调解协议即生效。

首创新一代智慧司法便民设施"E 法庭"，方便集中办理诉讼事务。2019 年 5 月 28 日，广州互联网法院正式推出"E 法庭"，将自助诉讼服务终端带到了人民群众的家门口，切实打通了为民服务"最后一公里"。"E 法庭"集自助存证、自助立案、自助查询、文书打印、送达、在线调解、智慧庭审等功能于一体，基于 5G 网络，"E 法庭"可确保超高清音视频传输。同时，通过智能语音识别技术，实现"视频＋音频＋文字"多种媒体、实时同步智能记录，让人民群众在家门口即可享受高效便捷的在线诉讼服务。

四　网络购物合同纠纷司法裁判规则提炼

（一）对职业打假的认定与规制

本报告认为，对职业打假行为的定性及规制应严格根据法律进行。目前，对"职业打假人"是否具有消费者身份，应作出如下区分。

①　广州互联网法院可信电子证据平台 2019 年 8 月 23 日统计数据。

在食品药品领域暂不对职业打假排除适用惩罚性赔偿。根据《食品安全法》第148条规定，消费者可要求惩罚性赔偿的适用条件是生产者"生产不符合食品安全标准的食品"或者经营者"经营明知是不符合食品安全标准的食品"。从该条文文义出发，并未对"职业打假人"排除适用惩罚性条款①。再者，《最高人民法院〈关于审理食品药品纠纷案件适用法律若干问题的规定〉》第三条明确规定，因食品、药品质量问题产生的纠纷，购买者可要求惩罚性赔偿，生产者、销售者不因购买者知假买假而免责。因此，食品、药品领域暂不对"职业打假人"排除适用消费者身份。同时，需要特别提到的是，惩罚性赔偿适用于违约之诉和侵权之诉，惩罚性赔偿的适用不以造成人身损害为前提②。

在普通消费品领域对职业打假排除适用惩罚性赔偿，但不包括"职业打假人"作为普通消费者情形。根据《消费者权益保护法》第55条之规定，惩罚性赔偿的适用前提是经营者的欺诈行为，又结合《最高人民法院关于贯彻执行〈中华人民共和国民法通则〉若干问题的意见（试行）》第28条之规定可知，《消费者权益保护法》第55条惩罚性赔偿条款需以经营者故意告知虚假情况或故意隐瞒真实情况，使购买者作出错误的意思表示为前提③。显然，知假买假的"职业打假人"不符合欺诈的主观要件及因果关系构成，应当对其排除适用该条文。当然，"职业打假人"亦有生活消费需求，当"职业打假人"为其生活消费而购买商品时，应当对其消费者身份予以肯定，对其合法权益应当予以一般消费者同等保障。同时，在个案中对职业打假身份的定性不可当然推及适用该购买者的其他案件当中，而应针对个案案情具体分析适用。

关于"职业打假人"的身份认定标准。根据《消费者权益保护法》第二条规定，受《消费者权益保护法》保护的"消费者"范畴为：为生活消费需要购

---

① 马强：《消费者权益保护法惩罚性赔偿条款适用中引发问题之探讨——以修订后的我国〈消费者权益保护法〉实施一年来之判决为中心》，《政治与法律》2016年第3期。

② 《最高人民法院司法观点集成》（第三版，民事卷二），人民法院出版社，第872页。

③ 李剑：《论知假买假的逻辑基础、价值理念与制度建构》，《当代法学》2016年第6期。

买、使用商品的主体，因此，对"职业打假人"的身份认定，可从以下两个标准进行判断：一是具有超出合理范畴的买卖合同纠纷案件诉讼记录；二是其他明显不符合"为生活消费而购买"的情形。特别需要指出的是，不能仅依第一个标准就作出职业打假认定，因为"职业打假人"亦存在为生活需要购买商品的情形，因此，应当对上述两个判断标准结合看待，并根据具体案件情形作出判断。对于第一个标准，法院可以通过中国裁判文书网、法院审判系统查询相关主体涉案情况，也可以在庭审中询问相关情况。对于第二个标准，应当结合案件事实情况分析。在庭审中应注意对双方当事人就案件事实分别进行询问，了解购买者的购买目的、购买数量、对商品使用情况及与经营者的磋商经过，并结合购买者的申请退货、投诉时间节点，采取的诸如拍摄视频、录音、鉴定、公证等取证行为以及诉前、诉中具体行为综合判断。

（二）对"炒信""刷单"等网络虚假交易纠纷的定性

在实践中，网络购物电子商务平台通常会根据平台内经营者的销售量、好评度、价格高低等综合因素决定搜索结果的展示顺序，在搜索结果展示中位于前列的经营者较之后的经营者有更高的关注度及被选择交易概率。在竞争与利益的驱动下，部分经营者通过与第三方"炒信人"进行虚假交易的方式"刷销量""刷好评"，以获得更靠前的展示序列。本报告认为，对"炒信""刷单"等网络虚假交易行为应作如下定性。

首先，构成欺诈侵犯了消费者的知情权。根据《电子商务法》第17条规定，"炒信""刷单"行为属于以虚构交易、编造用户评价等方式进行虚假或者引人误解的商业宣传行为，侵犯了消费者的知情权。如经营者的交易成交量及店铺评价构成消费者选择商品的决定性因素，消费者基于上述信赖而购买到假冒伪劣商品，则经营者构成欺诈，消费者可以根据《消费者权益保护法》主张惩罚性赔偿[①]。

---

① 电子商务法起草组：《中华人民共和国电子商务法条文研析与适用指引》，中国法制出版社，2018，第75页。

其次，对网络交易同业竞争者构成不正当竞争。"炒信""刷单"行为违反了《反不正当竞争法》第九条的规定，构成虚假宣传，损害了网络交易同业竞争者的商业利益，构成不正当竞争①。

再次，违反了与电子商务平台经营者的服务协议，构成违约。电子商务平台经营者一般通过与用户签订服务协议的方式，禁止平台内经营者虚假交易，故"炒信""刷单"行为违反了服务协议约定，构成违约，平台有权依据服务协议要求用户承担违约责任。同时，平台对平台内经营者具有管理责任，如果平台对平台内经营者的"炒信""刷单"行为未尽到必要注意义务，使消费者或同业竞争经营者的合法权益受到侵害，则平台应承担相应法律责任。

最后，"炒信人"与经营者的"网络购物合同"无效。至于"炒信人"与经营者因返还钱款及支付酬劳而产生的名义上的网络购物合同纠纷，对于表面的买卖行为因无真实的交易意愿，缺乏意思表示一致，应属无效；对于隐藏行为，即虚构交易、编造用户评价等虚假宣传欺骗、误导消费者行为，因违反《电子商务法》第 17 条之规定，及违背公序良俗亦应属于无效。

（三）对"七天无理由退货"规则的适用与限制

关于"七天无理由退货"规则的适用，《消费者权益保护法》第 24 条、25 条规定了"七天无理由退货"规则的适用条件和范围。在司法实践中，有以下两个问题值得探讨。①网络二手市场的个人出售行为是否是经营者行为，应否承担"七天无理由退货"的法定责任。本报告认为，网络二手市场的个人出售行为应当认定为经营者行为。《消费者权益保护法》第 3 条中所指的经营者是指以营利为目的通过市场为消费者提供消费资料和消费服务的人，并不以办理工商营业登记为必要条件，只要交易相对方是为生活消费需要购买、使用商品，即应受到该制度的保障。②《消费者权益保护法》

①　杨立新：《网络交易民法规制》，法律出版社，2018，第 190 页。

第25条兜底条款的适用条件问题。本报告认为，"其他根据商品性质并经消费者在购买时确认不宜退货的商品"的适用必须同时具备两个要件：其一，所购买的商品在性质上属于不宜退货的商品；其二，消费者在购买时已经确认所购买的商品不宜退货。

关于"七天无理由退货"规则的限制。《消费者权益保护法》虽将"七天无理由退货"确立为网络购物方式下消费者行使"后悔权"的依据，但其并未赋予消费者滥用退货规则的权利，因此，应当充分尊重电子商务平台依据服务协议对滥用"七天无理由退货"规则的消费者采取的限制性措施。"七天无理由退货"规则的出发点是诚实信用原则。对于滥用退货规则，法律法规并未禁止电子商务平台通过制定平台规则的方式予以制止。从诚实信用原则的角度来说，应允许平台在保障消费者退货权的同时，根据自治规则对用户进行管理，对经判定为具有恶意退货、畸高退货率情形等可列为"诚信评价体系黑名单"的消费者采取限制性措施，也有利于实现消费者与电子商务平台之间的利益平衡。

五 对两类新型网络购物合同的裁判导向思考

（一）社交平台内进行销售的责任承担与认定

在抖音、微信小程序等社交平台中发生的销售行为，如导致消费者合法权益受损，经营者作为买卖合同的一方主体，其对商品的责任承担与传统网络购物平台的经营者无异，在此模式下需要探讨的是电子商务平台经营者的责任承担问题。

1. 关于抖音等短视频平台中的销售行为，平台的责任承担问题

明星、网红等在抖音等短视频平台上卖货，如发生侵犯消费者权益的行为，平台的责任承担应区别以下两种情况。①购买行为非发生在社交平台。在该情形下，主播在社交平台上推荐购买某商品，并提供位于第三方平台的购买链接，用户点击链接后，页面自动跳转至淘宝、天猫等第三方网络购物

平台或主播自建平台，用户直接在第三方平台下单购买商品。此时，平台对商品的购买只是起到广告商的作用，应根据平台的管理能力及管理责任判断其是否对平台内的虚假广告尽到了合理审慎的注意义务。如平台采取了诸如在用户协议中约定禁止虚假宣传，对平台内虚假宣传进行技术过滤监管，设置方便快捷的投诉渠道等必要措施，就应当认为平台可以免责。②购买行为发生在社交平台。对于在直播中推荐的商品，社交平台上直接设置了购买窗口，消费者可以直接在平台上进行购买的情况，此时该社交平台起到了购物平台的功能，其责任承担应当根据其经营模式进行分析。如果平台直接参与到销售活动当中，对直播商品的销售按销量进行了一定比例的利益分成，则平台与经营者应承担连带责任；如果平台仅提供经营场所，独立于买卖双方而存在，则此时平台与传统网络购物平台无异，责任承担可类比于传统网络购物平台①。

2. 关于微信小程序中的销售行为，微信平台的责任承担问题

在对责任进行探讨前，需要明确该模式的运营架构。微信小程序是在微信平台上接入的向第三方主体开放的空间，第三方主体可以通过微信小程序实现类似手机 App 应用功能的开发，不用下载软件即可使用应用的功能。究其运营实质，微信小程序功能类似于在微信中接入了独立的第三方网站链接，用户点击微信小程序可以实现对第三方网站的跳转，微信平台对第三方网站只起到跳转至首页链接的功能，对第三方网站的具体内容不具有精确定位功能，亦不具有控制能力。因此，对于在微信小程序中进行的销售行为，微信平台因不具有控制及监管能力，一般不需对销售行为承担责任。当然，微信平台仍应尽到对小程序经营者的资质审核义务及对消费者的披露义务，并且对于专门经营假货高仿、色情低俗等明显侵权商品销售的小程序，经平台监测或消费者投诉后，如未采取必要措施，则可能与经营者承担连带侵权责任。

（二）"大数据杀熟"行为的性质认定及裁判尺度

在大数据时代，部分商家利用已掌握的消费者以往消费、浏览记录等大

---

① 杨立新：《网络交易民法规制》，法律出版社，2018，第 280 页。

数据信息，分析并计算出用户的个性化偏好并进行区分定价，精准向老客户定向展示符合其喜好的产品并定价较新客户高。这种利用大数据"杀熟"的销售行为，似乎逐渐成为部分电商行业的新业态。对该行为的性质应如何认定，是否构成《消费者权益保护法》中关于欺诈的认定，是否适用惩罚性赔偿等问题随之凸显，值得探讨。

商家通过已掌握的消费者消费、浏览记录等大数据信息，精准向老客户定向展示符合其喜好的产品本身并无多大问题，精准推送实质上带来消费者的购买便利，也提升了商家的销售成交效率。但对推送商品进行区别定价，经大数据计算分析对商品具有较高需求偏好的"熟人"客户制定较高价格的区别定价方式，显然违反了诚实信用原则，侵犯了消费者的知情权和公平交易权利。根据《消费者权益保护法》第4条、第8条之规定，经营者与消费者进行交易，应当遵循公平与诚实信用的原则，消费者享有知悉其购买商品包括价格信息在内的真实情况的权利。商家的"大数据杀熟"行为，侵犯了消费者对商品价格的知情权，并利用其对信息资源的优势地位以及对价格的绝对主导地位，实质上限制了消费者对商品的自主选择权，使消费者在交易中处于不平等的地位，违反了诚实信用和公平交易原则。本报告认为，"大数据杀熟"行为是一种侵权行为，至于是否构成价格欺诈，则需要严格根据民法对欺诈的认定，结合具体案件事实进行分析。

B.21

青岛地区新业态用工纠纷调研报告
（2016～2018）

龙 骞*

摘　要： 互联网经济时代，以互联网为平台的各类经济新业态迅速发展，劳资关系呈现深刻变化，劳动争议审判实践面临诸多新问题。青岛中院以外卖、网约车、快递三种新业态行业案件为切入点，以2016～2018年青岛地区受理案件为样本深入调研。由此，对青岛地区新业态用工纠纷的主要类型、特点、审理情况及主要问题进行分析，结合当前审判实践中的主要做法，研讨新业态用工纠纷的发展趋势，并探索处理新业态用工纠纷的建议和对策。

关键词： 新业态用工纠纷　劳动争议　外卖　网约车　快递

一　前言

近年来，中国的互联网经济迅猛发展。根据2018年7月中国互联网络信息中心第42次发布的《中国互联网络发展状况统计报告》①，截至2018年6月，全国网民规模为8.02亿，互联网普及率为57.7%。网络购物用户

---

* 龙骞，山东省青岛市中级人民法院民一庭四级高级法官。

① 中国互联网络信息中心：第42次《中国互联网络发展状况统计报告》，http://www.cnnic.net.cn/hlwfzyj/hlwxzbg/hlwtjbg/201808/t20180820_ 70488.htm，2018.8.20。

规模 5.69 亿，占网民总体比例的 71.0%。网上外卖用户规模达到 3.64 亿，网络支付用户规模达到 5.69 亿。网约出租车用户规模达到 3.46 亿，网约专车或快车用户规模达到 2.99 亿，半年增长率近 30%。

2017 年 2 月，国务院在《"十三五"促进就业规划》中提出："支持发展共享经济下的新型就业模式。"2017 年 4 月 13 日，国务院《关于做好当前和今后一段时期就业创业工作的意见》（国发〔2017〕28 号）提出："完善适应新就业形态特点的用工和社保等制度。支持劳动者通过新兴业态实现多元化就业，从业者与新兴业态企业签订劳动合同的，企业要依法为其参加职工社会保险，符合条件的企业可按规定享受企业吸纳就业扶持政策。其他从业者可按灵活就业人员身份参加养老、医疗保险和缴纳住房公积金，探索适应灵活就业人员的失业、工伤保险保障方式，符合条件的可享受灵活就业、自主创业扶持政策。加快建设'网上社保'，为新就业形态从业者参保及转移接续提供便利。"由此可见，互联网经济的发展已经打破原有的传统经济格局，成为新的经济增长极。资本运作模式的变化，导致劳资关系呈现深刻变化。随着互联网经济的发展，依托互联网平台的各类经济新业态迅速发展。网约车服务、餐饮外卖服务以及诸如与淘宝、京东等互联网平台伴生的快递物流行业发展均十分迅猛。这些新业态行业的发展给劳动争议审判实践提出了新问题。

2018 年山东地区以新技术、新产业、新业态、新模式为主要特征的新经济增加值占地区生产总值比重为 22.6%，共享经济、平台经济、云智造等新业态新模式不断涌现，电子商务、快递服务等业态均增势强劲。2018 年 1 月，国务院的国函〔2018〕1 号文决定在山东省设立新旧动能转换综合试验区。青岛地区作为山东省经济发展的龙头城市，被确定为山东新旧动能转换综合试验区核心城市。如何在经济新形势、新政策导向下，解决好劳资纠纷中的新问题，优化企业营商法治环境，成为审判实践面临的新命题。

根据中国裁判文书网的检索数据，青岛地区是山东省内新业态纠纷的高发区域，新业态用工纠纷案件数量占全省的 70% 以上。为更好地梳理新业态用工关系相关问题，优化企业营商环境，发挥人民法院对经济发展的保驾护航职能，服务山东新旧动能转换综合试验区工作大局，青岛中院以外卖、网约车、快递三种新业态行业的案件为切入点，以 2016 年至 2018 年青岛地区受理的新业态劳动争议案件为样本，对新型用工关系进行深入调研。

二　青岛地区新业态用工纠纷概况

1. 新业态用工纠纷的主要类型

根据司法实践的统计，青岛地区新业态用工纠纷高发及频发行业主要涉及网约车、外卖及快递业三类业态模式。2018 年，青岛中院为深入了解新业态用工关系的内部运作模式，对新业态部分用工企业，如美团平台、哒哒平台、曹操专车、顺丰、申通等进行集中调研。2019 年上半年，青岛中院联合青岛市劳动人事仲裁院、青岛市总工会、青岛市工商联及企业联合会、青岛部分高等院校召开新业态用工关系司法论坛，对新业态用工关系进行深入探讨。根据上述企业的介绍、提供的资料及论坛探讨的内容，对网约车、外卖及快递业三类业态模式的内部运作模式作出了初步的分类。

（1）外卖平台的运行模式

外卖平台的运行模式主要包括直营模式、加盟模式、众包模式、P2P 模式。直营模式：是指从业者与平台直接签订劳动合同，约定劳动报酬、工作岗位、权利义务等。这种经营模式对双方的束缚较大、企业用工成本较高，现在在外卖平台中已不常见。加盟模式：是指平台线下发展加盟公司，由加盟公司负责从业者的招募、管理及工资发放等事宜。众包模式：是指从业者通过平台的 App 注册成为骑手，注册过程中，平台会显示选择骑手的规则要求，如年龄限制、健康证明等，注册中还会提示骑手与对应的劳务公司签署劳务协议，建立兼职的劳务关系，骑手的雇主为劳务公司。部分平台的骑手工作时间灵活，可以选择是否工作，也可以对工作时段进行选择，平台与劳务公司均不对其进行限制。也有部分平台会根据平台的大数据分析向骑手派单，骑手需要按照平台的派单及路线完成工作任务。平台会根据骑手工作任务的完成情况，向骑手支付报酬。P2P 模式：是指各类商户与骑手均在平台上注册，商户在平台上发布信息，骑手根据商户发布的信息决定是否接受商户的工作任务，并按照商户的指示完成工作，由商户向骑手支付费用。平台在商户与骑手之间仅起信息媒介作用，平台与骑手之间不存在任何管理关系。

（2）网约车的运行模式

网约车的运行模式主要包括劳务派遣模式、私家车主加自有车辆模式、司机加平台车辆模式、简单信息共享模式。劳务派遣模式：平台公司委托劳务派遣公司招募从业者，从业者与劳务派遣公司签订劳动合同，由劳务派遣公司投缴保险，车辆由平台公司提供，司机与平台公司签订租车合同。私家车主加自有车辆模式：从业者通过平台软件注册成为平台的司机，平台注册过程中制定招募司机的规则，如驾驶年龄的限制、车型车辆等级的要求、健康证明及无犯罪记录证明等材料，车辆由车主自备。车主可选择全职或兼职。平台发布用户用车信息，司机自行抢单或由平台派单，司机完成工作任务后，由平台向司机结算报酬。司机加平台车辆模式：与前述模式的不同之处在于，从业者使用的生产资料即车辆由平台提供，双方签订合作协议或租车协议等合同，由平台根据用户用车信息派单给司机，司机完成工作任务后，由平台进行报酬结算。简单信息共享模式：平台只负责发布用户用车信息，不负责与招募的从业者进行结算，从业者在完成工作任务之后，与用车的用户直接进行结算，平台向从业者收取信息费用。

（3）快递行业的运行模式

快递行业的运行模式主要包括直接签订劳动合同模式、承包片区任务模式。直接签订劳动合同模式：近年来，快递业虽然随着互联网、物联网的发展，纠纷呈现急速增长趋势，但相比外卖及网约车，快递业在用工上已经探索出比较成熟的运行模式，部分快递企业严格按照劳动法的规定签订劳动合同、投缴社会保险、申请综合计算工时制，在行业内向持续利好的方向发展。承包片区任务模式：部分快递企业与从业者建立层层转包的工作模式，企业将部分区域的快递工作承包给个人，个人再将承包区域进行划分并招募从业人员，按照承包合同约定的比例支付或收取报酬，不签订劳动合同或根本不订立合同，管理松散，人身从属性差。通过客户对快递人员的评价进行内部管理。

2. 新业态用工纠纷的主要特点

劳动关系的两大基本要素为劳动力和生产资料，判断劳资双方是否构成劳动关系，一是要考察劳动力与生产资料的结合关系，二是要考察用人单位对劳动者的监督管理关系。

传统劳动用工关系中，生产资料由用人单位掌握，用人单位为劳动者提供劳动条件，劳动者受用人单位的管理和监督。新业态用工关系则呈现非典型、非传统的用工特点。有些劳动者的生产资料由用人单位提供，也有部分劳动者自备生产资料。有些劳动者与平台之间不存在直接的招用关系，但平台的考核机制又对劳动者的收入产生影响。部分劳动者与平台之间介入劳务派遣制度、委托代理关系、设备租赁关系、合作关系等其他法律关系，非全日用工关系的特点也有所显现。

互联网经济的虚拟性与新业态用工关系内部的复杂性糅合，导致认定劳资双方是否成立劳动关系成为司法实践中的争议焦点和判断难点，也使新业态用工关系呈现有别于传统用工模式的一些特征。根据青岛中院的前期调研资料，新业态用工关系主要呈现以下特点。

（1）用工主体边界界定模糊

新业态用工关系很难用传统劳动关系或劳务关系界定，根据调研情况分析，新业态用工关系呈现去劳动关系化的趋势。在新业态经济出现之前，司法实践中也存在类似性质不清的用工关系，如家政服务业、长途运输业、见习生等不能简单用劳动关系界定的法律关系。但依托平台经济的各类新业态使这种特征更加明显。

对用工关系的判断，离不开劳资双方的管理关系、从属关系及劳动力与生产资料的结合方式等标准判断，但新业态用工关系与传统用工关系相比，从属性不强，没有直接的管理关系，从业者工作考核标准、报酬待遇在一定程度上受平台规则制约，但不依赖于平台管理，生产资料不必然由用工单位提供。新业态经济内部法律关系复杂交错，使得平台经济框架下从劳动中获益的资本方不再单一，可能出现多个资本方共同受益的情况，造成用工主体难以界定的问题。

（2）劳动报酬支付形式多样

新业态经济中，劳动报酬支付方式、结算方式等呈现多样性。从业者劳动报酬大多按短期项目或任务结算。平台经济企业可能以日、周或月为结算单位直接通过平台将劳动报酬发放到从业者在平台的账户中。但也有部分从业者在线下和用工企业达成协议，通过平台公司的代理公司或劳务派遣公司等第三方向从业者发放劳动报酬。还有部分从业者从承包人或客户处直接领取劳动报酬。劳动报酬支付的多样性，导致纠纷争议事实与关系性质均难以判断。

（3）用工方式灵活、人员流动性大

新业态经济对从业者的招募，体现出比较明显的虚拟性。有别于传统用工模式的简历筛查、面试程序、试用期用工等模式，部分新业态经济以互联网为招募平台，从业者按照网络平台的要求进行注册，并上传相应的信息资料，经过平台方的简单审核，即可完成用工招募行为。新业态经济通过平台发布工作岗位或者用户需求等信息，从业者通过平台的指派或自行决定是否接受岗位信息从事劳动。从业者与平台企业之间没有规范文本约束，往往不签订任何书面协议，或者签订其他内容的合同；如代理协议、租赁协议、合作协议等，双方在协议中对于工作岗位、工作任务、工作时间等约定不甚明确，对于劳动安全、劳动纪律、奖惩规范、劳动保护均缺乏规定；缺少工会介入机制，彼此之间束缚力较弱。从业者在平台之间的选择性较大，工作存在短期性、临时性、灵活性的特征。平台经济不关注用工体系的统一性、延续性，缺乏成熟的商业模式和盈利路径，资本运作本身的不稳定性，导致从业者就业不稳定、职业发展持续性较差，人员流动性很大。

（4）从业者对新业态企业缺乏归属感和文化认同感

平台经济的从业群体中，新生代进城务工人员比例较大，这部分人员在意识形态、价值取向等方面与以往传统企业的劳动者有着本质的不同，尤其是在企业经济状况发生变化时，与企业同呼吸、共命运的意识比较淡薄。而平台经济的虚拟性、从业者与新业态经济之间快餐式的用工关系、从业人员的不稳定性、劳资双方的间接法律关系，更加剧了从业者与平台经济之间的疏离感，导致新业态从业者与平台经济之间缺少传统用工企业与劳动者之间的血脉联系，对新业态企业缺乏归属感。新业态经济本身亦处于初级发展阶段，整个经济模式处于探索和变化的过程中，新业态企业对自身发展的长远性与前瞻性规划均有待加强，缺少传统企业长期形成的企业品牌与企业文化，从业者对从业平台难以形成人文情怀，缺乏企业文化认同感。

（5）从业者自身缺乏保障意识

在新业态经济模式下，不仅企业在追逐利益的过程中具有逐利短视性，劳动者由于从业群体的整体年轻化，简单工作模式带来的较高利润回报率，使劳动者对利益追求也具有短视性。用工方式的灵活性，使从业者本身亦不愿与单个平台建立长期单一的劳动关系。从业者群体年轻化，在就业时对养老保障问题考虑较少，入职时对在从业过程中可能发生的纠纷、伤害以及社会保险对自身的保障作用，均缺乏应有的关注。

3. 新业态用工纠纷的审理情况

（1）总体案件数量情况

青岛中院以 2016～2018 年青岛全市两级法院受理的外卖、网约车及快递类案件为样本，对新业态劳动争议案件进行统计分析。三类新业态劳动争议案件共 94 件。2016 年 16 件、2017 年 34 件、2018 年 44 件，其中外卖类占 14%、网约车类占 23%、快递类占 63%。

（2）案件类型分析

快递类案件在 2016 年之前就已出现，但案件数量在整体劳动争议案件中的比重不高，且每年受理案件数量基本持平。2017 年以来，此类案件呈阶梯式增长态势。

外卖类与网约车案件，2016 年之前案件数量均为零，2017 年开始出现，虽然数量在劳动争议案件中的比重尚小，但案件数量不断增长。

（3）案件增长时间节点清晰

从案件数量增长的节点可以清晰看出，网约车平台与外卖平台均为新型经济业态，2016 年之前，平台经济从业人员与新业态企业之间的纠纷隐患在司法实践中尚未显现，2017 年之后出现纠纷且数量快速增长。快递行业虽然在以前就有诉讼案件，但 2016 年之后，随着互联网经济业态的迅速扩张，物流作为互联网经济的直接关联业态，也持续快速发展。快递行业作为物流业的下游分支业态之一，涉及的劳动争议案件数量也出现了大幅增长（见图 1）。

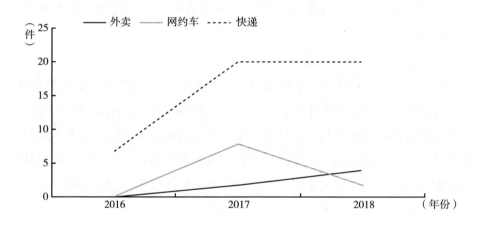

图 1　新业态劳动争议案件年度变化

新业态劳动争议案件数量的变化，显示了中国整体经济业态结构的巨大变化，以及经济结构变化对劳动者从业方式的深刻影响，进而在司法实践中表现出来。可以预见的是，在接下来的经济发展过程中，进入新型业态的从业者数量会越来越多，从业者与平台之间的纠纷也会持续增加。

（4）诉讼请求分布状况

从业者在诉讼请求方面，数量最多的为追索劳动报酬，该类诉讼请求虽然从表面看仅涉及工资待遇问题，但有时隐含着劳动者要求确认劳动关系的前提。数量居第二位的为明确要求确认劳动关系的诉讼请求，第三位则是要求解除劳动关系、提供补偿或赔偿的诉讼请求。对比传统用工模式下劳动者的诉讼请求，传统劳动争议纠纷中劳动者要求确认劳动关系的纠纷占案件总数的 3.77%，而新业态用工关系中确认劳动关系的诉求占新业态劳动争议案件总数比例达 60.31%。这种明显的对比，反映了新业态劳资关系中最尖锐的问题是双方劳动关系认定问题。劳动关系认定问题也是从业者向新业态企业主张其他待遇的前提与基础。

（5）诉讼主体分布情况

在提起诉讼的主体方面，新业态用工关系纠纷与传统用工纠纷呈现类似的特点，提起争议的主体还是以从业者为主。这说明新业态用工关系与传统用工关系相比，虽然具有灵活性、多元性、松散性等特点，但从业者在劳资关系中仍然处于弱势，在纠纷发生时属于更易受到侵害的一方（见图2）。

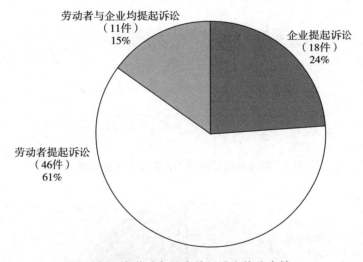

图2 新业态劳动争议案件诉讼主体分布情况

（6）签订劳动合同、投缴社会保险的比例

新业态用工关系中，劳资双方鲜有直接签订书面劳动合同的情况。部分从业者与平台签订电子协议；部分从业者与平台的代理公司在线下签订书面协议，协议的形式也极少采用劳动合同，常见形式包括委托代理协议、合作协议、承揽协议、承包协议、租赁协议等；还有部分新业态企业通过劳务派遣公司与劳动者签订劳动合同。只有极少部分新业态企业直接与劳动者签订劳动合同（见图3）。

青岛中院受理案件中所涉及的新业态企业，签订劳动合同并投缴保险的企业，仅有顺丰快递和联邦快递。曹操专车平台采取了通过派遣公司签订劳动合同、投缴保险并与从业者签订租车协议的模式。其他的新业态企业都未签订书面劳动合同，部分新业态企业为从业者投缴了集体商业保险（见图4）。

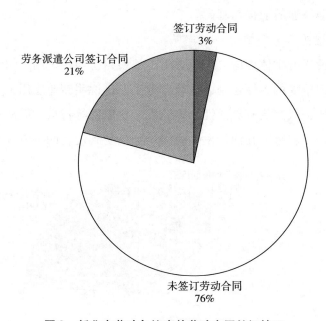

图3 新业态劳动争议案件劳动合同签订情况

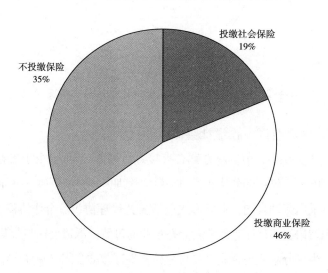

图4 新业态劳动争议案件投缴保险情况

4. 新业态用工纠纷中存在的主要问题

通过对 2016 年至 2018 年新业态用工纠纷的整体样本进行分析，并结合前期关于新业态企业的调研资料，新业态用工纠纷主要存在如下问题。

（1）用工性质的界定问题

在现有劳动法框架体系内，劳动关系的认定主要依照三条标准：用工主体的适格性审查、劳资双方关于建立劳动关系的主观认定、用人单位的管理性及劳动者的从属性。但在新业态经济模式下，多数从业者借助平台交易劳动力价值，劳资双方通过平台的信息共享和互换技术建立较为松散的合意关系，平台对于从业者的工作时间、工作地点、工作方式等介入程度和直接管理程度都比较低，从业者对新业态经济企业的依附性和从属性并不明显。这种灵活的工作方式给用工关系的性质界定带来困难，已经脱离传统意义上的劳动关系，从而使新业态从业者在现有劳动法体系内难寻保护依据。

（2）生产资料的重新定义

传统用工关系中生产资料的范围主要包括劳动者从事劳动所需要的工具、机器、设备以及需要加工的原料等等。新业态经济模式也包含部分传统模式的生产资料，如交通工具、机器设备等，但新业态经济对生产资料有新的定义，平台经济在用工过程中依托互联网掌握交互信息资料和信息技术手段，这些交互信息资料和信息技术手段，被定义为新业态经济模式中更重要或最主要的生产资料和劳动条件。

（3）用工权益的保障问题

新业态从业人员大多不受工作时间、工作地点、工作岗位等条件的限制，平台经济对从业人员在提供劳动过程中所受的侵害往往不承担传统劳动法中的责任，用工过程中的去劳动关系化趋势，导致从业人员权益保障不足。一些从业者存在劳动收入较低、工资支付保障缺失、工作时间加长等权益受损的状况。从对外卖及快递行业的调研情况看，外卖骑手、快递员普遍工作时间每周远超 40 小时。大部分从业人员都存在不签订书面劳动合同、不缴纳社会保险费等情况，新业态从业者依法应当享有的基本权益得不到切实保障。从业过程中发生事故的，通过商业保险途径或私下协商方式解决赔

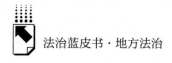

偿问题的，仍然居多。

（4）权责关系的确认问题

在传统的劳资关系中，劳动者在从业中与客户发生经济纠纷等产生责任赔偿主体一般是企业，企业再通过内部管理制度对劳动者采取相应的惩罚或追偿措施。但在新业态经济模式下，平台以虚拟化的方式存在，从业者直接与平台用户发生经济关系，一旦发生经济、服务等方面的纠纷和矛盾，往往直接由从业者进行赔偿。部分平台还将从业者的劳动报酬与用户评价机制挂钩，从业者会因用户的投诉而被平台再克扣劳动报酬。因此，在平台经济模式下，企业不仅不需要向用户承担赔偿责任，还会基于平台考核规则对从业者进行惩罚。

（5）社会保险制度滞后于经济模式的发展

新业态经济企业基于用工模式的灵活性、不稳定性，极少为从业者缴纳社会保险。劳动法框架下应缴纳的养老保险、医疗保险、工伤保险等社会保险因衔接程序的僵化，并不适用于灵活就业人员。用工单位的不确定性、从业者的流动性，均提示当前中国社会保险缴纳方式不够灵活，保险转移接续手续复杂。传统劳动关系与社会保险紧密捆绑的制度设计需要在实践中逐步调整，现行社会保障制度面对经济新形势已经非常滞后。

（6）政府监管的职能问题

新业态经济中，从业者普遍存在劳动提供地、服务接受地、社保费缴纳地及劳动报酬发放地分布于不同地区的现象。新业态经济复杂化和多元化的雇佣方式，平台经济的分散化，相对不固定的工作场所和时间，造成大部分新业态劳动用工不符合法律对劳动关系主体的认定，而相关法律法规和政策的滞后性，使劳动监察等行政部门很难行使执法职能，政府部门很难对新业态经济劳动用工进行有效监管。

三　青岛法院关于新业态用工纠纷的实践做法

1. 严格把握用工关系的法律适用

青岛全市两级法院在 2016 年至 2018 年共审理新业态劳动争议案件 94

件。其中当事人申请确认劳动关系的 38 件，认定劳资双方存在劳动关系的 13 件（见图 5）。

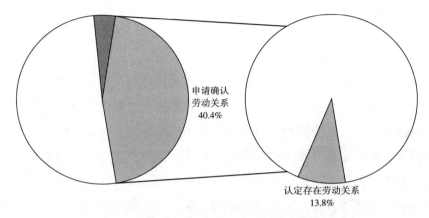

申请确认
劳动关系
40.4%

认定存在劳动关系
13.8%

图 5　申请确认劳动关系与认定劳动关系比例

数据显示，青岛地区在认定劳动关系时持审慎态度。2017 年审理的涉美团平台案件，并未认定美团平台的加盟商与从业者之间为劳动关系。2018 年审理的曹操专车案件，根据劳务派遣公司为从业者缴纳社会保险、签订劳动合同的事实，认定从业者与劳务派遣公司之间存在劳动合同关系。2017 年审理的快递公司与从业者之间的纠纷案件，根据双方承包片区从业的事实，认定双方存在劳务关系。

青岛两级法院在审查新业态用工关系纠纷时，严格把握劳动关系的认定标准，从劳资双方的主体适格性、组织管理性、人身从属性认定出发，审查认定双方劳动关系的事实依据。区分不同案件，根据个案的具体情况，对双方是否构成劳动关系予以认定。

2. 建立多元纠纷解决机制

（1）与工商联合会、企业联合会建立联席会议制度

新业态经济企业的发展需要良好的营商环境，尤其是互联网平台与传统经济实体结合之后产生的劳资关系问题，对整个新业态经济稳定发展有重要影响。

青岛中院在审判实践中主动发挥司法职能，服务国民经济发展，与工商联合会、企业联合会建立联席会议制度。建议工商联合会、企业联合会发挥

行业联合会的职能作用，对新业态企业发展中遇到的问题进行深入了解，积极进行共同探讨，寻求解决方式。从现代企业制度管理、人力资源管理等源头寻找突破口，加强企业劳资纠纷的事前、事中、事后监督，关注整个新业态经济行业的规范。

（2）与工会对接职工权益保护问题

传统用工企业中，工会组织代表劳动者维护权利、进行监督，在协调劳资双方的矛盾方面起到了重要作用。新业态经济与互联网平台紧密相连，新业态企业普遍缺乏工会组织，劳资双方发生纠纷之后，劳动者作为用工关系中的弱势一方，很难寻求工会的保护。为此，青岛中院与青岛市总工会进行对接，就工会在新业态经济中如何发挥职能作用，如何建立工会组织，如何通过与新业态从业者建立集体劳动合同关系、行使集体谈判权、保护新业态从业者的合法权益进行探讨。

（3）与劳动争议仲裁机构建立案件研讨制度

青岛中院与青岛劳动争议仲裁院已经建立多年的联席会议制度，裁审衔接制度经验在全国法院推广。对于劳动争议司法实践中的问题，定期进行研究探讨。新业态经济引发的劳动争议纠纷，属于审判实践中的新问题。青岛中院与青岛劳动争议仲裁院通过联席会议，对新类型案件进行研讨，发挥裁审衔接的经验优势，转变传统认识，统一裁判尺度。通过司法裁判，依法透明地为新业态经济企业的发展保驾护航，公平合理地为新业态从业者提供司法保障。

3. 搭建智库平台为司法审判提供智力支持

新业态用工关系纠纷在理论界争鸣不断，为更好地将司法实践与理论相结合，青岛中院联合多家科研院所多次就新业态经济引发的劳动争议新问题进行探讨研究，充分发挥科研院所的智库作用，将对案件的认识从实践层面上升至理论层面。

四　新业态用工纠纷的发展趋势

1. 新业态从业者增量明显

随着智能科技向整个社会生活的深入渗透，社会经济的业态结构不断发生变化，进入新业态工作的从业者数量会越来越多，而且平台经济的多样性和创新性，也会使新业态的种类更加多元化。就业门槛较低和就业方式的便捷性，会吸引更多的从业者进入新业态经济从业。而且新业态用工模式的灵活性，会吸引众多有固定工作的劳动者在业余时间以兼职模式加入新业态用工关系中。可以预见的是，新业态从业者的群体会越来越庞大。

2. 新业态劳资双方的法律关系日趋复杂

新业态经济与传统用工模式相互交叉，各类新业态经济模式之间相互交叉，会使新业态经济的劳资法律关系向更加复杂的方向发展。企业对于新业态经济的逐利趋向性，使从业者与企业之间不再是传统意义上的典型用工关系，交杂着承包关系、委托代理关系、租赁关系、挂靠关系、承揽关系、劳务派遣关系等多重法律关系，这将是新业态用工模式的常见发展趋势。

日常生活经验还提示，各经济新业态之间开始呈现业态交叉的情况，如外卖平台开拓了快递业务，自备车辆的网约车司机兼送外卖或快递，快递员也会兼职外卖。"一点就业、多点兼职"成为新业态经济的用工常态，这种变化会导致劳动关系的认定更趋于复杂。业态交叉的状况给劳动者工作岗位的定性、用工单位的确定等基础劳动关系的认定均增加了难度。

3. 新业态经济自身探索用工规制机制

新业态经济是市场经济自身发展的产物，其发展必然有其相应的发展规律。多元化经济业态会创造出更多的就业机会，从业者的岗位选择余地更大，用工单位人员构成的不稳定性成为发展趋势。新业态企业在劳动力市场中的竞争也日趋激烈，根据人社部门的统计，2018年岗位需求与劳动力数量之比为1.2∶1。因此，在平台经济时代，新业态企业要保持持续良好发展，必然也要探索适宜其发展的规律。新业态经济的发展依托于市场经济的需求，新业态劳动关系则附随于新业态经济的发展，各层面法律纠纷的发生，新业态企业之间的竞争，均对新业态经济的发展产生倒逼效应。在用工管理中，更符合市场发展规律、规则意识较强、管理模式更规范的企业在市

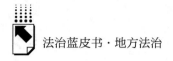

场自主淘汰的过程中会有更大可能留存下来。而这些规则与模式的建立将初步探索出新业态经济的用工规则。

五 新业态用工纠纷的处理建议与对策

1. 关于确认新业态用工性质的建议

中国的整个市场经济正在经历着深刻的变革，由工业经济为主导向数字经济时代转变，传统的劳动关系、雇佣关系占主体的劳资双方关系，逐渐向个人与组织之间的合作关系、劳务派遣关系、人才租赁等形式转变。在这种市场深刻变革的过程中，对经济新业态模式下用工关系的性质认定，要持谨慎的态度。既要维护劳动者的用工权益，也要考虑新业态经济的持续发展。

无论是传统用工关系还是新业态用工关系，确认劳资双方法律关系性质的考察重点还是用工事实是否构成了劳动法上的劳动关系。现有劳动法体系对劳动者采取了倾斜保护的原则，但数字经济的发展、新业态经济用工的虚拟性、信息性、复杂性及多元性，使新业态劳动纠纷的用工事实成为司法实践中的判断难点。

依托数字平台的新业态经济在整个国民经济中的比重越来越大，新业态用工关系性质的认定，会影响企业权利和义务的界定，进而可能对经济领域和社会发展产生相当的影响。因此，对于新业态劳动关系的认定应持审慎态度，不能简单适用倾斜保护的原则，要对现行劳动法中的保护手段有选择地适用。

在确认劳资双方法律关系的性质时应进行实质审查，不能仅从双方的书面协议内容进行判断，要从主体资格，人格从属性、经济从属性、组织从属性等角度出发，对从业者的工作时间、工作地点、从业自主权内容等方面进行全面判断。同时，在确定新业态劳动关系的认定标准时要平衡新业态企业与从业者之间的利益关系，兼顾效率和公平，着眼于新业态经济的持续性发展。尊重市场发展规律，避免对用工关系的僵化认定而给新业态经济的发展造成过多的束缚，要审慎、严谨地适用判断标准，保护新业态经济健康良好发展。但也要引导新业态企业树立社会责任感，防止其利用法律漏洞规避责任。

2. 工会创新工作模式

新业态经济虽然缺乏传统用工关系中明确的从属性与管理性，用工形式比较灵活、松散，但从业者在劳动过程中仍然受平台制定规则的约束，劳动报酬通常与平台规则明确挂钩。因此，劳资双方中本质的强弱关系并没有改变，但平台经济的虚拟性导致新业态从业者在维权方面诉求缺乏表达的路径。传统用工关系中，工会在解决劳资纠纷中发挥重要的职能作用，但平台经济模式下，多数新业态企业没有成立工会，工会职能对新业态企业的作用形同虚设。因此，面对经济新业态劳资关系，有必要创新工会的工作模式，发挥工会的职能作用。行使集体谈判权，从有较强诉求的平台从业人员中选取代表，由工会组织与平台经济企业进行集体协商，确定劳资双方的基本权利义务、规则规范、劳动安全、劳动保护等，签订基础的集体合同，保护从业者的基本劳动权益，使从业者对自己的诉求有适当的表达途径，在新业态企业作出重大决策或者制定相应规章制度时有途径行使自己的权利。开展有关法律法规、职业道德、服务规范、安全运营等方面的岗前培训和日常教育，培养从业者的维权意识和风险意识。

3. 企业联合会的行业监督和行业指引作用

新业态经济作为新的经济发展模式，发展势头强劲，但仍处于发展的初期阶段、探索阶段，其发展的规律和前景均不清晰。政策方面、法律层面对新业态经济的保护和制约均有缺失。企业联合会可充分发挥行业协会的积极作用，对新业态劳动用工情况进行监测和形势研判，推动行业协会制定行业用工规范、行业劳动定额标准以及行业性集体合同条款等，通过行业自律来规范企业劳动用工。将新业态经济形式下劳资纠纷的介入点前移，督促新业态企业从人力资源管理的角度规范制定企业相关制度，明确与从业者的法律关系，树立企业的社会责任感，从源头上防范劳资纠纷的发生。

4. 劳动行政部门的联动机制

劳动保障监察和劳动争议仲裁是维护劳动者合法权益的有效机制。作为国民经济中新形式的经济支柱，劳动监察部门要对新业态经济予以足够的关注。加强对新业态企业用工的劳动保障监察和巡查，及时发现、处置侵害劳动者合法权益的行为，对严重违反法律法规、侵害劳动者权益的平台企业，纳入社会信用惩戒体系。劳动人事仲裁部门要发挥仲裁调解的职能，及时化解新业态劳动争议纠纷。随着新业态经济的迅猛发展，大量劳动力涌入新业态经济中就业，群体性纠纷已经在司法实践中有所显现，劳动人事仲裁、劳动保障监察要建立联动预警机制，对群体性、劳资矛盾争议大的案件，提前介入，积极协调，妥善化解。

5. 重塑社会保险制度

建立社会保险制度的重要功能是保障劳动者在丧失经济收入或劳动能力的情况下还能维持自身及家庭的基本生活。劳动者通过缴纳社会保险，保障自己在不能提供劳动的情况下，仍能维持自身的基本生活。现行的社会保险制度规定，社会保险部分费用的缴纳从企业社会保险项目支出。但在新业态经济中，用工形式的灵活性、用工单位的不确定性，使劳资双方均不愿受到社会保险缴纳制度的捆绑。但不缴纳社会保险所导致的工伤、失业、养老保险待遇纠纷，已经成为新业态经济中劳资双方的矛盾重点。

社会保险体系的发展应当顺应市场经济变化的需求，但制度更替必然不会一蹴而就。在保留现有社会保险制度的前提下，可以结合劳资双方劳动关系的实际履行情况、劳动者的个人意愿、单个劳动力交换价值等标准，区分情况、区分层次予以处理。

新业态经济中，对劳资双方履行劳动合同符合传统用工关系模式的，新业态企业应按照劳动法与社会保险法的规定，为劳动者缴纳社会保险。对于部分兼职从事新业态的从业者，其本身有单位为其投缴社会保险，其保险形式可以社会保险＋商业保险的形式予以完善。但新业态经济中更多的从业者属于劳资双方法律关系不明确的群体，这部分从业者本身对其与新业态企业之间的用工关系就不清楚，签订合同、投缴社会保险的意识不强。因此，对这部分劳动者可以打破现有社会保险与劳动关系紧密捆绑的社会保险机制，以单个劳动力交易价值为标准，即以劳动者完成单个交易任务为用人单位投缴保险的基数投缴保险。将社会保险制度与劳动关系适当剥离，根据从业者的个人需求，强制性与选择性并重地参与社会保险，赋予从业者自行投缴保险的途径，比照第三人责任险的规定，对工伤险、养老险等险种强制从业者缴纳，以缴纳基本基数为就业、入职的门槛，并在经济新业态中强制新业态企业为从业者投缴相应的集体商业保险。由此，将社会保险与商业保险结合起来，对从业者形成多重保护。

Abstract

Annual Report on Rule of Law in Local China: No. 5 (2019) reviews the practices and experiences of the construction of local rule of law in China in 2018 in such fields as local people's congresses, the law-based government, judicial construction and building of a law-based society against the background of the advancement in depth and breadth of ruling the country by law in a comprehensive way.

The General Report gives a systematic review of local explorations in and practices of legal reform through the country, focusing on hot issues, analyzing existing problems, and looking at the prospect of future development.

This volume of the Blue Book on the Local Rule of Law in China features a series of new reports, including reports on legislative transparency, and investigation reports on the trial of cyber contract disputes by Guangzhou Internet Court, employment in new-type industries in Qingdao City, and the implementation of the system of dual investigation of cases of complaint letters and visits by courts in Jiangxi Province, and explores reform measures and summarizes experiences in dealing with difficult problems faced by the local rule of law in such areas as public legal services and disputes over private lending.

Issues such as the crime of online pyramid selling, disputes over private lending, diversified dispute resolution and public legal service concern the protection of the lawful rights and interests of the great masses of people and are the key indicators of local governance capacity. Basing itself on the reality at the frontline, this volume analyzes and summarizes sample practices relating to the above issues.

Contents

I   General Report

Abstract: China has made orderly and steady progresses in the construction of the local rule of law in 2018: the Party's leadership has been further emphasized, local legislation playing greater role as guidance and safeguard, the reform aimed at simplification of administrative procedures, decentralization of powers, combination of decentralization and regulation, and optimization of services deepened, the law-based business environment greatly improved, the protection of intellectual property strengthened in an all-round way, remarkable achievements made in judicial construction, and the effect of the social credit system highlighted. Meanwhile, it should also be noted that, with the advancement with times of the arrangements for the work of the rule of law by the Central Government, the people's rising demand on the rule of law, and the increasing severity of the challenges posed by new situation, new industries and new environment, local governments will still be faced with tremendous pressure and arduous tasks in advancing the rule of law, and need to make continuous efforts in the elaboration, institutionalization and standardization of the construction of the local rule of law.

Keywords: New Era; Business Environment; Social Credit System; Law-Based Society; Judicial Reform

Ⅱ System of People's Congress

B. 2 Report on the Indices of Legislation Transparency by

People's Congresses (2019)

—*An Examination Based on the Websites of Standing Committees*

of Provincial-Level People's Congresses

Innovation Project Team on Rule of Law Indices, CASS Law Institute / 028

Abstract: In order to correctly understand the situation of the work of local people's congresses, advance open, democratic and scientific legislation, and promote the continuous improvement of law-making and legal supervision mechanisms, this report, on the basis of the information obtained from the web portals of standing committees of the people's congresses of 31 provinces, autonomous regions and municipalities directly under the Central Government, assesses the work of disclosure of legislative information, scientific and democratic legislation, and legislative optimization carried out by local people's congresses, analyzes the achievements made and problems faced by local people's congresses in their legislative work, and puts forward corresponding countermeasure suggestions.

Keywords: Local People's Congresses; Legislative Indices; Websites of Standing Committees of People's Congresses

Abstract: On January 10, 2019, the Standing Committee of the Thirteenth People's Congress of Sichuan Province adopted at its ninth meeting the Regulations of Sichuan Province on Budget Review and Supervision, thus achieving major breakthroughs in many aspects of the work of budget review and supervision and the supervision over the audit work. The Regulations, by elaborating the supervision over the auditing work by standing committees of people's congresses, have become an important milestone in the realization of scientific, democratic, and law-based supervision over the auditing work by people's congresses. The people's congresses in Sichuan Province have carried out effective explorations in implementing legal provisions in their concrete supervisory work by focusing on priorities and adopting innovative approaches. This report introduces some successful practices of supervision over auditing work by people's congresses in Sichuan Province, analyzes the main difficulties and problems encountered by them in their current work, and puts forward some reflections on the ways of deepening the implementation of the Regulations, strengthening the supervision over the auditing work, and rectifying the prominent problems identified in the auditing work.

Keywords: People's Congresses; Supervision; Audit; the Rule of Law

III　Law-Based Government

Abstract: The Compilation and timely release of the annual report on the construction of law-based government and the summarization and analysis of the achievements of and problems in the construction of law-based government in the previous year is an important aspect of the implementation of the strategy of building a law-based government. In 2019, the CASS Center for the Study of National Index of the Rule of Law and the Innovation Project Team on Rule of Law Indices of CASS Law Institute carried out assessment and analysis of the situation of release of annual report on the construction of law-based government in 2018 by 31 provincial-level governments. The assessment shows that all provincial-governments have released the annual report on the construction of law-based government in the previous year and some of the reports are detailed in content. Meanwhile, the assessment also reveals some problems, including late release, poor accessibility, lack of detail, and missing key elements. In the future, provincial-level governments should attach more importance to this work, further elaborate on compilation and release standards, and enhance the effect of the release of the report.

Keywords: the Rule of Law Index; Law-Based Government; Administration by Law; Annual Report on the Construction of Law-Based Government

B. 5　Creating a New Performance Management Mode by the National Capital Standard in Xicheng District of Beijing Municipality

Research Team on Government Performance Management
Work in Xicheng District, Beijing Muncipality / 079

Abstract: Government performance management is an important management tool for implementing the government accountability system, improving public service capacity and enhancing the governance capacity of the government, as well as an effective approach to transforming government functions and building a law-based and service-oriented government. In recent years, the Government of Xicheng

District of Beijing Municipality has based itself on the strategic position of the capital city and the actual conditions of the capital function core area, made continuous exploration in the improvement of government performance management, given full play to the incentive role of performance management, and realized the continuous enhancement of administrative capacity, continuous improvement of work style, and continuous sound economic and social development in the district.

Keywords: Performance Management; Examination and Evaluation System; Government Building; Innovation and Breakthrough

B. 6　Explorationin and Practice of Constructing a Coordinated Mode of Administrative Litigation in a New Era: Investigation Report on the Mechanism for the Mediation of Administrative Cases by Courts in Wenzhou City

Project Team of the Intermediate People's Court of Wenzhou City / 092

Abstract: Although the Chinese Administrative Procedure Law both before and after vision adopts the principle of non-application of mediation in administrative litigation, the administrative litigation mode in China is undergoing a quiet transformation and a coordinated administrative litigation mode, which aims at promoting the substantive resolution of administrative disputes and takes litigation mediation as its main content, has emerged. This report, on the basis of examination of the necessity and feasibility of mediation in administrative cases and the results of the pilot work carried out by the administrative mediation centers of courts in Wenzhou City, puts forward the idea of constructing a coordinated administrative litigation mode under the framework of Administrative Procedure Law, with a view to further standardizing and improving the litigation mediation mechanism in administrative trial practice.

Keywords: Administrative Litigation Mode; Litigation Mediation; Administrative Dispute

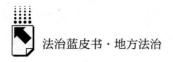

Ⅳ   Judicial System

B. 7   Practice of Pre-litigation Authentication and Its

   Prospect   *Project Team on Pre-litigation Authentication,*

   the Intermediate People's Court of Jincheng City / 108

Abstract: Pre-litigation authentication, combined with pre-litigation mediation, has become an important measure taken by people's courts in China for diversified resolution of disputes. Pre-litigation authentication has many advantages: saving litigation resources, reducing the difficulty of litigation, and optimizing court resources and litigation structure. This report, taking the explorations made by courts in Jincheng City as samples and the connotation of pre-litigation authentication as the starting point to analyze the characteristics and advantages pre-litigation authentication, examines and assesses its current mode, reviews its regular process, summarizes its achievements and problems, looks at the prospect of its future development, and puts forward improvement suggestions with respect to legislation, supervision, appraisal, function and application.

Keywords: Pre-litigation Authentication; Regular process; the Jincheng Practice

B. 8   Problems in Judicial Practice of Private Lending and

   Countermeasures Thereof: Taking the Trial of Private

   Lending Cases in Zhangzhou as an Example

   Hong Birong, Huang Jia, Kang Shaomin and Zhu Junping / 119

Abstract: Private lending is a beneficial and necessary supplement to regular financing. However, because it has been outside the regulatory system for a long period of time, it has potential risks resulting from irregularity. Since 2014, there has been a sudden fluctuation in the number of private lending cases brought to the two levels of courts in Zhangzhou. Under the incentive of high profit, P2P lending platforms, professional lenders, and corresponding interest groups have been increasing gradually and exerting an increasingly greater influence on local economy. This report analyzes the characteristics of and problems in private lending and their causes in Zhangzhou and, by combining the internal and external factors of dispute resolution, puts forward suggestions on the legal regulation of private lending and the establishment and improvement of relevant institutions and measures.

Keywords: Private Lending; Dispute; Trial Practice; Legal Regulation

B. 9　The Application of Documents of a Judicial Interpretation

　　　Nature in Litigation: An Empirical Study Based on 368

　　　Adjudicative Documents　　　　　*Zheng Huai, Sun Zhidan* / 136

Abstract: Apart from judicial interpretations, the Supreme People's Court also adopts documents of a judicial interpretation nature to guide the application of law by people's courts at various levels and perform the institutional supply function similar to that of law. In practice, however, these documents have also some negative effects that impede the progress of the judicial system. At the institutional level, their legal effect is questionable and their stylistic rules and layouts are chaotic; at the practical level, the rates of their invocation and application are low and vary greatly from region to region. All these problems need to be solved through standardized construction in the process of judicial reform.

Keywords: Judicial Supply; Documents of a Judicial Interpretation Nature; Functional Value; Rules of Application

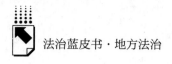
B. 10   Pilot Reformon Work Mechanism Aimed at Overcoming
the "Difficulties in the Delivery of Court Documents"
in Guangzhou City

The Investigation Team of the Intermediate People's
Court of GuangzhouCity, Guangdong Province / 150

Abstract: Delivery, as a basic litigation activity, runs through the whole process of civil litigation from the registration of a case at the court to the completion of enforcement of judgment. It connects various stages of litigation and plays a crucial role in the litigation process. The pilot reform carried out by courts in Guangzhou City is aimed at constructing a new delivery pattern by expanding information collection channel, raising the level of the intelligence of delivery, and improving the delivery work mechanism, thereby markedly increasing the accuracy of delivery, transforming the delivery method, continuously enhancing the capacity for institutional innovation, and realizing the reform objective of "significantly shortening the delivery time and significantly raising the effective rate of the first-time delivery". On the other hand, the courts have encountered many new problems and new difficulties in the pilot reform. In the future, they will further expand the results of the pilot reform by implementing a series of related projects aimed at speeding up data connection and auxiliary delivery, optimizing the functions of intelligent delivery platform, and promoting the full-process, whole-system comprehensive reform.

Keywords: Difficulties in Delivery; Address Bank; E-delivery; Intelligent Delivery Platform

B. 11   The Haidian Practice of Informatization of Court
Enforcement and Its Prospect   *Mao Jinke, Dong Yanxue / 167*

Abstract: In the era of informatization, the informatization of court enforcement is the key to the effective solution of the problem of difficulties in enforcement as well as an important content of judicial reform. Under the unified arrangements by the Supreme Peoples' Court, marked results have been achieved in the informatization of court enforcement throughout the country, thereby providing strong technological support for the basic solution of the problem of difficulties in enforcement. With the continuous deepening of informatization, the People's Court of Haidian District of Beijing Municipality has, in light of actual situation of its enforcement work, relied on information technology and big data analysis to overcome the difficulties in enforcement. On a whole, however, the informatization of enforcement is currently undergoing a period of "growing pains" and experiencing all kinds of problems resulting from low level of intelligentization. Therefore, it is necessary to shift the emphasis of work from technological development to application management, so as to realize the seamless connection between information technology and enforcement, and strike a balance between development and security.

Keywords: Informatization of Enforcement; Resolution of the Problem of Difficulties in Enforcement; Intelligent Enforcement

B. 12 Systematic Development of the Coordinated Trial-Enforcement Operation Mechanism: Taking the Explorations by the People's Court of Zhongyuan District, Zhengzhou City, Henan Province as a Sample *Zhao Hongyin* / 176

Abstract: The relationship between trial and enforcement is a core issue in the optimal configuration of judicial power, as well as the entry point of current reform of the enforcement system. On the basis of reasonably distinguishing between the trial procedure and the enforcement procedure, more efforts should be made in better understanding their common principles and the internal causes of the difficulties in enforcement, and realizing the better connection and coordination between case filing, trial and enforcement procedures. This report takes the Court of Zhongyuan District, which has achieved prominent results in the establishment and implementation of the mechanism for coordination between case-filing, trial and enforcement procedures, as a sample to compare the rankings of main enforcement indices of the court before and after the establishment of the mechanism, analyze the existing problems and their causes, summarize the contextual structure of the effective exploration in the mechanism, and make a panoramic backtracking of the scenarios before and after the establishment of the mechanism, with a view to providing grassroots courts with reproducible and transferable experiences in the optimization of the mechanism in the new context of assisting courts in overcoming the difficulty in enforcement and improving the long-term mechanism for the case-filing, trial and enforcement work.

Keywords: Separation between Trial and Enforcement; Coordination between Case-Filing, Trial and Enforcement; Overcoming the Difficulties in Enforcement; Long-Term Mechanism

B. 13 Investigation Report on the Introduction of the "Dual Investigation" Mechanism into the Handling of Enforcement-Related Cases of Complaint Letters and Visits": Taking the Handling of Cases of Passive Enforcement as the Entry Point   *Yin Wei* / 195

Abstract: Currently there is an urgent need to eliminate the phenomena of lack of standardization in the handling of enforcement-related cases of complaint letters and visits and the procrastination in the solution of the problems in these cases. In recent years, the Higher People's Court of Jiangxi Province has taken the review and handling of cases of passive law enforcement, selective law enforcement and arbitrary law enforcement as the entry point, established the "dual investigation" principle, according to which a court handling an enforcement case should carry out investigation on both the irregularities in the law enforcement and the violation of laws and disciplines by law enforcement personnel, and introduced the "dual investigation" mechanism into the investigation local enforcement-related cases of complaint letters and visits, thereby advancing the standardization of law enforcement while at the same time effectively reducing the occurrence of enforcement-related cases of complaint letters and visits. In the future, China should strengthen the top-level design to enable the Supreme People's Court to make unified arrangement for the work of "dual investigation" - the arrangement should be gradually implemented by local courts through pilot programs, which at the current stage can be expanded to cover enforcement-related cases of complaint letters and visits; a unified national "dual investigation" mechanism for the handling of enforcement-related cases of complaint letters and visits through the cooperation between the enforcement departments and supervision departments of people's courts should be establish in appropriate time by relying on the support of Party committees, the political and legal affairs commissions of Party committees and disciplinary inspection departments and on the basis of establishing the "dual investigation" as a major measure and mechanism for handling enforcement-related cases of complaint letters and visits.

Keywords: Enforcement-Related Cases of Complaint Letters and Visits; Passive Enforcement; "Dual Investigation"

B. 14   Studies on the "Five Reformations in Prisons" against the Background of Fulfilling the Purposes of Reformation

Project Team of the Prison Administration of Sichuan Province / 210

Abstract: Against the background of fundamental change of major social contradictions, raising political stance, adhering to the security bottom line, fulfilling the purposes of reformation, and creating a new pattern of "five reformation" with political reformation as the guide has become a brand-new system engineering aimed at carrying out the prison work to the satisfaction of the people in a new era. Faced with new situation in the new era, prison administration departments must, on the basis of a deep understanding of the great significance, the core principles and the profound connotation of the "five reformations", make further innovations and explorations in such aspects as clarifying thinking, adhering to the correct direction, improving mechanisms, and grasping and emphasizing the key points, so as to embody the political value, the legal value and the times value of modern criminal penalty enforcement organs.

Keywords: Prison; Purposes of Reformation; "Five Reformations"; Advancement as a Whole

V　Law-Based Society

B. 15　The Practice and Experience of Public Legal Service of Zhuhai City

Innovation Project Team on Rule of Law Indices, CASS Law Institute / 225

Abstract: In recent years, the Government of Zhuhai City has taken the construction of the public legal service system as an entry point to make useful explorations in implementing the spirit of fourth and fifth plenary sessions of the Eighteenth Central Committee of the Communist Party of China and the state strategy of ruling the country by law and promoting public participation in grassroots governance. It has a series of measures, including strengthening organization and leadership, enhancing service platforms, and carrying out rule of law performance assessment, to ensure the full coverage of public legal service and promote its development both at the grassroots and international levels. Meanwhile, the public legal service in Zhuhai City is still faced such problems as insufficient fund, shortage of rule of law supply, and failure to give full play to market potential. In the future, the Government of Zhuhai City should further refine the overall planning for the work of public legal service, clarify division of responsibilities, optimize service mode, improve the incentive mechanism, and distinguish different levels of service.

Keywords: Public Legal Service; Legal Aid; Grassroots Governance

B. 16   Innovation and Development of "Fengqiao Experience"
in the Enforcement Work in a New Era: Explorations in
the "Social Coordinative Enforcement Mechanism"

Project Team on "Social Coordinative Enforcement Mechanism", the
Enforcement Department of the Higher People's Court of Jiangxi Province

/ 240

Abstract: This report, taking the essential connotation of "Fengqiao Experience" as the entry point, analyzes the close combination of "Fengqiao Experience" and the enforcement work and the feasibility of the "Social Coordinative Enforcement Mechanism", explores such aspects of the mechanism as the concept and main content, procedures and operational method, results of operation, existing difficulties and problems, and further improvement, and tries to combine the development and innovation of "Fengqiao Experience" in the enforcement work in a new era and the enrichment and improvement of the connotation and denotation of the mechanism, so as to better serve the enforcement work.

Keywords: "Fengqiao Experience"; Socialization of Enforcement; Coordinated Enforcement; Difficulties in Enforcement

B. 17   Construction of "Litigation-Free Towns and Villages" against
the Background of Social Transition and the Reform of the
Case Docketing System: Taking Xindai Town of Pinghu
City as a Sample

Project Team on the Construction of
"Litigation-free Towns and Villages" / 257

Abstract: Against the background of social transition and the reform of the case docketing system, the problem of rapid growth of caseload and shortage of handling persons faced by people's courts has become increasingly prominent. The dispute resolution idea of "giving priority to non-litigation dispute resolution mechanism" enables more disputes to be resolve at the grassroots level or "nipped in the bud", thus alleviating the practical problems faced by courts. In recent years, the Government of Xindai Town of Pinghu City has carried out the construction of litigation-free towns and villages" by focusing on the causes of litigation, digging deeper into the cultural foundation of litigation, and establishing specialized organs and teams, thus promoting the construction of a vigorous and efficient new-type social governance system, forming a powerful synergy for the resolution of conflicts and disputes at their sources, ensuring that "small disputes are resolved within village, big disputes are resolved within township, and no difficult problem is passed on to a higher level", and realizing significant incremental decline in the number of litigation and significant increase of social harmony.

Keywords: Non-litigation Dispute Resolution Mechanism; "Fengqiao Experience"; the Integration of Self-governance, the Rule of Law and the Rule of Virtue

B. 18　Offline Dual Management and Online Multiple Governance:
　　　　Observation Report on the Development of
　　　　Online Diversified Dispute Resolution
　　　　Mechanism　　　　*Project Team of Beiming Software Co. , LTD* / 272

Abstract: The online diversified dispute resolution mechanism (ODR) was born at a time of advancement of scientific decision-making, transition of social governance mode and development of technology. ODR has multiple functions, including pooling of dispute resolution resources, alleviation of the burden of online mediation, connection between litigation and mediation, consultation, assessment and prognosis, and intelligent technical support. It lessens the casehandling pressure of courts, reduces the rule-of-law dead zones in the relevant fields, strengthens the lawsuit-responding capacity of small- and medium-sized foreign-related enterprises, and increases effective channels of social governance. In the future, the following improvements on the ODR should be made to give fuller play to its role: at the institutional level, to establish a scientific mechanism for the division of labor and cooperation between ODR and litigation; at the content level, to expand online negotiation function and foreign dispute resolution resources; at the technological level, to enhance the cognitive and reasoning functions of machines and continuously raise the level of AI; and at the operational level, to realize commercial operation, and attract high-quality dispute resolution resources to mediation.

Keywords: ODR; Social Governance; Diversified Dispute Resolution; AI

VI   The Cyber Rule of Law

B. 19   Reflections on the Current Situation of the Crime of

Cyber Pyramid Selling: Taking the Cases of Cyber

Pyramid Selling in Sichuan Province as the Entry Point

Zhang Ronghong, Liao Chunyan / 287

Abstract: In recent years, the crime of cyber pyramid selling has penetrated into every aspect of social life, deeply infiltrated into the economic and financial fields, intertwined with illegal financial activities, gradually replaced the traditional gathering-type pyramid selling as the mainstream form of pyramid selling, and become a major risk point undermining the building of a moderately well-off society in an all-round way in China. The virtual, deceptive, trans-regional, and fast-spreading characteristics of the crime have raised higher demands on public security organs in the fight against the crime. This report analyzes the data on the crime of cyber pyramid selling in Sichuan Province and points out that the current situation of the crime of cyber pyramid selling is getting worse because of such

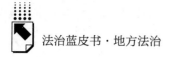
characteristics of the crime as being virtual, professionally deceptive, cross-regional, fast-spreading and widely-participated, as well as such problems in its investigation as lack of a coordinated mechanism for fighting the crime, disagreements on the application of law, difficulties in evidence collection and in the determination of identity in cyberspace, and disputes over jurisdiction. These problems should be dealt with in a comprehensive and systematic way through the establishment of a long-term prevention and control system based on multi-departmental cooperation, comprehensive and accurate application of law, the overcoming of difficulties in evidence taking, and improvement of relevant legislations.

Keywords: Cyber Pyramid Selling; Crime; Big Data

B. 20   The Trial of Disputes over Online Shopping Contracts
by Internet Court of Guangzhou City: Practice and
Reflections   *Tian Hui, Mai Yinghua* / 304

Abstract: The Internet Court of Guangzhou City, based on cases of disputes over online shopping contracts it had accepted since its establishment and in light of such prominent problems discovered in the trial of these cases as the problems in the application of law resulting from the expansion of the functions of social platforms, consumers' weak awareness of electronic evidence taking, lack of uniform criteria of judicial judgment, abuse of rules resulting from the lack of good faith, has constructed a whole-process online trial mechanism, and established the trial principle of giving prominence to the protection of consumers' lawful rights and interests on the precondition of giving equal protection to all subjects of Internet trading market and respecting rules of platform governance. Meanwhile, the court has also attached importance to the elaboration of judicial rules on such matters as the identification and regulation of professional anti-counterfeit activities, the determination of the nature of disputes over such false transactions as "false rating" and "false orders", and the application and restriction of the rule of "return of merchandise purchased online for any reason within seven days", and puts forward adjudicative guiding opinions on such frontline judicial issues as the platform liabilities for the sale of applets of Douyin or WeChat and the determination of the nature of "big data bias against frequent customers".

Keywords: Professional anti-Counterfeit Activities; False Ratings; False Orders; Big Data Bias against Frequent Customers; Return of Merchandise Purchased Online for any Reason within Seven Days

Abstract: In the era of Internet economy, the rapid development of various new-type industries with the Internet as their platform has led to profound changes in labor relations and corresponding new problems in the trial of labor dispute cases by courts. The Intermediate People's Court of Qingdao City has carried out in-depth study on this issue by taking cases in three new-type industries, namely food delivery service, online car-hailing service and express delivery service, as the entry point and the cases accepted by courts in Qingdao City during the period between 2016 and 2018 as samples. In this study, the court analyzes the main types, the characteristics, the trial, and the main problems of employment disputes in new-type industries and, in light of the main trial practice at current time, explores the trend of development of employment disputes in new-type industries and puts forward corresponding countermeasure suggestions.

Keywords: Employment Disputes in New-Type Industries; Labor Disputes; Food Delivery Service; Online Car-Hailing Service; Express Delivery Service

❖ 皮书起源 ❖

"皮书"起源于十七、十八世纪的英国，主要指官方或社会组织正式发表的重要文件或报告，多以"白皮书"命名。在中国，"皮书"这一概念被社会广泛接受，并被成功运作、发展成为一种全新的出版形态，则源于中国社会科学院社会科学文献出版社。

❖ 皮书定义 ❖

皮书是对中国与世界发展状况和热点问题进行年度监测，以专业的角度、专家的视野和实证研究方法，针对某一领域或区域现状与发展态势展开分析和预测，具备原创性、实证性、专业性、连续性、前沿性、时效性等特点的公开出版物，由一系列权威研究报告组成。

❖ 皮书作者 ❖

皮书系列的作者以中国社会科学院、著名高校、地方社会科学院的研究人员为主，多为国内一流研究机构的权威专家学者，他们的看法和观点代表了学界对中国与世界的现实和未来最高水平的解读与分析。

❖ 皮书荣誉 ❖

皮书系列已成为社会科学文献出版社的著名图书品牌和中国社会科学院的知名学术品牌。2016年，皮书系列正式列入"十三五"国家重点出版规划项目；2013~2019年，重点皮书列入中国社会科学院承担的国家哲学社会科学创新工程项目；2019年，64种院外皮书使用"中国社会科学院创新工程学术出版项目"标识。

中国皮书网

（网址：www.pishu.cn）

发布皮书研创资讯，传播皮书精彩内容
引领皮书出版潮流，打造皮书服务平台

栏目设置

关于皮书：何谓皮书、皮书分类、皮书大事记、皮书荣誉、
皮书出版第一人、皮书编辑部

最新资讯：通知公告、新闻动态、媒体聚焦、网站专题、视频直播、下载专区

皮书研创：皮书规范、皮书选题、皮书出版、皮书研究、研创团队

皮书评奖评价：指标体系、皮书评价、皮书评奖

互动专区：皮书说、社科数托邦、皮书微博、留言板

所获荣誉

2008 年、2011 年，中国皮书网均在全
国新闻出版业网站荣誉评选中获得"最具
商业价值网站"称号；

2012 年，获得"出版业网站百强"称号。

网库合一

2014 年，中国皮书网与皮书数据库端
口合一，实现资源共享。

S 基本子库
SUB DATABASE

中国社会发展数据库（下设 12 个子库）

全面整合国内外中国社会发展研究成果，汇聚独家统计数据、深度分析报告，涉及社会、人口、政治、教育、法律等 12 个领域，为了解中国社会发展动态、跟踪社会核心热点、分析社会发展趋势提供一站式资源搜索和数据分析与挖掘服务。

中国经济发展数据库（下设 12 个子库）

基于"皮书系列"中涉及中国经济发展的研究资料构建，内容涵盖宏观经济、农业经济、工业经济、产业经济等 12 个重点经济领域，为实时掌控经济运行态势、把握经济发展规律、洞察经济形势、进行经济决策提供参考和依据。

中国行业发展数据库（下设 17 个子库）

以中国国民经济行业分类为依据，覆盖金融业、旅游、医疗卫生、交通运输、能源矿产等 100 多个行业，跟踪分析国民经济相关行业市场运行状况和政策导向，汇集行业发展前沿资讯，为投资、从业及各种经济决策提供理论基础和实践指导。

中国区域发展数据库（下设 6 个子库）

对中国特定区域内的经济、社会、文化等领域现状与发展情况进行深度分析和预测，研究层级至县及县以下行政区，涉及地区、区域经济体、城市、农村等不同维度。为地方经济社会宏观态势研究、发展经验研究、案例分析提供数据服务。

中国文化传媒数据库（下设 18 个子库）

汇聚文化传媒领域专家观点、热点资讯，梳理国内外中国文化发展相关学术研究成果、一手统计数据，涵盖文化产业、新闻传播、电影娱乐、文学艺术、群众文化等 18 个重点研究领域。为文化传媒研究提供相关数据、研究报告和综合分析服务。

世界经济与国际关系数据库（下设 6 个子库）

立足"皮书系列"世界经济、国际关系相关学术资源，整合世界经济、国际政治、世界文化与科技、全球性问题、国际组织与国际法、区域研究 6 大领域研究成果，为世界经济与国际关系研究提供全方位数据分析，为决策和形势研判提供参考。

法律声明

"皮书系列"（含蓝皮书、绿皮书、黄皮书）之品牌由社会科学文献出版社最早使用并持续至今，现已被中国图书市场所熟知。"皮书系列"的相关商标已在中华人民共和国国家工商行政管理总局商标局注册，如LOGO（ 📱 ）、皮书、Pishu、经济蓝皮书、社会蓝皮书等。"皮书系列"图书的注册商标专用权及封面设计、版式设计的著作权均为社会科学文献出版社所有。未经社会科学文献出版社书面授权许可，任何使用与"皮书系列"图书注册商标、封面设计、版式设计相同或者近似的文字、图形或其组合的行为均系侵权行为。

经作者授权，本书的专有出版权及信息网络传播权等为社会科学文献出版社享有。未经社会科学文献出版社书面授权许可，任何就本书内容的复制、发行或以数字形式进行网络传播的行为均系侵权行为。

社会科学文献出版社将通过法律途径追究上述侵权行为的法律责任，维护自身合法权益。

欢迎社会各界人士对侵犯社会科学文献出版社上述权利的侵权行为进行举报。电话：010-59367121，电子邮箱：fawubu@ssap.cn。

社会科学文献出版社